統整課程理念與實務

【第二版】

李坤崇・歐慧敏　著

作者簡介

李 坤 崇

現任：國立成功大學教育研究所教授兼所長

教育部九年一貫課程國中組試辦輔導委員

台南市、高雄市九年一貫課程輔導諮詢委員會諮詢委員

學歷：省立台南師專國校師資科畢業

國立彰化師範大學輔導學士、碩士

國立政治大學教育博士

經歷：小學教師

國立台南師範學院助教、講師、副教授、教授

國立台南師範學院初等教育學系教授兼實習輔導處處長

教育部輔導工作六年計畫諮詢顧問

著作：師資培育與法令變革的省思。台北：師大書苑。民86。與吳鐵雄
合著。

班級團體輔導。台北：五南圖書公司。民87。

多元化教學評量。台北：心理出版社。民88。

歐 慧 敏

現任：私立南榮工專講師

學歷：國立成功大學統計系畢業

國立台南師範學院國民教育研究所碩士

國立政治大學教育研究所博士班肄業

經歷：小學教師

國立台南師範學院兼任講師

台南市、高雄市統整課程、學校本位課程、多元評量等研習講師

作者序

回歸教育本質，重塑專業形象

　　教育界近年盛傳一句打油詩：「教改像月亮，初一十五不一樣，不管一樣不一樣，對我不會怎麼樣！」或許因教育改革過於頻繁，或許因教育政策缺乏方向，或許因決策宣導流於說教，或許因教師負擔過於沈重，或許因考績制度形同虛設，讓教師迷失在一波波政策更迭、茫然於一陣陣教改口號，讓教師心情隨月亮轉動、迷惑於月亮陰影，而忘了月亮仍是月亮、教育仍是教育，更忘了教育本質、教育專業。

　　教育本質乃是教育生活化、個別化、多元化及適性化，然而數十年來國內將教育與生活脫節，採教育集權化策略，統一課程與教材而忽略個別差異，齊一學習內涵與步調卻抹殺學生潛能，使得教育偏離本質。一連串的教育政策新名詞、教育改革新術語，讓教師霧煞煞、茫茫然，若能將教育政策、教育改革「回歸教育本質」，將能讓教師掌握教育方向，提升專業尊嚴與重塑專業形象。

　　以往過於重視學科中心分科課程，雖然使學校得以大量製造高層知識，學生得以短期獲得深奧知識，卻衍生下列七項缺失：(1)學科知識缺少縱的連貫和橫的銜接，學科間教材重複、脫節或矛盾。(2)學科知識被切割得支離破碎，學生僅獲得零碎知識與片段學習經驗。(3)學科知識被分化，學科數與教學時數不斷增加使得師生負擔逐漸加重。(4)重視蒐集或熟練學科知識，卻忽略真實生活的應用。(5)強調學科知識的學習，疏忽全人教育。(6)協助學生精熟學科內容，卻未激發自主學習、生活統整能力。(7)師生著重主科，而輕忽邊際學科。若未能改善學科中心分科課程的缺失，將使教育日漸枯燥乏味、日漸偏離教育本質。

　　統整課程旨在突破學科界限，師生共同研討主題與擬定合作計畫，

增進學生了解自己及其世界、善用知識以解決問題，及活用知識化爲社會行動，以培養具有統整知識、批判思考、社會行動、解決問題等能力的學生。審慎設計規畫，用心推動統整課程可發揮下列功能：(1)增進學生自主學習，活用知識能力。(2)延伸知識技能，強化生活實踐。(3)善用合作學習，增進學生互助合作。(4)提升教師教學專業自主，激勵教學研究。(5)促進協同教學，增進教師經驗交流。(6)強化學生參與師生互動。(7)學科與社區文化、社會環境的充分結合。教師若能善用統整課程之長，不僅可提升教師專業形象，更可讓教育生活化、個別化、多元化及適性化。

　　筆者有感於以往過分強調學科中心分科課程之失，必須依據學生發展階段適度調整、納入統整課程，讓學習生活化、教學個別化、評量多元化、發展適性化，乃秉持「做中學」、「嘗試錯誤」的精神，邊研究統整課程教學理念，邊蒐集美國與日本重要文獻與實例，邊開發教學與評量統合實例，邊傾聽國中小教師寶貴意見，邊修正理念與修改各項實例。上述嘗試錯誤經驗與心得或能爲今日統整課程，從學科加深、加廣到學科統合生活、化爲行動之際，從偏離教育方向到回歸教育本質之時，略盡綿薄之力，乃應心理出版社之請刊印成書。期能拋磚引玉，激起更多專家學者、教師、主任、校長的回響，共同研發統整課程，以回歸教育本質、重塑教育專業形象。

李坤崇、歐慧敏　謹識

於台南

民國八十八年九月

Email: IKCIKC@mail.ncku.edu.tw

目　錄

1

從教育改革談起

　　二十一世紀將是教育改革風起雲湧，人才競爭短兵相接的世紀。美
國總統柯林頓於一九九七年二月四日對國會議員發表演說時，推出「二
十一世紀美國教育行動」，強調「教育三大目標與十項原則」，以確保
美國的世界領導地位。美國以外的國家，也希望迎頭趕上，例如：日本
宣示「培育開拓新時代的心」，希望培養具「生存實力」的下一代國民；
歐盟積極推動「資訊社會中的學習」；新加坡更希望建立「思考型學校、
學習型國家」；我國亦相繼提出「教育改革總諮議報告書」、擬訂「教
改行動方案」。可見，教育改革不僅已成世界主要國家的施政主要課題，
更是國家提高競爭力的主要關鍵。

　　筆者謹就協助台南市、高雄市、台南縣、澎湖縣推動小班教學精神
或開放教育之心得與再省思，以及參訪日本教育的親身體驗，分成「再
近一點看小班教學精神」、「推動小班教學精神的省思」、「提升專業、
追求卓越的日本教育」、「學校本位課程的發展」四節闡述之。

第一節　再近一點看小班教學精神

　　小班教學精神或開放教育以學生為本位，重視自我發展與自由學習，
強調人性化與尊重個人尊嚴，著重「**課程統整化、教材生活化、教學活
潑化、評量多元化、親師合作化**」，將成為台灣二十一世紀的教育主流。
謹就協助台南市、高雄市、台南縣、澎湖縣推動小班教學精神或開放教
育之心得，提出下列建議：

壹、推動小班教學精神或開放教育之精神而非形式

　　小班教學精神或開放教育重在教學方法、教學評量之改善，教學態
度與習慣之調整，採逐步漸進策略，走入教師的教學與生活。開放教育

不是一大堆「學習單」、「評量單」的堆積，而是落實人性化、活潑化教學，多元化、適性化評量。小班教學精神或開放教育不只是召開「班級親師會」、布置「學習步道」，而是充分尊重家長專長與激發教育意識，擴大學習空間到校園、社區。

　　小班教學精神或開放教育不僅是資料的累積，更是資料活用；資料不是愈多愈好，而是用了最好。小班教學精神或開放教育之推動「在精不在多、在用不在抄」，「在用心不在用力、在盡心不在拚命」。

貳、以學校為基礎的目標導向

　　各縣市政府教育局應督促所屬學校組成「小班教學精神或開放教育推動小組」，依據學校現況、特色、資源與社區概況，擬定適合學校的「小班教學精神或開放教育目標」，重點推動，逐步實施，不宜立即全面推動，不宜採齊頭式平等。如鄉村學校的家長資源以鄉土技藝為主，城市學校的家長資源以科技醫藥為主，各校可依據其現況與資源，發展自己特色，不宜貿然抄襲或追求全面實施績效。

參、逐步推動滲透教師教學與生活

　　小班教學精神或開放教育之實施必須正視現今國小教師教學與行政負擔沈重之事實，於班級學生數未能大量減少、職員人數未能大幅增加、教材分量未能減少之情況下，小班教學精神或開放教育的推動應採「循序漸進、相互觀摩、互助成長」的模式，可採取「由認識而適應、由適應而試探、由試探而檢討、由檢討而改善、由改善而成長」的歷程來循序漸進；可採取讀書會、座談會、作品輪流展示、上網張貼成果之方式以相互觀摩；可辦理產出型研習，經由腦力激盪、相互研討，開發成品

供全市教師運用或修改而達到互助成長。

肆、以創意生動取代呆板乏味的教材內涵

　　小班教學精神或開放教育旨在讓學生更喜歡上學，教師必須以更富創意、更活潑的教學方法與教材，方能達成此目標。然在現有課業壓力下，創意、活潑、生動的教材不宜外加到傳統的教材，而應取代傳統教材，方能減輕教師、學生的負擔。因此，教師應以「學習單」取代「習作」之部分內容，以「評量單」取代「紙筆測驗」，方不至於持續增加教學負擔。至於取代所衍生的家長質疑，應由學校行政單位與家長充分溝通，不宜由教師逐一向家長說明。

伍、強化家長觀念溝通消弭疑慮

　　小班教學精神或開放教育實施必然面對家長的疑惑、質疑，然家長或許因不了解開放教育內涵、或許因智育掛帥作祟、或許因要求過高、或許對學校不信任，而抱持觀望、批判態度。唯有面對問題，方能解決問題；唯有消除疑慮，方能引發共鳴；唯有凝聚共識，方能發揮動力。因此，教育局與學校行政人員、教師均宜強化家長溝通，以凝聚共識，切實執行。**家長疑惑屬全年級共同問題者由學年主任出面協調溝通，屬全校性共同問題者由主任或校長解答疑惑，屬全縣市共同問題者由教育局溝通化解疑惑。**

　　推動小班教學精神或開放教育時，可效法台北縣莒光國小每個月均由校長、主任召開家長座談會，解決家長疑惑、澄清問題，進而凝聚共識。此外，可透過第四台直接與家長溝通，接受家長叩應，解答疑惑，將能有效建立教改共識。

陸、以行政人員成長與支持為後盾

行政人員的進修與成長乃推動小班教學精神或開放教育的關鍵,若行政人員未能體認時代變革,未能吸收最新資訊,未能調整領導心態,未能傾聽教師心聲,未能提供充分的教學資源,未能給予教師充分增強與支持,則落實開放教育將遙遙無期。**行政支援的重心在於「自我成長、智慧支援、經驗分享、化解困難」**,教育行政人員應隨時自修、不斷成長、吸收新知,應引入其他縣市實施開放教育的實戰經驗,引入學術與實際融合的實際範例與作法,將教師具創意的作法或想法提出研討,將研習轉換成「產出型研習」,以腦力激盪創新作法或成果。除了對教師的支援外,教育行政體系亦要出面與家長溝通,改善家長的錯誤認知,並做為教師實施小班教學精神或開放教育的後盾,方能讓教師無後顧之憂,努力創新與實踐開放教育理念。

台北縣莒光國小推動開放教育時,每個年級均有影印機,影印不限數量;每人均有一百張護貝膜,可依需要護貝成果;且影印送到教務處,有專人影印及時供教學使用,教師只負責研發教材、教師教學,一些行政瑣事交由行政負責,可見,莒光國小校長與主任提供充分行政支援。

曾有一縣市進行兩梯次網頁研習時,教育局行文要求各校派一名教師參與研習並建置網頁,然有些學校派無電腦素養者,有些學校派無意願者,有些學校兩梯次派的教師均不同,甚至每天來的人都不一樣的情況。若行政單位未能充分配合或支援,縱有良好教育改革藍圖亦難以實施。推動開放教育時,學校不應急於呈現結果,以免造成家長身心困擾與經濟負擔,例如,一卷底片拍了五、六張,為了作資料必須剪片洗出照片,過一陣子為了呈現資料必須再剪一次,形成一卷底片必須剪好幾次的現象,沖片費呈數倍成長,且相機易受損。某縣市進行開放教育訪視時,一主任問兩位督學同一個開放教育問題,卻有兩個截然不同的答

案。可見，行政人員的成長與共識以及提供教師之支持與協助仍有待加強。

教育局應承諾為老師的強力後盾，家長質疑或告到教育局，由教育局向家長澄清、說明，教育局的承諾是教師勇往直前的信心。另外，**教育行政人員不應再以預算有限或行政限制來搪塞問題，必須以魄力與決心來降低班級學生人數，增加學校職員，簡化學習內容，方能讓默默耕耘的教師、潛能無窮的教師展現驚人的專業能力與專業精神。**

柒、激勵教師成長而非引發惡性競爭

若學校只藉小班教學精神或開放教育之名，以五花十色的資料來爭取大量資源，未顧及教師的身心負擔，未啟動良性成長，未避免惡性競爭，將使得小班教學精神或開放教育僅是曇花一現，在激情之後，衍生家庭溝通、身體適應或同儕關係之問題。校長應激勵教師成長，擬定階段性目標，引導教師逐步穩健、踏實地成長，留意教師的身心負擔，提供適時的必要協助，方能切實激勵教師逐漸成長。若實施評鑑，應以「鼓勵、溝通、建議」取代「批評、指責、懲處」，以鼓勵起點化與事實化，溝通多元化與深入化，建議具體化與積極化，避免評鑑只為批評、只為指責、只為懲處的傳統弊端。

台北縣推動開放教育時，教師開始邊做邊罵，甚至有人做到流產，但回首深思，卻有不少教師慶幸自己趕上開放教育列車，提升自我成長與自我肯定。**教育改革步伐不會因遲滯而停止，時代變革趨勢不會因抗拒而趨緩，教師必須敞開心胸，面對變革、挑戰變革，方能順勢而為，激勵自我成長。**

捌、增進教師自主學習、尊重教師專業自主

　　教師專業自主乃推動小班教學精神或開放教育的核心，教育行政人員應採取各種措施來協助教師自我成長、激勵自主學習，爾後將教學主權賦予「教師」，尊重教師的專業自主。若教師專業知能提升，教學評量決策應還給教師，評量方式、時機與內涵應給予高度尊重，不宜以統一規定扼殺教師的專業自主。尤其是九十學年度實施「九年一貫制新課程」之後，課程設計的重點將由知識變為能力，學習領域、合科教學將取代分科教學，上課時間減少，將由一年上課兩百二十至兩百五十天減至兩百二十天，老師將有五分之一空白課程與更多彈性自主空間，**教師將要有研發、自編教材的能力，教師面對課程內涵、教學方法、評量方法之改變，必須掌握變革契機、自主學習**，方能化危機為轉機，化夕陽為旭日。

玖、積極鼓勵激發教師潛能

　　實施小班教學精神或開放教育的關鍵在於能否激發教師的成就感，讓教師不再像作業員。因此，教育行政體系宜**研討各種具體獎勵措施或比賽辦法**，對積極參與、具有成效之教師予以獎勵，如出國考察、優先參與進修、出版著作、擔任講師、記功嘉獎、發予獎金或其他具體獎勵。為求公平、公開、公正，可組織「**小班教學精神或開放教育評鑑委員會**」，著重「立足點平等」，專責開放教育之定期與不定期評鑑，或研擬、推動各種比賽與獎勵辦法，如辦理空間規畫比賽、統整學習比賽、創意教學比賽、多元評量比賽、親師合作成果比賽，經由良性競爭與相互觀摩，可激勵更多創作與創意，提升參與興趣和動機。

拾、隨時檢視、穩健成長

面對國民教育逐漸重視「推動學校本位、結合社區資源，擴大校務民主參與、發展學校特色，尊重教學專業自主、保障學生學習」等發展趨勢，強調「學校本位、學生主體、教師專業、全民參與」之國教本質。南部幾個縣市積極試辦或推動小班教學精神或開放教育數月來，已逐漸擺脫傳統課程多且分散、教材與生活脫節、教學較不生動、評量限於紙筆測驗、親師難以充分合作等缺失，對辛勤規畫之各縣市教育局，辛苦付出之各校校長、主任、教師，全力配合之家長，應予鼓勵、支持與掌聲。然為求百尺竿頭更進一步，仍須隨時檢視、發掘問題，面對問題，處理問題，方能解決問題。相信以穩健、踏實、積極、樂觀的態度，以關懷、支持、協助、增強的策略，當能讓南部幾個縣市的教育再創顛峰，讓每位學生更喜歡上學。

第二節　推動小班教學精神的省思

為掌握教改趨勢與時代脈動，教育部自八十七學年度推動小班教學精神，台南市教育局自八十七年五月積極推動「開放教育」。台南市教育局善用產出研習與上網觀摩為頗佳的推動策略，積極了解學校之困難並予協助乃良好的推動歷程，使得頗多學校推動績效成果斐然。然在歡呼與掌聲中，仍有其待努力之處。為期能百尺竿頭更進一步，特就參與台南市推動開放教育之經驗，提出「調整步伐，扣緊環節，學校本位」的建議，供教育部、台南市或其他縣市落實小班教學精神或開放教育參酌，並請不吝指正。

壹、調整步伐，穩健前進

「調整步伐」係指「調整步伐，穩健前進」，因台南市自五月推動開放教育，持續加速至今半年，教師、學校行政人員（校長、主任）或教育局行政人員或可於此時，先調整步伐，檢討改善，再穩健前進，而非暫停或改變方向。因觀察國際教育改革趨勢，開放教育之理念與精神，根本無法暫停或暫緩，只是，在衝刺半年後，讓大家共同調整步伐後，再積極、穩健地前進與成長。

教師方面，半年來台南市國小教師表現的積極學習、用心成長，讓台南市開放教育已有非常輝煌的績效，甚至不輸鄰近推動幾年的縣市，在此由衷對默默付出、努力付出、積極成長的教師致上「衷心敬意」。然在快跑一段路後，若能調整呼吸與體能狀態，重新檢討更好的策略，拉其他跑得較慢的教師一把，積極協助他們，不僅能提升士氣，更能從教學相長中學習與贏得更多友誼。少數步伐較慢的教師，在此時則應加速腳步，積極參與研習與相互觀摩，提高自己的開放教育專業素養。

學校行政人員方面，半年來不少校長到處觀摩學習，努力蒐集資訊，提供教師參考，並予教師頗多協助，使得學校推動成果豐碩。若能於此時稍調整步伐，傾聽教師的心聲，解答教師疑惑，澄清家長疑慮，當更能建立全校共識，邁出更穩健的步伐。少數未能積極提供教師資訊與服務之學校行政人員，此時應加速腳步，吸取他人寶貴經驗，迎頭趕上，充分協助教師推動開放教育。

教育局行政人員方面，半年來審慎規畫、不眠不休、積極推動，使得成果令人刮目相看，開放教育網頁更是傲視全台。此時若能調整步伐，除給予自己一個「愛的鼓勵」與「重新整裝」機會外，更應對教師、學校行政人員半年來的辛勤付出給予「立即重賞」；對未能就學校特色積極落實開放教育理念者，予以協助或提醒；對學校推動開放教育所遭遇

困難，給予積極協助，當能贏得更多學校行政人員與教師由衷的掌聲。

貳、扣緊教育局、學校、教師、家長的環節

「扣緊環節」係指「扣緊教育局、學校、教師、家長的環節」，實施開放教育半年來，教育局經由全市國小教師研習，邀請家長會長研習與座談，召開觀摩與檢討會，旨在扣緊環節，雖有相當績效，但仍有改進之處。如教育局要求學校指派具電腦素養教師參與網頁研習，卻有些學校派出的人未曾用過電腦；教育局請學校給予參與種子教師研習一些協助，卻有些種子教師求助無門；教師遭遇家長疑惑，請學校予以協助解答卻遭回絕；家長面對教師指派的戶外教學或主題探索不知所措，而茫然無助。上述現象乃推動所有政策常常遭遇的問題，但若能及時發現問題，積極找出未扣好的環節，予以溝通或補強，通常能化危機為轉機，化誤解為共識。

參、學校本位，逐漸滲透，自我評鑑

「學校本位」係指「學校本位，逐漸滲透，自我評鑑」，台南市教育局於推動開放教育之初，即發函請學校組成「開放教育推動小組」，依據學校現況、特色、資源與社區概況，擬定適合學校的「開放教育目標」，重點推動，逐步實施，從統整課程、多元評量、開放空間、親師合作等四項擇一或數項實施，不要求立即全面推動，且不採齊頭式平等。然有少數學校行政人員未積極組成「開放教育推動小組」與擬定「開放教育目標與實施策略」，更未定期檢討與改善，甚至要求教師立即展現成果、堆積資料，使得教師不勝負荷，因此強調「學校本位」為最主要推動原則。

「逐漸滲透」係指推動開放教育應採「循序漸進、相互觀摩、互助成長」的模式，有如人性化的水逐漸滲透到木板內，而非粉刷式地將人性化油漆刷在木板上，只見表面的人性化，未見融入教學與生活的人性化。

「自我評鑑」係以學校本位、自主學習、專業檢核為基礎，授權自己擬定「開放教育目標與實施策略」，自己規畫研習進修課程，自己定期實施專業檢核，自己提出改善策略，充分落實「學校專業自主」。此歷程核心為學校「自我評鑑」，教育局引導學校具有自我省思與自我改善能力，則教育局可達成「政策由上而下，策略由下而上」的目標。

肆、讓學生更活潑、快樂

推動一項新的政策，或許有人對目標開始有些疑惑，或許有人對作法有些質疑，或許有人對協助深感不足，或許有人對溝通頻遭挫折；然而，或許有些人積極進修自行解惑，或許有些人默默耕耘力求突破，或許有些人自助助人相互成長，或許有些人勇於澄清消除阻力；可見，政策本無絕對的對或錯，而是在何種時空？由何種人推動？對何種人推動？抱持何種心態？最後，謹對半年來積極投入開放教育的教師、學校行政人員、教育局行政人員致以最高敬意，相信大家的努力付出，會讓學生更快樂、更活潑、更有創意。

第三節 提升專業、追求卓越的日本教育

台南市於八十八年四月十三日至二十日舉辦「推動教育革新校園領導人，日本開放教育參觀暨文化交流訪問團」，有幸得以和台南市長、教育局長、二十九位小學校長或主任共同參與此項知性、感性、學習性、震撼性兼具的日本之旅。此次參訪學校為群馬縣館林市立第二小學、千

葉市打瀨小學、千葉市打瀨中學、橫濱市本町小學、愛知縣緒川小學，拜會台北駐日代表處與全日本書道協會。此外，亦蒐集愛知縣北部中學的學校經營計畫、購買綜合學習理論與實務、日本教育改革的書籍約二十萬日幣。茲就參訪心得分成教育政策、學校、教師、學生、家長等五方面闡述之。

壹、教育政策：生存實力、國際觀

此次參訪過程限於時間未能拜訪日本文部省（教育部），幸在台北駐日代表處的協助下，蒐集日本最新教育政策；謹就蒐集資料、觀察參訪學校與風土民情，彙整日本政策特色如下：

一、培養生存實力，強化道德教育

日本平成十年（1998 年）十二月十四日公告的「中、小學學習指導要領」（兒島邦宏，1999a、1999b），以下列四項為基本願景：(1)養成豐富的人性、社會觀，及生活在國際社會中身為日本人的自覺能力。(2)養成自我學習和思考的能力。(3)展開寬廣的教育之同時，也能兼顧基本知識的確實獲得及充實，可讓學生個性得以發揮之教育方式。(4)各個學校可自創見解，發揮自我特色之教育，並促進發展各有特色的學校。「中、小學學習指導要領」強調培養具「生存實力」的學生，引導學生自主學習與獨立思考，強化學生正義感與倫理觀念，增強學生體魄與健康等實力。「生存實力」包括下列六項實力：(1)對美麗事物、大自然感動的豐富感性。(2)重視正義感和公正的心。(3)尊重生命、人權等基本的倫理觀念。(4)體諒他人和貢獻社會的心。(5)自立心、自我克制的能力和責任感。(6)能和他人協調共生，並包容接納不同人事物。

「中、小學學習指導要領」第一章課程的一般方針中，強調：道德

教育是基於教育基本法和學校教育法之教育根本精神，將對人類尊重的精神和對生命敬畏之意落實於家庭、學校和其他社會等具體生活中，致力創造富有人性、個性的多元文化和民主的社會和國家，進而養成對和平的國際社會有貢獻、能主動開拓未來的日本人。進行道德教育時，除了強化教師和兒童以及兒童相互間的人際關係，並和家庭、地方社會合作，透過志工活動或自然體驗活動等豐富的體驗，深植道德觀於兒童內心層面。此次參觀訪問學校中，千葉市打瀨中學強調培養學生「尊重、勞動、服務，喜愛學校社區」，愛知縣北部中學重視培養學生「遵守禮節與體貼他人的心」。

四月十四日參觀某庭園建築遲到五分鐘未能入園，服務員為便於司機開車，特別開門、指揮司機倒車，顯示對人的關懷與尊重。八天的參訪行程中，僅看到一名警察，在交通要道未見警察，交通卻未見阻塞。可見，日本道德教育並不以此自滿，更於「中、小學學習指導要領」專節闡述，益顯對道德教育的重視。

二、強調體驗、自主學習的綜合學習

日本一九九八年十二月十四日公告的「中、小學學習指導要領」中，特別闡述「綜合學習」的兩項目標為：(1)培養自我尋找學習目標，自我學習，自我思考，重點式的判斷，和進一步解決問題的資質和能力。(2)建立自己的學習和思考方式，能抓住重點且有創造性地探究和解決問題，並進而規劃自己未來之生活方式。例如：了解國際、資訊、環境、福利、健康等全面的、綜合的主題。以兒童、學生感興趣及關心的主題為基礎，並根據地方及學校之特色發展出的學習活動。可見，「綜合學習」旨在培養自主學習、善於解決問題能力、學得學習與思考方法的學生。且各校實施綜合學習時間的名稱由各校自行訂定，中小學均提出兩項注意事項：(1)積極採用體驗學習、問題解決學習活動。如自然體驗、志工活動等社會體驗、觀察、實驗、參訪教學，或調查、發表、討論、物品製作、

生產活動等。⑵採小組學習或混齡學習等多樣的學習型態，指導體制也可同時取得地方人士的協助、由教師共同指導，總之要積極善用地方教材和學習環境。

三、重視國際觀甚於個體身心發展

我國於八十七年九月三十日公布的「國民教育階段九年一貫課程總綱綱要」中，指出：爲實現國民教育階段學校教育目的，須引導學生致力達成下列課程目標：⑴人與自己：強調個體身心的發展，即增進自我了解、發展個人潛能，培養欣賞、表現、審美及創作能力，提升生涯規畫與終身學習能力。⑵人與社會環境：強調社會與文化的結合，即培養表達、溝通和分享的知能，發展尊重他人、關懷社會、增進團隊合作，促進文化學習與國際了解，增進規畫、組織與實踐的知能。⑶人與自然環境：強調自然與環境，即運用科技與資訊的能力，激發主動探索和研究的精神，培養獨立思考與解決問題的能力。

日本一九九八年十二月十四日公告的「小學學習指導要領」中，特別強調：「配合學校實態，進行有關下列課題的學習活動，例如國際理解、資訊、環境、福祉、健康等橫斷、統整的課題，或學生感興趣、關心的課題，以及配合地方、學校特色的課題等等」。愛知縣緖川小學、千葉市打瀨小學、千葉市打瀨中學均強調「綜合學習」的三大領域爲「環境、人際、國際理解」，前兩者與我國「人與自然環境、人與社會環境」頗爲相似，而「國際理解」乃日本較我國重視部分，我國則較重視「人與自己」，強調個體的身心發展。

四、循序漸進的教育改革

日本中小學的制度變革，於一九七七年至一九九八年歷經三次重大變革，一九七七年全面修訂公告「小學學習指導要領」、「中學學習指

導要領」，小學由一九八○年四月、中學由一九八一年四月開始實施，目標希望教育學生成為擁有豐富人性的兒童，強調「寬廣但充實的學校生活」，授課時間約縮減了一成，中、小學課程內容大幅縮減。

一九八九年（平成元年）再修訂公布「小學之學習指導要領」、「中學學習指導要領」，小學在一九九二年四月、中學在一九九三年四月開始實施，目標為養成能適應社會變化的學生。中小學彈性運用授課時間，中學選修幅度和科目數加以擴大，小學裡廢除低年級的「社會科」和「理科」，新加入「生活科」。中小學裡強調道德教育的內容，規畫編製學習道德實踐的教材，在中學裡，擴大選修教材之範圍，並依難易度編成不同的教材。

一九九八年（平成十年）再修訂公布「小學學習指導綱要」、「中學學習指導綱要」，中小學均於二○○二年四月配合週休二日開始實施，各個學校除了展開寬宏的教育活動，塑造孩子們的「生活知能」外，更應著重綱要之四大願景。為達上述目的，要求學校應慎選教育內容與徹底規畫各年級之主要任務，縮減授課時數，自行編製教育課程，開設「綜合學習時間」，彈性運用學習時間，以及充實選修制度。較值得一提的是：此次日本的教育變革，特別著重「綜合學習時間」，希望經由體驗學習、問題解決學習活動，來培養自主學習、善於解決問題能力、學得學習與思考方法、充分規畫未來生活的學生。由日本將於二○○二年實施的國小、國中各科授課時間表（詳見表 1-1、表 1-2），可發現日本除保留原有國中與國小之學科，另外發展統整性「綜合學習」的方式，似乎較我國將原有學科〔如國文、英語、數學、公民與道德、健康教育、歷史、地理、認識台灣（地理篇）、認識台灣（歷史篇）、理化、生物、地球科學、家政、童軍、輔導活動、團體活動、音樂、工藝、美術、體育〕統整為「語文、健康與體能、社會、藝術與人文素養、數學、自然與科技、綜合活動」七大學習領域的方式來得務實，我國由分科的極端走到統整的另一個極端，而日本在分科、統整領域間另闢統整「綜合活動時間」的作法似乎較循序漸進。

表 1-1 日本「國小」各科授課時間表

| | 必修科目授課節數 | | | | | | | | | 道德授課節數 | 特別活動授課節數 | 綜合學習時間授課節數 | 總授課節數 |
	國語	社會	算術	理科	生活	音樂	圖畫工作	家庭	體育				
第一學年	272		114		102	68	68		90	34	34		782
第二學年	280		155		105	70	70		90	35	35		840
第三學年	235	70	150	70		60	60		90	35	35	105	910
第四學年	235	85	150	90		60	60		90	35	35	105	945
第五學年	180	90	150	95		50	50	60	90	35	35	110	945
第六學年	175	100	150	95		50	50	55	90	35	35	110	945

附註：

1. 本表的授課節數是每節課 45 分鐘。

2. 特別活動節數，即根據中學學習指導方針中規定之學生活動（學校供給食物等相關活動除外）。（引自：兒島邦宏，1999a，III 頁）

表 1-2 日本「國中」各科授課時間表

| | 必修科目授課節數 | | | | | | | | | 道德授課節數 | 特別活動授課節數 | 選修科目授課節數 | 綜合學習時間授課節數 | 總授課節數 |
	國語	社會	數學	理科	音樂	美術	保健體育	技術、家庭	外國語					
第一學年	140	105	105	105	45	45	90	70	105	35	35	0-30	70-100	980
第二學年	105	105	105	105	35	35	90	70	105	35	35	50-85	70-105	980
第三學年	105	85	105	80	35	35	90	35	105	35	35	105-165	70-130	980

附註：

1. 本表的授課節數是每節課 50 分鐘。

2. 特別活動節數，即根據中學學習指導方針中規定之學生活動（學校供給食物等相關活動除外）。

3. 選修課程的授課節數中，也可加入其他特別活動的授課節數。

4. 選修科目的授課節數，是根據中學學習指導方針裡所規定的。

（引自：兒島邦宏，1999b，III 頁）

貳、學校：學校本位、研究發展

此次參訪之學校乃被參觀頻率頗高的學校，千葉市打瀨小學一年有兩百六十天被參觀，為何能吸引世界各國的教育團體前來參觀，當有其可學習之處，謹就觀察心得陳述於下。

一、各校自訂「學校教育目標」

參觀訪問之學校均有自訂之「學校教育目標」。小學方面，千葉市打瀨小學以培養「寬宏的心、夢想、閃閃發光的孩子」為學校教育目標，具體打出「PICD」指標，即熱情（Passion）、想像（Imagination）、創造（Creation）、夢（Dream）。愛知縣緒川小學以培養「心靈豐富、健康、自主判斷、富執行力的孩子」為學校目標，期望學生能自動自發學習、會玩會讀、互助合作、堅毅不拔。橫濱市本町小學以培養「做自己主人的孩子」為學校目標，具體目標為心靈豐富、自主學習、健康。群馬縣館林市立第二小學以培養「聰明、正直、心靈豐富孩子」為學校目標，具體目標為自主學習、合作學習、協助他人、身心健康。

國中方面，千葉市打瀨中學強調培養「富人性、創造力、活力」的學生，使學生具備「信賴、敬愛、自主、創造、鍛鍊、陶冶」等六項特質，此六項特質的具體意義為：⑴有豐富、體貼心，⑵會欣賞自然和美的事物，⑶自動不斷上進，努力向學，⑷有豐富創造力及明確表達力，⑸注意自身的健康、安全，鍛鍊身心，⑹尊重、勞動、服務，喜愛學校社區。愛知縣北部中學以培養「剛健、治學、誠實」為學校目標，即鍛鍊身心健康、深切省思與自動自發學習、遵守禮節與體貼他人的心。

愛知縣緒川小學校長表示「二十年的異類，今天的主流」，自昭和五十二年（1977年）全面改善後，秉持培養「心靈豐富、健康、自主判

斷、富執行力的孩子」為學校目標，堅持沒有鐘聲、沒有圍牆的學校，
至今二十餘年由異類變為主流，方獲得堅持教育理想的喜悅。日本愛知
縣緒川小學（1998）的**經營方針**強調著全體教職員的互相了解和互相協
助，研擬富特色、創意、活力的教育課程，主要為下列三項：(1)推進重
視基礎和基本、發揮個性、增加創造力的教育：重視以終身學習為基礎，
養成生存力量，貫徹親自體驗與問題解決的學習，養成孩子能夠體會學
習的樂趣和成就感，自發性的學習態度，及引發孩子激發其潛在優點。
(2)展開養成心靈豐富的人的教育活動：以豐富的體驗活動打動孩子的心，
貫通和自然結合之學習，致力培養心靈豐富的孩子；體驗人類的形成方
式和生存方式，去學習自己思考、判斷和行動；重視基本的生活習慣和
社會生活裡必要的方法和禮節，以養成考慮和同情他人的心；養成教職
員和孩子及同儕之間的友好人際關係，同時確定孩子和學校之間的信賴
關係。(3)放眼於開放的學校、活用家庭和地區的教育力量，努力培養健
全的孩子：顧及學校、家庭、地區的功能，提升相互合作，增進學校與
家庭、地區之間的了解和協調；積極活用家長和地區、社會的人才，強
化地方性的教育活動。

　　在緒川小學旁的**北部中學**，因應小學變革，亦積極推動教育改革，
提出以培養「**剛健、治學、誠實**」為**學校目標**，即鍛鍊身心健康、深切
省思與自動自發學習、遵守禮節與體貼他人的心。日本愛知縣北部中學
（1998）的**經營方針**為下列五項：(1)經由全體教職員積極地參與籌畫學
校經營，而展開充滿創意與活力的教育活動，致力達成教育的目標。(2)
鼓勵全體教職員參與組織性、計畫性的進修活動，經由指導每位學生快
樂學習或成就感來培養自己的教育能力。(3)推展以尊重人類為基礎的學
生指導，經由確立學生與老師的信賴關係來致力於創造學生的「心靈住
所」。(4)經由鼓勵職員、學生共同合作創造美好的環境，來致力於培養
充滿人性的學生。(5)強化學校、家庭、地區社會相互合作的同時，致力
於獲得家庭或地區社會的信賴與協調，以真正開放式的學校營運為目標。

　　千葉市打瀨小學（1999）、打瀨中學（1999）均抱持「以學校建立

社區」的理想，希望學校所在的新社區，因辦好學校吸引民眾住進社區，而繁華社區。從打瀨小學平成十一年（1999 年）的轉學生三十一人，佔全校六百四十五名學生的二十分之一，可見，「以學校建立社區」理想將指日可待。

日本學校雖然明確訂定「學校教育目標」，但更可貴的是對「教育目標與理想」的堅持與執著。我國數十年來，看到各校幾乎相同的教育目標，看不到對教育理想的執著，日本經驗應可供借鏡。

二、各校每年訂定「經營計畫、研究主題」

各校不僅有「學校教育目標」，亦有「經營計畫」、「研究主題」。經營計畫大都包括：教育目標、學校組織、教育計畫、現職教育、設施設備、學校環境實態等六大項，如愛知縣緒川小學、愛知縣北部中學於平成十年的「學校經營計畫」均包括此六項，且教育目標均含本校教育目標、經營方針、本年度的重點努力目標等三項。

參訪學校均訂有「研究主題」，就平成十一年而言，千葉市打瀨中學的研究主題為「激發學生自主學習的意願與態度，引導學生尋找較佳學習方式與自訂主題計畫」；愛知縣緒川小學為「學校以培養學生生存實力為目標」；愛知縣北部中學為「讓學生體驗自主學習的快樂，有興趣、有意願自己學習」；橫濱市本町小學為「培養擁有、實現夢想與希望的孩子」。

橫濱市本町小學從昭和五十九年到至今的年度研究主題，變遷歷程如下：(1)昭和五十九年為「以個別化學習為目標，活用開放空間」；(2)昭和六十年為「以個別化、個性化學習為目標，活用開放空間」；(3)昭和六十一年為「個別化學習指導，活用開放空間」；(4)昭和六十二年、六十三年為「個別化學習指導，充實開放空間」；(5)平成元年為「以養成學生自學能力為目標，編輯教育課程，實施整體計畫」；(6)平成二年為「以養成學生自學能力為目標，著重社會科、理科、道德」；(7)平成

三年爲「以養成學生自學能力爲目標，著重國語科、算術科、特別活動、音樂科、美術工藝科、家庭科、體育科」；⑻平成四年爲「養成生活科、理科自學能力」，藉著活動評價產生自己的希望、想法，從了解、參與大自然培養探索事情的態度；⑼平成五年爲「養成生活科、理科自學能力」，藉著活動評價產生自己的希望、想法，從了解、參與大自然培養探索事情的態度，舉辦全國小學理科研究會；⑽平成六年爲「養成社會科、生活科自學能力」，藉著活動評價產生自己的希望、想法，從了解、參與大自然培養探索事情的態度；⑾平成七年爲「養成社會科、生活科自學能力」，參與孩子製作主題探索歷程，並記錄一年成長歷程，舉辦全國小學社會科研究會；⑿平成八年爲學習認識自己能力、表現自己優點，提升自己的能力。可見，橫濱市本町小學逐年進行「研究主題」已有十五年經驗。

三、各校均有年度各學科教學經營計畫書

參觀訪問之五所學校：千葉市打瀨小學、千葉市打瀨中學、愛知縣緒川小學、愛知縣北部中學、橫濱市本町小學均有年度各學科教學經營計畫書，將年度研究主題構想、主題進行流程圖、學習構想、各年級教學活動計畫、各學科每個月的教學活動計畫。千葉市打瀨小學各學科各年級教學經營計畫書達四十三頁（B4尺寸），橫濱市本町小學各學科各年級教學經營計畫書亦有七十五頁（B4尺寸），而中學千葉市打瀨中學的各學科教學經營計畫、年級指導計畫與選修指導計畫，更高達一百零三頁（A4尺寸），顯示日本學校經營充滿計畫性、組織性、專業性。反觀，我國中小學提出每學年各學科教學經營計畫者愈來愈少，或應深思。

日本學校每年度均特別指出年度的重點及努力目標，茲以緒川小學、北部中學爲例說明。**日本愛知縣緒川小學（1998）平成十年的年度重點及努力目標**爲下列五項：⑴本年乃研究開發學校的第二年度，重點在推動橫向學習的開發與實行，目標爲探求教科書的再度編製及其實現。⑵

重視親自體驗和活動，全面實施有效的解決問題的綜合學習，以改善課程為目標。(3)營造有效果的開放空間學習環境，努力推動以電腦為中心的資訊教育。(4)實施擁有提高安全能力臨場感的災害訓練，加強維護學校安全的設備和設施，及確立防範災害發生的各項防災組織。(5)適當地保管各項物品和文書，並且努力活用增加空間的各項必備品。緒川小學（1998）平成十年的各學科教學經營計畫書中，更強調**各學科的指導計畫**為下列三項：(1)編製課程能讓每一個孩子實現其期待和願望，且能充實和推展能夠發揮個性的授課活動。(2)確定全校性的合作體制，不僅展開多樣化的學習型態和方法，亦能提升孩子的學習意願和養成自主學習能力。(3)掌握孩子實際狀況，適切融合其他有相關教材的內容，實施綜合學習。此外亦研擬年度重點目標與對策（詳見表 1-3）。

表 1-3　日本緒川小學平成十年各學科年度重點目標與對策

教科	重　點　目　標	對　　策
國語	·正確的理解語言，並且提高適切的表現能力。 ·能正確聽取說話者對方的目的和要點，且能夠提高了解自我的思考方式，並聽取別人說話的能力。	·在指導基礎的國語學習內容之外，也能夠推進其他科目的進度，致力於和其他教材密切聯繫的學習。 ·日記指導致力於讀和寫的日常化。
社會	·藉由與自己身邊的社會現象之關係，認同自己成為地區社會的一分子，並培育重視地區社會的態度。 ·公正地判斷社會的現象，培育能夠自動對應社會變化的能力。	·經由個別學習或團體學習增進面，對多樣的學習型態或解決問題能力的學習活動上多下功夫。 ·教師在協助每一個兒童能主動解決問題方面多下功夫。
算術	·使他們學到基礎的知識和技能，養成數學的思考方法，培育能往前思考解決問題的思考力。 ·使其理解數學概念，能正確計算。	·重視每個兒童多樣化思考的能力，經由操作活動習得基礎學習項目。 ·把握各個兒童的學習狀況，推動個別的指導。

（承上表）

教科	重 點 目 標	對 策
理科	·接近自然，培養喜愛自然的心情。 ·在自動地學習自然的事物和現象中，去培養對自然豐裕的心情以及培育喜愛自然與生命的心情。	·備齊教材園、實驗器具、飼養栽培活動，以親切地接近大自然。 ·讓每一個兒童在解決問題中去體驗，並培養自己解決問題的能力。
生活	·經由活動或體驗，直接去取得在日常生活中能夠見到的事物現象。 ·學會生活上必要的習慣和技能，培養朝向自己的基礎。	·掌握地區和兒童的實態，致力於學習教材的開發與蒐集。 ·在個別團體一起學習等多樣化的學習型態上下功夫，朝開發提高兒童學習力的學習教材方面推進。
繪畫工作	·透過對象和材料，養成眼睛對事物的觀察，培養深入的心境，提高表現充滿個性的能力。 ·喚起表現慾念，創造出興趣和喜愛。	·依據兒童發展的特性，覺察其各個優點，在指導方法上，以使其能夠帶著自信前進。 ·讓其學習到素材、道具的基礎技術和技巧。
音樂	·培養每一個兒童有喜好音樂的心和豐富的情操。 ·對音樂的興趣喜好更深入，進而培養對參與音樂活動的意願和態度。	·為了讓他們感覺到音樂的美妙和樂趣，設計多樣體驗音樂的經驗。 ·為伸展鍵盤、口琴、簫笛的能力，使用「學習指引」力求個別的指導。
家庭	·採用解決課題的學習方法，培育能夠自動自發去追求的態度。 ·學習日常生活中所必需的基礎性知識、技能，以及力求培養身為生活者所必須實踐的態度。	·把握家庭環境及生活實態，指導每一個人能夠生存。 ·在學習教材上多加功夫，經由實踐使其理解指導內容，謀求基礎的生活知識和技能。
體育	·培養能增進健康和提升體力的態度。 ·培養基本的技能，以正確的運動方法使學生從運動中體會到樂趣。	·掌握每一個人運動能力、技能的實態，追求能夠應用其能力的課題，謀求展開能夠適應一種運動特性的學習活動。 ·在與兒童生活相關聯的學習教材的選擇及指導上下功夫。

引自：日本愛知縣緒川小學，1998，3-4 頁。

　　日本愛知縣北部中學（1998）平成十年的年度努力的重點目標乃是「培養朝氣蓬勃的學生」，具體目標為下列九項：(1)在教育活動中，經由學生積極參與自主性活動來致力培養蓬勃的朝氣。(2)推展勤勞、服務的活動，經由致力創造美好的教育環境來培養具有關懷心情的學生。(3)致力於道德指導的充實，培養具有道德實踐力的學生，推展可體驗每個人學習喜悅之學習指導。(4)致力於在基礎、基本上充實能徹底發揮每個人特性之指導。(5)致力於積極推展採用能夠體驗學習的樂趣或成就感的體驗性學習、問題解決性的學習等學習活動。(6)致力於推展能活用分配在各學年的學習中心之多樣的學習活動。推展以尊重人類為基礎的學生指導。(7)重視學生與老師、學生間相互的接觸，致力於具有共鳴性的學生指導。(8)致力於對學生來說可以實際感覺到成為「心靈住所」的學校情境。(9)致力於學校、家庭、地區成為一體的整個地區的學生指導。北部中學（1998）平成十年的各學科教學經營計畫書中，更強調**各學科的指導計畫**為「謀求教材的開發與充實，重視個別化、個性化，致力發揮每位教師的指導特性，及重視學生的課題意識、創意功夫、表現力，致力於展開多樣的學習活動。此外亦研擬年度重點目標與對策（詳見表1-4）。

表1-4　日本北部中學平成十年各學科年度重點目標與對策

	本年度的重點目標	對策
國語	·使自己的思考適應目的、狀況，提高適當的表現能力。 ·擴展語言事項的知識。 ·確實讀懂話或文章的內容。 ·致力於活用視聽機器。	·在每天的課程中，設置寫下自己的想法或感想等機會。 ·使學生詳細地調查漢字、語句的意思、用法等而能活用。 ·使學生接觸語句的中心意思或功用。 ·積極地活用視聽機器。
社會	·提高自己學習、思考、調查學習或積極參加討論會的意願。 ·提高視聽中心、圖書館的活用、資料活用的能力。	·促進解決課題的學習，展開以學生的發言為中心的課程。 ·配備視聽教材或資料，推展利用法研究。

（承上表）

	本年度的重點目標	對策
數學	·學習數學性的表現或處理方法，提高數學理論性的考察事實現象的能力。 ·了解數學的看法或想法的好處，培養活用數學的態度。	·致力於自主性的學習，推展適合學生實際情況的問題解決的學習。 ·製作以數學性的看法、想法來展開活動的教材，對指導下功夫。
理科	·重視觀察、實驗，培養科學性的看法、想法。 ·以個人展開活用課程為目標，提高自動解決課題的意願。	·謀求自由研究、深入的活用，致力於展開主動性的課程。 ·正確地捕捉學生的實際狀況，致力於適合興趣、贊同的教材、教具的開發。
音樂	·學會表現、鑑賞的知識、技能，培養接近音樂的態度。 ·廣泛接觸世界的音樂，使學生了解音樂的魅力或含義。	·謀求基礎能力的充實發展，在養成豐富的表現力、有深度鑑賞力之課程上下功夫。 ·透過視聽機器的有效活用而訴諸學生的感性，培養豐富的音樂性。
美術	·經由學習基礎性的技能而成為個性化的表現之基礎。 ·積極參與富有感性的表現活動，體驗創造的喜悅。 ·透過鑑賞活動，培養愛好美術的心情。	·確實控制基本性的技巧或製作的程序，對每個人進行適當的指導。 ·為了使表達思想豐富，在對思考有效的利用參考作品之課程上下功夫。 ·像在學習中心的作品展示等，致力於創造在日常生活中可以鑑賞的學習環境。
保健體育	·給予成長期的學生適當的刺激，謀求健康的保持增進與體力的提升。 ·體驗運動的樂趣或喜悅，培養終生體育、運動的基礎。 ·使學生留意健康、安全。	·把握學生的能力、個性、興趣等的實際情況，在致力於展開富有創意功夫的課程。 ·研究且實踐各種運動具有什麼功能可以滿足人類的什麼需求。 ·做適合自己能力的運動。致力於設施、用具的安全檢查，而能有正確的使用方法。

（承上表）

	本年度的重點目標	對策
技術家庭	・透過學會技術的學習，學生自動地下功夫，培養創造的能力與實踐性的態度。 ・使學生理解生活與技術、家庭關係，培養對生活的看法或想法。 ・學會對安全留意的態度。	・針對個人，致力於下功夫、改善培養個人的學習型態。 ・致力於與生活有關的教材、教具的精選與開發。 ・在實踐活動中，確保實習用具的使用法，以及管理方面的安全。
英語	・謀求溝通能力的培養，以及自我表現力的提升。 ・提高對語言或文化的關心，培養了解國際的基礎。	・透過TT的課程，重視「聽」「說」「寫」的指導，致力開闢實踐性活用溝通場所。 ・使學生注意到外國文化多樣性或價值觀的不同，致力於培養接受外國文化的態度。

引自：日本愛知縣北部中學，1998，5頁。

　　日本打瀨中學（1999）於平成十年以「培養學生自主學習慾望與態度」為年度研究主題，提出三項研究假設為：⑴活用學科中心方式的優點，充分發揮各學科的長處及特質，應能培養出體驗學習的樂趣、激發成就感、提高自主學習意願、具上進心的學生。⑵計畫宜齊備學習環境，一起進行教材、資料的蒐集開發，加強活用，應該可促使學生自我發揮、喚起自我學習的意願。⑶活用各學科的學習優點，並納入解決自己問題的橫切式、綜合的學習，應該能獲得學習樂趣與成就感，培養自主學習慾望與態度。

　　為達成三項研究假設，各學科均擬定教學計畫，如國語科教學計畫的研究主題為「養成主動閱讀，增進表達能力」，研究目標為「做成謀求有效活用學習課題解決及學習環境的指導計畫，並在學習指導法上下功夫」，國語科教學計畫與學校教育目標的關聯如表1-5。

表 1-5　國語科計畫與學校教育目標的關聯

學校教育目標	學科達成目標	具體的政策
培養富於人性及創造性、生存意志堅強的學生	・藉由主動式的學習，確實地養成基礎的語言能力。 ・培養因應對象及目的，有條理的表現能力。 ・培養充分地理解內容的能力及對應情報化的理解力。	・掌握基礎、基本，嚴選教材並將其重點化，謀求效率化的授課。 ・將學生的活動安排在授課之中，展開「自我學習」的方式。 ・在指導過程中，設定讓個人發揮的場所。 ・採取課題解決及探究活動的方式。 ・齊備學習環境。

引自：日本打瀨中學，1999，5 頁。

　　國語科研究假設有二：⑴謀求基礎、基本內容的固定，並確立主動、探究式的學習或者學習問題解決的授課基本方向，藉由在支援、援助的手段上下功夫，應能養成主動式學習的能力。⑵有效地活用學習環境，藉由各種形式發表學習成果，應能培養出表現能力。研究內容有六：⑴為了謀求固定基礎、基本的學習能力，應慎選執行教材、課程重點化，並作成有充分時間的指導計畫。⑵採取有系統、目的的學習課題解決、調查學習、小組學習、個別學習等方式，展開使學生能主動致力的學習法，並設定發表的場所。⑶在各式各樣的學習活動、學習型態上下功夫。⑷以採取多樣的表現活動來因應場合、養成有條理的表現能力為目標。⑸謀求對應情報化時代，培養讀書指導、讀書能力以養成情報的蒐集及處理能力。⑹讓學生自己直接面對學習問題，並在學生自己解決問題的那種「支援、援助」（建言、鼓勵、發問、學習的場合）的手法、功效上下功夫。至於國語科教學年度計畫，詳見表 1-6 之「國語科教學年度計畫」。

表 1-6　國語科教學年度計畫

期	「發揮個人」的學習指導計畫	具體的環境齊備、開發的手法
1	▶謀求奠定基礎、基本學習能力，並在學習內容、方法、型態上下功夫◀ ‧固定學習方式的基礎 ‧展開採取學習課題解決的課程，如「短歌的研究」、「俳句的鑑賞」 ‧韻文的創作（詩、短歌、俳句） ‧讀書指導 ‧作文指導	▶連續一年，就季節、題材來整頓語言環境◀ ‧將儀式當作題材所創作的作品（詩、短歌、俳句、遊記文）的公布 ‧前年度創作作品的展示 ‧喚起讀書意願的環境齊備 ‧活用活動用之圖表、文集等
2	‧展開採取學習課題解決（依課程別學習）的課程 ‧聲音表現活動（朗讀、背誦、群讀、演講） ‧個別調查學習、課題設定學習（情報蒐集、電腦、網路的活用）、「傳達OO 的魅力」、以臨時舞台的方式演講「介紹古典的魅力」	‧學生作品（作文或感想）展示 ‧關於戰爭與和平的教材、學習資料的齊備 ‧製造古典學習的氣氛並開發教材、學習資料 ‧關於調查學習資料的齊備 ‧歸納展示、發表製作報紙、報告、演講等……作品 ‧前年度製作作品的展示
3	‧個別調查學習： 「單字的發現、匯集、探險」 「成為語言學者探索單字」 ‧本年度的歸納研究紀要的執筆 ‧指明下年度的研究方向	‧歸納展示報告、文集等作品 ‧前年度製作作品的展示 ‧蒐集並介紹關於字彙的資料、圖書 ‧三年級（畢業生）的作品展示

引自：日本打瀨中學，1999，6 頁。

四、將研發經驗出書推廣

　　研發經驗出書，如愛知縣緒川小學出版「個性化教育：培養生存實力，橫斷的、綜合的學習」，「個性化教育期刊」，「培養自學能力的

評價」，「增進個性化教育方法」，「增進低年級生活科、綜合學習方法」，「增進中高年級綜合學習的方法」等六本書。另外，千葉市打瀨小學、橫濱市本町小學均有學校著作，且此次前往日本採購之十八萬日幣的書，頗多係各個學校實驗、實施「綜合學習」的成果。可見，日本學校將研發經驗出書的風氣較國內為盛。

五、空間規畫以學生為中心

千葉市打瀨小學、千葉市打瀨中學、愛知縣緒川小學、橫濱市本町小學等四所學校，建築均採開放空間設計，讓走廊不只是走廊、樓梯不只是樓梯、轉角不只是轉角，將走廊、樓梯、轉角空間變為學生學習空間，上課時學生將學習空間延伸到走廊、樓梯、轉角。所有學習布置、圖書、資訊設備均以便於學生使用為最高原則，所有牆壁可用空間大都做為呈現學生作品的園地，日本學校用心打造「學生天堂」的作法可供國內參酌。

六、無牆壁教室引導學生尊重他人

參觀訪問的學校均具有開放空間的特色，教室與教室之間的隔音通常欠佳，尤其是：參觀橫濱市本町小學時，參觀團對「幾個班級均僅隔著一面牆，且均無走廊圍牆，學生上課會自然延伸學習空間到走廊上」深感好奇，不禁問教導主任：「幾班的秩序可能會相互干擾，用何措施來避免相互干擾？」主任回答：「這剛好提供『尊重他人』的學習機會，讓學生從小就學習討論、說話不影響他人」，此回答讓一味防弊的參觀團大為震驚，或許我國僅消極禁止學生講話，而未積極教導學生尊重他人。

七、著重牽手成長的入學儀式

群馬縣館林市立第二小學為歡迎台南市參觀訪問團，特別將入學儀式延後幾天到四月十四日。當天二年級自製迎新項鍊，一個一個送給一年級學弟妹，雖然項鍊紙牌筆觸生澀、配色簡單，更凸顯二年級學長姐的誠摯與用心。迎新的壓軸戲乃學長姐搭橋由級任教師帶領新生穿越舊生的長橋，想必讓新生留下深刻回憶。

八、激勵成就感的學校空間

此次參訪學校的空間共同特色是「學校激勵學生成就感，鼓勵學生秀出成果」。千葉市打瀨小學與打瀨中學、橫濱市本町小學、愛知縣緒川小學的教室後面、前面（黑板除外）都是落地的軟木板，上面釘滿了學生的作品，教室外走道、牆面或可用空間均展示學生作品或公告學生學習成果，其中有些是個人作品、有些是分組作品，亦有些是班級的集體創作。愛知縣緒川小學更提供整面牆，讓應屆畢業生作畫做為留校紀念。此種開闢「成就角」，激勵學生成就感的作法較之國內強調「學習角」更具有積極意義。

參、教師：自主學習、提升專業

教師是教學的引導者，然限於行程匆匆與語言隔閡，致與日本教師溝通的時間甚為短暫，在此就書面資料、短暫訪談的結果闡述之。

一、研究主題、教學經營計畫書的靈魂

參訪學校每校每年的研究主題、全校與各學科教學經營計畫書，教師均係規畫、執行研究的靈魂人物。尤其是千葉市打瀨小學、愛知縣緒川小學教師自行研發國語、數學學習單，學習單依據編序教學原理，由淺而深從一年級到六年級高達兩百二十八張。另外，參訪的學校幾乎均設置「研究單位」，愛知縣緒川小學聘一名教科學習研究主任，千葉市打瀨中學聘一名研究主任，橫濱市本町小學聘一名研究主任、兩名研究副主任。

參訪學校大都組教師團（T.T.），此團乃教師自主學習、不斷成長的動力，如愛知縣緒川小學的教師團有全校性、同學年性、異學年性、同學科性等四種教師團，透過相互研討，建構有系統、計畫的教學內涵，讓學生有意義、效率的學習。

愛知縣緒川小學一位教師表示開學前兩週，教師們會到學校共同研討學年、學期的各學科經營計畫、規畫綜合學習活動、擬定或研討年度研究主題。問其會不會太累，他說：教育本應如此。從此位教師看到了日本教師為塑造教育願景，為理想不辭辛勞的情操。通常，日本學校各校之年度各學科教學經營計畫書，均先經學年會議探討研究後提出，而放學後的進修研討乃腦力激盪的最佳時段。

二、放學後不斷進修，掌握「教少學多」原則

參訪的學校均發現學校相當重視學生放學後，教師的進修、研討、溝通與協調，茲說明愛知縣緒川小學、北部中學、群馬縣館林市立第二小學的作息時間表於下：

㈠愛知縣緒川小學教師自上午八時三十分上班到下午五時十五分下班，上班時間長達八時四十五分，學生每天最長上課六節，每週平均二

十九節，放學時間為下午三時三十分，教師留在學校出席全校、全學年會或各項委員會議，進行教學研究或翌日教學準備至下午五時十五分。

㈡愛知縣北部中學教師自上午八時十五分上班到下午五時下班，上班時間長達八時四十五分，學生每天最長上課六節，每週平均三十節，放學時間為下午三時四十分，教師留在學校參加各處室所辦活動直到五時下班，下班後仍辦理職員會議、各處室企畫會議或活動指導會議。

㈢群馬縣館林市立第二小學教師自上午八時二十五分上班到下午五時十分下班，上班時間長達八時四十五分，學生每天最長上課六節，每週平均二十九節，放學時間為下午三時四十五分，教師留在學校出席全校、全學年會或各項委員會議，進行教學研究或翌日教學準備至下午五時十分。且規畫週五下午三時四十五分至五時十分為親師溝通時間。

愛知縣緒川小學的教師簽到簿置於校長室，教師上下班必須到校長室簽到。詢問教師是否會感到不方便，教師對此問題深感奇怪，他表示在哪裡簽到不是都一樣嗎？或許日本教育教導學生自主學習、自我負責的前提下，教師亦充分發揮自律的精神。

學生放學後教師進修時間，往往是教師研發教材教具、進行教學準備、改變學習指導方法、改善評價學生標準的最佳時間，教師經充分準備，拋棄「多教多塞」的教學，改採「教少學多」的教學原則，強化學生自己主動學習、獨立思考的「生存實力」。

三、善用綜合學習將教學統整化、生活化

日本於平成十年十二月公告的「中、小學學習指導要領」中，指出綜合學習的時間指導目標有二：(1)培育學生能發現自我課題、自我學習、自我思考、主體判斷，以及善於解決問題的資質和能力。(2)習得「學習方法」、「事物的思考方法」，並培育其主動、創造地致力於問題解決和探究活動的態度，進而思考有關自己的生活方式。在二〇〇二年實施的「國中各科授課時間表」中，單獨列出綜合學習時間授課時數，一年

級為七十至一百小時，二年級為七十至一百零五小時，三年級為七十至
一百三十小時，可見，日本頗為重視綜合學習。

　　參訪學校除每校每年的「研究主題」外，每學年均以學校研究主題
為核心，規畫與研究主題相呼應的「綜合學習」。橫濱市本町小學更將
學年主題分成三個學期的「主題構想圖」，每學期的「主題構想圖」由
兩個向度構成，橫向為各學科（包括國語、社會、算術、理科、音樂、
美勞工藝、家庭、體育、道德、特別活動等十項），縱向包括學期內之
月份與重要活動，而綜合活動則隱含於主題構想圖中。圖中以箭頭、框
線標示各學科教學重點、月份與綜合學習主題的關係，讓教師教學時，
能掌握主題實施綜合學習。此綜合學習橫跨數個科目的綜合學習時間，
課程的設計由各校校長和老師自主設計決定，除具有統整性外，更具有
生活化的特色，主題通常是學生周遭發生可看、聽、想、觀察或經歷的
事情。

四、評量多元化、人性化

　　參訪過程蒐集了千葉市打瀨小學（1999）、千葉市打瀨中學
（1999）、愛知縣緒川小學的成績通知單（1999）。千葉市打瀨小學的
學期成績通知單由學生自評、家長評量、教師評量組成，評量內涵頗為
具體，如國語包括：⑴自己喜愛國語，並自動看書；⑵會視狀況使用、
說出正確語詞；⑶會依題材加入自己看法，並寫出符合題目文章；⑷正
確明白話及文章的內容；⑸書寫時，會留意到字形、大小、排列；⑹了
解聲音、文字、語句、文章等基本事項。社會包括：⑴自知是社會中的
成員，並關心社會事情；⑵會深思社區特色及發生的事，並做適當的判
斷；⑶會活用觀察、蒐集的資料，表現出個體多樣化；⑷能了解社會的
構造、狀況、相互關係等。算術包括：⑴對數量、圖形有興趣，知道用
數理處理的好處；⑵會預測並有條理的思考；⑶能具有處理和量、圖有
關的問題；⑷能理解有關數量及圖形的概念及性質。理科包括：⑴對自

然現象有興趣，會比較並愛護自然；(2)能抓住自然的真相，並解決問題；(3)觀察、實驗，正確的呈現過程及結果；(4)能了解自然的特性、關聯性及規則性。音樂包括：(1)對音樂有興趣，自動進行音樂活動；(2)能知道樂曲表現的方式及樂曲的形成；(3)隨著音樂的響起而發聲並獻唱；(4)知道音色的特性及演奏樂器；(5)會聽辨曲調、樂器，且欣賞音樂的妙處及美。美勞工藝包括：(1)依自己的想法，愉快地完成作品；(2)考慮形狀、顏色，表現出具自己風格的作品；(3)會選擇適當的材料、用具來做；(4)會注意到作品的好、美，並賞析。家庭包括：(1)是家中的一員，能對家中的食、衣、住關心；(2)能預測有關家居生活，以創造更好生活為目標；(3)具備和衣、食、住有關的基本技能；(4)能明白和衣、食、住相關的基本事項及家庭生活的意義。體育包括：(1)自動運動，而知道要有健康、安全的生活；(2)能考慮到安全、健康，來判斷做任何一種運動；(3)能具備喜愛運動，享受運動所需的技能；(4)能分辨自己生活中什麼是健康、安全。除各科學習外，亦針對學校教育目標評量學生表現，如「寬宏的心」包括：(1)會和任何人有禮貌地打招呼；(2)會和同儕一同活動、談話；(3)愛自然，看重有生命者；(4)愛惜公物，會整理好；(5)工作時，不偷懶，自動自發；(6)會分辨場合、善惡。「實現夢想」包括：(1)明朗、健康的生活；(2)有目標、不輕易放棄。「閃亮耀眼」包括：(1)自定計畫，並執行；(2)能和同學及低年級學弟妹合作；(3)在生活和學習中，做各種努力。評量時，鼓勵學生說出自己的優點，表現較好的事情，教師亦充分給予學生鼓勵與增強。可見，日本教師之評量較國內多元化、人性化。

肆、學生：合作與自主學習、自我負責

學生是教學的主體，以學生為中心的教育思潮正方興未艾，然學校行政人員、教師是否真能以學生為中心，乃值得剖析的課題。此次參訪中，可發現日本教育將此教育思潮發揮得淋漓盡致，茲說明如後。

一、分組規畫畢業旅行

分組合作學習乃參觀學校最常見的學習方式，座位最常見的擺設幾乎以分組為主，各組學生圍圈進行討論。其中分組學習印象最深者為愛知縣緒川小學的分組合作學習。參觀緒川小學時適逢應屆畢業生分成數個小組圍著幾個圈，熱絡地討論、規畫「畢業旅行」，各組學生均拿一張畢業旅行規畫單，從學校搭車時間、集合方式，到地鐵的起點車站，再到終點車站，繼續到每站參觀地點的方式、參觀地點的參觀與學習重點、停留時間，最後回到學校的時間，均巨細靡遺地規畫，看著各組學生拿著上一屆學長的規畫單、學校提供的行事曆、愛知縣地圖、地鐵地圖、參觀地點的簡介與交通導引，在規畫單上改了又改，在每一個參觀點不斷研討參觀重點，雖然因時間匆促看不到討論結果，但卻看到分組合作學習、團隊精神，看到學生自我規畫、自主學習的能力。

二、激發自主的自治委員會

參觀訪問學校均讓學生自組自治委員會，讓學生參與學校各項行政，如千葉市打瀨中學的學生委員會有各年級學生會、體育委員會、圖書委員會、環境委員會、保健委員會、給食委員會、放送委員會、廣報委員會。學校專闢公布欄，由各學生委員會公告重要活動或行事曆，委員會的公告包括委員長、副委員長、書記、會計等每月的活動重點。此種依據學生能參與情境而組織的委員會，提供學生自治的公告空間、自我決定的機會，較國內辦理的學生縣市長制度似乎來得確實可行。另外，千葉市打瀨中學學生到校後將書包置於所屬班級置物櫃，隨後到各專科教室，沒有自己的專屬教室，此種以專科教室為主，一般教室為輔的方式值得國內省思。

伍、家長：專業監督、局部開放

此次參觀訪問家長組織、運作並非重點，但是從學校提供的資料與簡報中，可發現家長組織、家長參與的特色如下：

一、專業化、組織化的親師協會

參訪的學校均設置親師協會（Parent-Teacher Association, PTA），PTA較國內家長會有組織、有制度，不僅是分擔校務、照顧孩子的專業組織，更是考核教學、刺激老師的監督者。如愛知縣緒川小學的PTA本部由會長、副會長三名、書記和會計共六人組成；下分成學年委員會、專門部；而專門部又包括研修部、保健體育部、校外生活部、環境整理部、學習材料準備部、廣報文化部等六個組織。新學期開始，所有家長均會拿到一本PTA定期總會小手冊，內含總會議程、去年活動報告、決算報告、決算監察人報告、新年度PTA委員名單；及新年度活動計畫表。群馬縣館林市立第二小學的規模雖不如愛知縣緒川小學，但仍有會長一名、副會長五名、書記三名、會計兩名、會計監督兩名、顧問兩名共十五人組成核心幹部。參觀千葉市打瀨小學，看到學生分組討論時，各組均有一位家長參與，且該校請一位懂得中文的義工媽媽做協助翻譯與引導工作。PTA的經費來源，通常是每位家長均繳交兩百日圓（約台幣五十元）作為活動資金，而非由PTA自行捐錢。可見，日本學校的親師協會相當組織化、專業化、監督化。

二、局部開放的學校空間校園

或許有人爭議學校是否應該開放？開放是否造成對學校的過分干

擾？此次參觀，千葉市打瀨中學的作法打破了開放與否兩極的爭辯，打
瀨中學以窗戶的顏色，界定家長活動區、教學區，家長可在藍色窗戶的
空間自由活動，但不宜到綠色窗戶的教學區活動，讓學生擁有無干擾的
學習空間。

陸、日本教育改革的啓示

　　就上述日本參訪與蒐集資訊心得，擬提出下列思維向度、建議與大
家共同省思。

一、教育政策：循序漸進，決策充分溝通與擬定配套措施

　　日本於平成十年（1998）十二月十四日公布「中、小學學習指導要
領」，並非如我國由學科分科的極端走到另一個七大學習領域的極端，
而係採取保留原有國中、國小學科，另闢統整性「綜合活動時間」的漸
進作法，應可供決策單位深思。日本一九九八年公布「中、小學學習指
導要領」之前，如愛知縣緒川小學已實驗二十年，千葉市打瀨小學、打
瀨中學已實驗三年，且今年（1999）四月十五日筆者前往東京書局竟發
現關於「中、小學學習指導要領」主要變革的「綜合學習」與教改理念
的書，不下一百五十本。可見，日本不僅於決策前長期實驗與充分溝通
歷程值得敬佩，而且決策後的大量出書引導、教導教師與民眾的作法亦
值得效法。反觀，教育部雖於八十六年三月成立「國民中小學課程發展
專案小組」，然學術界、教育界或一般社會大眾知道此小組者甚少，遑
論參與；教育部於八十七年九月三十日公布「國民教育階段九年一貫課
程總綱綱要」前，學術界所知有限，且教育部強調的三項配套措施：⑴
加強教師新課程研習，⑵規畫新課程師資培育工作，⑶研訂中小學教科

書審定要點,又未見具體動作。另外,教育部邊公告總綱綱要又邊研擬各科領域之課程教材綱要分科綱要,且要等到八十八年九月才正式公布「各科領域之課程教材綱要(含各科教學時數)」,此種作法或稱教改緊急卻不夠周延,或說徵詢意見卻不夠負責,眼見鄰國日本的作法,反觀我國不免令人失望與無奈。

二、學校:確立學校目標,追求創新卓越

此次參訪學校均有其自己的學校教育目標,並以幾個信念展現學校努力方針。反觀國內的學校教育目標幾乎完全相同,或因以往教育政策之失,或因學校本位理念欠缺,然為迎接二十一世紀的挑戰,為免被世界教改洪流淹沒,「學校本位」已是不可擋的趨勢。「學校本位」乃全校教職員工生、社區家長,共同覺察世界教改趨勢、分析國家教育政策、省思學校優良傳統、剖析社區資源與特色,來研擬學校短、中、長程教育目標,為培育新一代國民而努力,為追求教育創新而努力,為追求學校卓越而努力。「學校本位」並非校長一人之重責,亦非由校長裁定,全校教職員工生與社區家長必須共同承擔責任,經由不斷溝通、協調,不斷檢討、改善,逐步發展適切的學校教育目標。

三、校長:順勢而為,自我成長

校長可取日本「學校本位、研究發展」之長,順勢而為、發展特色。「學校本位」乃時代潮流、發展趨勢,未因少數人抗拒而中止,未因少數人質疑而停頓,校長必須順勢而為方能化危機為轉機。校長面對由「一人治校、扛成敗重責」到「集體治校、共扛發展重任」的時代趨勢,不能、更不應規避時代挑戰,以校長由教師、主任到校長的考試、奮鬥、成長歷程,應願、應能順勢而為、輕易應戰。然極少數校長未能體認時代脈動乃不可抗拒的洪流,抱著一人治校、扛全校成敗重責的使命感,

使得愈盡心盡力，教師質疑聲浪愈來愈大，或許校長會有不如歸去之感，但與其逃避不如面對，由面對中學習、由分擔中扶持、由挫折中成長，當校長重披往年考主任、校長之戰袍，不僅所有阻力當可迎刃而解，更可由突破過程獲得自我成長。

四、教師：專業自主、追求卓越

日本教育的精髓在於教師專業能力與精神，而我國教育的危機則在於少數教師「專業降低、自主提高」，引發劣幣驅逐良幣的效應。筆者曾前往一所國中進行「小班教學精神訪視」，某教師問校長給予教師多少的自主空間，卻未深思教師有多少專業。前往另一所國中訪視時，校長分享閱讀兩本書的喜悅，建議教師可閱讀此兩本書後，一教師舉手建議校長購買幾套置於圖書室供全校教師參閱，校長一口答應，而筆者深思者為「教師或許可以自己購買此兩本書」，有些家長質疑教師一年買了幾本書進修成長，家長之疑惑或可供教師思維。我國數十年來，或許在一味追求民主與服務的過程，極少數追求自主輕忽專業、享受權利忽略義務、崇尚民主踐踏法治的現象，或許值得絕大多數教師省思「挺身護衛教師專業尊嚴，戮力提升教師專業素養」的必要性。

五、學生：強化合作與自主學習、負責守法

日本與我國均相當重視升學，升學主義的公平公正均受兩國社會民眾肯定，我國學生在此制度中產生過於依賴教師、過於強調個人競爭的現象，而日本學生則能自主學習、相互合作，兩者差異或因日本學校的學校教育目標均納入「互助合作」、教師善用合作學習提供互助的情境所致。因此，學生過於依賴、個人競爭並非全是升學主義的錯，我國各級學校或應深思學校教育目標與教師教學方法。唯有引導學生「合作學習」、「自主學習」，方能培養學生自動自發、相互尊重、互助合作的

精神。

　　從道德發展階段論而言，日本國民或許已發展到「自律期」，而我國國民似乎停留在「他律期」。日本國民行車遇線道縮小，如由兩線道縮小成單線道，會左右依序進入單線道，井然有序不需警察監督，或特別設置交通號誌；然我國若遇到線道縮小，且無警察，將可能造成爭先搶道的大塞車景象。日本國民的自律自重均成為人格特質的一部分，反觀我國的道德與法治教育似乎走不出校門，「自律期」停留在校園內，出了校門或不在校園則回歸弱肉強食的大自然法則。因此，我國學生必須強化自我負責與法治教育，著重民主、法治的均衡，權利、義務的共存，自我抉擇、自我負責的配套，方能培養負責守法的新一代國民。

六、家長：全人發展、協助與督導教育

　　日本雖然強調升學主義，但家長對學校嘗試實施統整課程、多元評量與開放空間給予積極肯定，對學校勇於嘗試提供子女更活潑化、生活化的學習情境給予高度支持，對子女為進行主題探索廢寢忘食、為展現一項作品稍疏忽主要學科學習的現象相當滿意，日本家長已漸體會子女需要一個人性化、多元化、生活化、適性化的成長環境，已漸肯定學校教育目標與教師專業，已漸能從更高、更遠的角度看待子女成長。然而，國內仍有少數家長，對學校實施人性化教學或開放教育以不夠公平客觀予以否定，對學校嘗試生活化學習以干擾學習成績予以懷疑，對教師為改善教學方法而把子女當成白老鼠予以排斥，對子女因努力主題探索與精心製作成果而減少讀書時間予以責罵。此少數家長僅從消極排斥、挖掘缺失的角度看待教育改革，僅從升學主義、智育至上的角度要求學生成長，卻未能積極協助子女、教師、學校共同成長，未能一起培育全人發展的子女，乃教育改革最大的阻力。因此，家長必須正視「全人發展重於智育成長」、「教育問題有賴大家共同克服」、「教育改革有賴大家共同參與」，方能培養具有創造力、自主力的健全子女。

國內大多數家長會較偏重於捐款、疏忽專業協助與監督，而日本較不重視家長捐款，而由學校扶持親師協會朝組織化、專業化發展，使得親師協會得以充分發揮分擔校務、照顧孩子的專業功能，展現考核教學、激勵教師成長的監督功能。國內家長會組織之發展與運作，或可參酌日本的親師協會，或可更深入發展「班親會」，讓每班均有班級的親師協會，讓家長協助、監督教育功能得以展露。

柒、結語

雖然數十年來教育創造了經濟奇蹟、政治奇蹟，然而二十一世紀不僅是資源競爭、武力競賽、科技競速的世紀，更是教育戰爭、腦力開發、人才競爭的世紀。世界各國深切體認此一事實，積極投入教育改革，如美國推出「二十一世紀美國教育行動」、日本宣示培養具「生存實力」的下一代、歐盟推動「資訊社會中的學習」、新加坡建立「思考型學校、學習型國家」，雖然我國的「國民教育階段九年一貫課程總綱綱要」提出了培養「具備人本情懷、統整能力、民主素養、鄉土與國際意識，及能進行終身學習之健全國民」，但由於決策前溝通不足，決策後的配套缺乏，不免令人憂心忡忡。所幸，37.9％的教師認為自己應在教育改革中發揮最大影響力（天下雜誌，民87），相信教師的責任感、使命感、專業能力，將是化危機為轉機的泉源，浴火鳳凰重生的動力。

第四節　學校本位課程的發展

學校本位課程（School-based curriculum）乃跨世紀的教育改革趨勢與歐美國家課程改革的主流，茲從學校本位課程的意涵、發展障礙、發展歷程等向度闡述之。

壹、學校本位課程的意涵

　　學校本位課程乃以學校為主發展之課程，強調學校本位經營、由下而上的草根性發展模式（吳清山、林天祐，民 88），以「學校」為核心來整合學校人力與善用社區資源的發展歷程。學校本位課程並非一組預設的、僵化的、權威的內容，而是在動態、彈性的、反省的教學過程中逐漸選擇、組織、開展的一組架構，係將教育內容媒介給學習者的一組具教育價值行動假設（Elliott, 1998；Henderson & Hawthorne, 1995）。教育部於八十七年九月三十日公布之「國民教育階段九年一貫課程總綱綱要」中，強調學校應成立「課程發展委員會」及各學習領域課程小組，於學期上課前整體規畫、設計教學主題與教學活動，由教師依其專長進行教學；且「課程發展委員會」負責審查全校各年級的課程計畫，以確保教育品質。九年一貫課程的實施原則明訂「各科應充分考量學校條件、社區特性、家長期望、學生需要等相關因素，結合全體教師和社區資源，發展學校本位課程，並審慎規畫全校總體課程方案和班級教學方案」，亦指出「建立學校課程報備制度，在課程實施前，學校應將整年度課程方案呈報主管機關備查」。可見，九年一貫課程已由傳統權威、由上而下的統一制式發展模式，轉為動態省思、由下而上的學校本位課程發展模式。

一、學校本位課程的特色

　　朱桂芳（民 88）分析台北縣立柑園國中、台北市立北政國中、台中市私立曉明女中的學校自主課程設計，發現學校本位課程的設計具有下列共通特性：(1)學校本位（school-based），(2)課程統整（integrated curriculum），(3)能力本位，(4)團隊合作，(5)教師不僅是教學者，同時也是

課程設計者。

　　林文生（民88）主張學校本位課程發展具有五項特色：(1)**由學校教育人員所發動的草根性活動**：由學生所屬的教育機構，對學生的學習方案所作的計畫、設計、實施與評鑑，學校教育人員角色從課程執行者轉變爲課程發展者。(2)**教師是課程發展的要角**：教師不僅有參與課程決定的權利，亦有參與課程發展的義務，教師必須發揮舊經驗與新經驗之間「聯結」，「調整」上課的內容、進度或組織方式，「統合」學生學習經驗、「評鑑」學習者的學習成果與方法，與「協助」學生解決學習問題等功能。(3)**提供學生參與課程規畫的機會**：教師雖爲課程發展的核心，然學生才是學習主角，教師應留些空白的時間給學生，引導學生一起建構班級的課程。(4)**善用動態課程**：教師應順應時代變遷，結合學生經驗，社區人文特色，將靜態的教材內容，轉化爲動態的教學活動，透過活動的歷程，培養學生主動學習的習慣。(5)以「**學生如何學**」的觀點取代「**老師怎麼教**」：學生學得如何學習的方法比學得知識的內容更爲重要，最好的教學方法應是「教師教得少，學生學得多」。

　　綜上所述，發展學校本位課程應具有五項特色：(1)由下而上的草根模式。(2)教師兼具教學與設計者。(3)學習由知識轉化爲能力。(4)學生自主學習與積極參與。(5)團隊合作的課程統整與協同教學。

二、學校本位課程的優點

　　學校本位課程較傳統課程具有下列優點：(1)擺脫傳統由上而下的被動聽命模式，學校擁有自主的空間。(2)揚棄傳統制式統一模式，學校尋求最適合學校沿革、教師特質、學生特性、社區特色的課程。(3)排除傳統課程無法適應學生個別差異與學習需求之失，學校得以發展切合學生需求與差異的課程。(4)避免政治或其他非教育因素的干預，學校得以持續、穩定發展系列課程，達成學校目標。(5)調整教師角色，由傳統課程發展旁觀者，轉爲課程發展的參與者，充分尊重教師專業自主。(6)提升

教師專業能力，教師由以往過度倚賴教科書以致專業能力喪失，轉為設計研發課程讓教師得以恢復、提升專業能力。(7)改變學生學習模式由被動的生產知識，轉為主動的建構意義。(8)師生互動由單向灌輸及服從轉為師生共同經營班級和教學，學生學得民主的生活方式（吳清山、林天祐，民88；陳伯璋，民88）。

貳、學校本位課程激發教師成長

教師乃學校本位課程發展的核心，若教師沒有改變，教育改革僅止於隔靴搔癢，難以發揮效果。國內教師因師資養成教育階段缺乏課程設計教導，在職教育階段進修課程設計時間不足，且教師教學與行政負擔沈重，使得有些教師面對學校本位課程感到徬徨與無助，所幸國中小教師素質均極為優秀，若學校能提供成長機會，教師展現自主學習能力、激發研究創新潛能，教師當能由不斷改善和成長中蛻變。

一、調整因應教改心態，積極自主學習

有些致力教育改革縣市的教師流行一句話：「教改像月亮，初一十五不一樣，不管一樣不一樣，對我不會怎麼樣。」此句道盡教師處之泰然、求安無懼的心態，亦反映少數教師未能掌握時代脈動之現象。自從總統於八十三年二月七日公布「師資培育法」，由師資培育一元化轉為多元化，由計畫性培育轉回儲備性培育，往後教師將逐年增加。八十八年中學教師已超額三千多人，小學教師亦將於近幾年額滿後超額，可能擁有教師證書卻未能實際任教者，會形成對現職教師的壓力或挑戰。另外，總統於八十八年二月三日公布「國民教育法增訂條文」之第九條確立「校長遴選制度」，國民中、小學校長任期屆滿時得回任教師；因應此制度變革，「教師分級制度」亦已納入「教育人員任用條例」之修法

條文，教師習慣「活得愈久、領得愈多」的思維，將回歸到績效與努力的立足式平等。教師若未能立即調整教改心態，未能以積極態度因應與強化自主學習能力，將難以面對超額教師的強大壓力與教師升級的層級考驗。

二、落實教學觀摩，強化教學立即增強與回饋

學校本位課程強調以學校爲本位的自主課程設計，而設計內涵必須逐年改善、逐年朝目標邁進。觀之現今有些教師仍用舊經驗和舊方法，仍關起教室大門畫地自限未與他人回饋，採取新理論亦不知運用正確程度，因此，學校必須建立教學立即增強與回饋機制，對進取教師予以立即增強，對嘗試錯誤予以立即回饋導正。建立教學立即增強與回饋機制的最有效方法爲「落實教學觀摩」（林文生，民 88），雖然有些教師視示範教學觀摩爲畏途，但經歷教學觀摩洗禮的教師，從教學準備引入新理論或觀念，實施生動活潑教學到召開研討會的回饋歷程，通常在教法、教材、班級經營均大幅成長。參與教學觀摩教師亦可吸收他人之長，省思自己待改善之處，以增進專業知能。若每位教師與校長均能於兩年內至少示範教學觀摩一次，不僅能自我成長，更能提升全校教師與校長的教學能力。

三、辦理同儕成長活動，增進團隊精神

學校本位課程以學校本位經營爲前提，而團隊精神又爲學校本位經營的基礎，若能辦理讀書會與研討會等同儕成長活動，不僅能增進教師專業能力，更能增進團隊精神與提高協同教學默契。往後教師進修將由以往注重學位進修、學者講座的模式，轉而著重同儕成長、經驗豐富教師講座的模式。教師間共同激盪設計課程經驗，共同分享研讀理論發現，共同分享教學觀摩心得，共同解決課程、教學與學生問題，以及共同研

討學校教育目標與發展方向等「同儕成長的進修模式」將日受重視。

四、建立教學檔案，增強教師專業系統化

教師擁有多年教學經驗、理論運用於實務心得，解決問題竅門、班級經營秘笈及家長互動法則，然而上述經驗或心得有如片片樹葉，未經整理歸位致飄落滿地，隨著時間日久腐爛消失，相當可惜。教師若能將片片樹葉系統安置於樹枝上，不僅不會因時間日久而消失，更因行光合作用使樹木日漸茁壯，使經驗心得得以代代傳承，惜國內資深教師常任樹葉掉落腐爛，未能予初任教師寶貴經驗傳承。教師將經驗心得彙整以建立教育專業系統的方法，最有效者為建立「教學檔案」，檔案可為教師經驗心得與教學記錄、專家學者論述、優秀教師經驗精華與實作心得，教師以各學科為樹枝架構，或以各項概念、活動為樹枝架構，系統整理各類教學檔案，將經驗心得形諸文字，將雜亂資料系統分類歸納，將昨日錯誤視為改善動力，則教師將如同行光合作用般地日漸茁壯與超越。

五、掌握資訊，強化網路與多媒體教學

最近國內興起「無紙張辦公環境」、「行政電腦化」、「教學資訊化」，學校經營將因應此趨勢朝電腦化、網路化、資訊化發展。教師研擬學校本位課程亦將順應此趨勢，邁向教學資訊化與行政電腦化，因此網路與多媒體教學乃往後教學的新趨勢，無紙張的資訊傳遞乃行政的新潮流，教師必須用心學習電腦，善用各種文書軟體處理教學或行政資料，運用網際網路進行溝通與實施教學，方能掌握資訊脈動。

因應學校本位課程與時代趨勢，教師不僅是教育改革成敗的決定者，更是教育化危機為轉機的抉擇者。或許教師必須體認：「世界潮流不會因個人停滯而暫緩，教育改革不會因教師質疑而停止」。

參、學校本位課程發展的障礙

　　學校本位課程在國內國中國小或許較為陌生，然國內幼稚園教學則已實施多年，如大單元統整教學、主題統整教學……等均為學校本位課程設計，教師在課程設計過程擁有充分自主性，教師專業得以發揮。然為何國中國小未普遍發展學校本位課程，或係下列發展障礙所致：

一、奉命行事的行政邏輯根深蒂固

　　以往教育部幾乎採取中央集權的行政模式，使得教師等主任指令，主任聽校長口令，校長傳教育局指示，教育局承教育部政策。傳統由上而下的集權模式若欲改為由下而上的民主模式，教育行政體系必須先拔除根深蒂固的奉命行事邏輯，轉為集思廣益、溝通協調、凝聚共事的民主歷程邏輯；然而行政邏輯之更改難以立竿見影，教育行政體系人員須經質疑、抗拒、省思、接納、共識、行動等內心掙扎歷程，需要時間度過此歷程。因此，發展學校本位課程必須讓教育行政體系人員有充分的緩衝期、學習期，切勿求速成、速效，以免遭受反彈。

二、共同負責的民主思維尚待建立

　　以往校長經常認為自己必須對學校成敗負完全的責任，對自己提出的學校經營方針負責，對自己處理學校危機負責，在自我全部負責的邏輯下，未與全校教職員工生充分溝通，未能凝聚全校共識，使得校長愈自我負責愈孤立獨斷。實施學校本位課程的前提為學校本位經營，學校本位非校長單獨負責，而係學校全體教職員工生共同負責，共同承擔成敗。因此，校長必須與教職員工生共同研擬學校教育目標與發展方向，

共同解決問題，一起達成目標，一起朝此方向努力，方能落實學校本位
經營。

三、依賴教科書的教學習慣難以消除

　　國內師範教育養成教育著重教材運用，輕忽教材研發，且在職教育
亦忽略教材編擬研發，教材或課程研習僅重視聽講而忽略產出成品，使
得國中國小教師數十年來過度依賴教科書，甚少花時間進行課程設計或
統整，衍生學生學習偏重課本支離破碎的知識，且與實際生活未充分聯結。

四、單打獨鬥的本位主義難以擺脫

　　國中採分科教學，各學科教師幾乎均以各自教好學生為己任，教師
在學科加深加廣層面獲得豐碩成果，然教師間之聯繫與討論則甚少見及。
國小雖採包班教學，在課程統整較易進行，但涉及班與班、學年與學年
之配合與教師合作則不多見。國內實施的教學研究會多數流於形式，甚
少有學校能充分發揮研究教學、改善教學、團隊合作的功能。或許係國
中國小教師受到組織專業分工、分化，僅止於關注自己的教學內容與對
象，形成局限一隅、單打獨鬥的思考模式，此種心態若未能適切擺脫，
實施學校本位課程將極為困難。

五、自主學習的學習習慣遲未養成

　　教師設計學校本位課程擁有充分自主性，此項權利將伴隨自主學習
的意義，教師將主動進修成長，攝取有關課程理論、課程設計實務、教
材、教法的相關知識，深入了解學校、社區、教師、學生、家長的現況，
以研擬出適切課程。曾有一次走訪國中小班教學精神實驗學校時，一位
教師反映教育局的研習時數不夠多、研習內容不夠精彩、研習地點太遠，

以致仍對小班教學精神全然不知。出現此一狀況，或許研習內涵、時間、地點有待改善，然亦可發現此教師被動、消極的心態。教師自主學習能力不足，衍生以舊經驗判斷新時勢，以舊方法教新學生，以舊觀念面對新世界的現象，更難以對時代變遷產生高度覺察力，難以對組織危機及早研擬因應策略。因此，教師必須由被動告知者轉為主動擷取者，由消費者變成生產者，養成自主學習的學習習慣方能順應時代變革。

六、自我省思的教育精神有待增強

參與多次研習曾有教師反映教育改革過程為何不減少學生人數？為何不減輕教師工作負擔？為何不增加職員人數？為何教育行政機關不提出完整的配套措施？為何不落實親職教育？為何不改善社會風氣與價值觀？卻甚少聽到教師自省自己的教法改變了嗎？研發教材能力增強了嗎？班級經營方式調整了嗎？協同教學意願增強了嗎？與家長溝通的策略調整了嗎？可見，少數教師似乎將教育改革責任推給外在原因，而較少自省在教改過程教師的責任、義務，若教師能充分自我省思與自我負責，檢討教改歷程教師的責任與義務，則學校本位課程之推動當事半功倍。

七、激勵創意的績效評鑑遲未研擬

多年來學校的考績制度幾乎形同虛設，只要請假不超過時數，不出大問題，幾乎全是甲等。有些教師尋求超越，主動發起各項活動，不但未見掌聲，且若出現稍微瑕疵，則萬夫所指。以往整個考績制度只是鼓勵教師消極不出問題，而非積極引導教師主動創造，若未能改善制度，欲激發教師創造力、行動力，將難上加難。因此，如何建立質化、量化指標兼具，激發積極創造與行動的績效評鑑制度，乃推動學校本位課程的重要配套措施。

八、鼓勵增強的組織氣氛急待營造

　　曾有校長於校務會議公開讚揚甲教師教學認真，原本校長一番美意卻造成甲教師的人際疏離與挫折感，甲教師拜託校長不要再讚美她，因其他教師質疑只有甲教師行我們都不行，產生甲教師好我們都不好的心態，以至於抵制、疏離甲教師。有些教師發現校園多見批評、指責與旁觀，卻少見鼓勵、增強與扶持，若此組織氣氛無法改造，將形成劣幣驅逐良幣，消極替代積極的現象。因此，教育行政機關、校長、主任、教師、家長、學生應共同營造鼓勵增強、相互扶持的組織氣氛，欣賞他人優點、包容他人缺點，方能產生正向團體動力，激勵學校發展。

　　除上述八項外，下列八項亦使得現階段推動學校本位課程障礙重重：(1)教師異動頻繁難以深耕，(2)教師教學與活動負擔沈重難以專心研發，(3)行政人員與教師認知與行為落差，形成相互牽制、相互質疑。(4)行政任務導向溝通不足，造成誤解或誤會。(5)學校無發展課程之實作經驗與組織運作心得，造成茫茫然的恐慌。(6)現行課程缺乏彈性且限制甚多，致使新舊課程銜接不易。(7)客觀的課程評鑑標準遲未建立，使得課程品質管制難以充分落實。(8)學校人事制度與經費報支重重限制與變動頻繁，讓行政人員無所適從。

肆、學校本位課程發展的類型

　　學校本位課程發展的類型頗多，因學校與社區特質、參與人員、活動類型、投入時間或其他因素而異，然參與人員、活動類型、投入時間必須顧及學校與社區特質，方能落實「學校本位」概念。

　　Bardy（1987）提出活動類型、參與人員組成的「雙向度學校本位課程發展類型」，活動類型包括現有課程選擇、課程改編、課程創造等三項，參與人員包括個別教師、一組教師、教師團體、全體教職員等四項，此發展類型至少可建構出十二種可能的類型。Marsh、Day、Hannay 和 McCutcheon（1990）修正補充 Bardy 雙向度學校本位課程發展類型為「三向度學校本位課程發展類型」，詳見學校本位課程發展變化的方塊（圖1-1），此類型至少可建構出六十四種可能的類型。

一、活動類型

　　學校本位課程的活動包含某種調查活動、現有課程選擇、課程改編、課程創造等四項，教師請學生進行學校或社區的調查，從現有課程選取有關學校或社區的內涵來設計活動，將現有課程改編或重組來設計課程以契合學校或社區特質，更可拋開現有課程創造新活動來融入學校或社區活動。教師可依據專業素養、學校與社區特質選取適切的活動類型。

二、投入時間

　　學校本位課程的投入時間可為一次性活動、短期計畫、中期計畫、長期計畫等四種時段，學校本位課程較少出現一次性活動，通常為短、中、長期計畫。短、中、長期計畫時間之劃分無法截然區隔，國內實施學校本位課程初期，或許可以半學期以內活動者為短期計畫，以半學期至一學期者為中期計畫，以一學期以上者為長期計畫。因學校甫實施學校本位課程，建議先採短期計畫，待累積相當經驗後，逐漸發展中、長期計畫。

三、參與人員

　　學校本位課程發展的參與人員包括個別教師、教師小組、全體教職員、教師家長與學生等四項，參與人員投入意願、合作意願與其專業素養乃三向度學校本位課程發展的核心，若無人願意投入學校本位課程，則無從發展；若參與人員不能分工合作、發揮團隊精神，則發展歷程將爭執迭起、難以整合效能；若參與人員缺乏教育專業素養與設計統整課程知能，則設計課程可能偏離教育目標或疊床架屋。

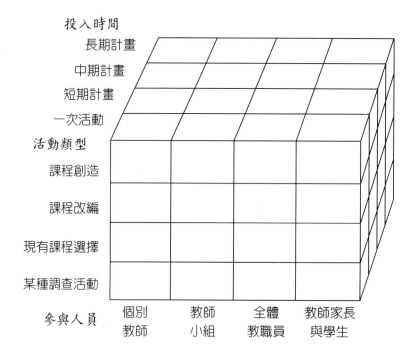

圖 1-1　學校本位課程發展變化的方塊

(Marsh, Day, Hannay & McCutcheon, 1990, p.49.)

　　Marsh、Day、Hannay 和 McCutcheon（1990）劃分學校本位課程發展參與者的發展階段為個別實驗、交換理念、尋求資訊、最低責任參與者、主動參與者、承擔主要領導者等六個階段，各階段之主要優先事項

詳見表1-5。教師的發展階段未必與年齡、性別、學歷、教學經驗有關，卻與教師積極面對問題心態、主動求知態度、人際關係認知、自主學習習慣等因素息息相關。因此，衡量教師發展階段不宜從年齡、性別、學歷、教學經驗來判斷。

表 1-5　學校本位課程發展參與者的發展階段

階段	主要優先事項
階段一 　　個別實驗	1. 對與他人一起工作沒有信心。 2. 沒有分享理念的意願。
階段二 　　交換理念	1. 願意私底下「交換秘訣」。 2. 願意嘗試與其他教師溝通理念。
階段三 　　尋求資訊	1. 非正式找出有關的任務與期望。 2. 從事獨立搜尋資料的工作（如於資源中心蒐集）。
階段四 　　最低責任參與	1. 擔任只需要有限度（局部）領導技能的角色。 2. 對於參與程度採取「低度曝光」姿態。
階段五 　　主動參與者	1. 成為活動的主要參與者。 2. 願意組織與領導不同的活動。
階段六 　　承擔主要領導者	1. 對倡導與計畫活動已有充分準備。 2. 監督成果，且能採取適切的行動步驟維持團體生產力與方向。

引自：Marsh, Day, Hannay & McCutcheon, 1990, p. 57.

肆、學校本位課程發展的歷程

Skilbeck（1976）認為學校本位課程發展的五個步驟為：(1)**分析情境**：情境包括校內、校外兩部分。校內部分可分析學生、教師、校長、組織氣氛與權力結構等因素，校外部分可探討教育政策、社會變遷、社區情境、家長期待等因素。(2)**訂定目標**：依據分析情境結果，訂定最適合學校的目標，並明確指出師生行為結果。(3)**建立方案**：根據目標建立

達成目標的方案,方案至少包含教學活動設計、教材、情境、人事配置與角色定義。(4)**解釋與執行**:向參與學校本位課程人員解釋方案,傾聽、解釋方案疑惑,凝聚共識後確實執行。(5)**評鑑修正**:建立評鑑工具與模式,剖析目標與執行結果之差異,作為修正方案之參考。

　　歐洲經濟合作發展組織(OECD)(1979)主張學校本位課程發展的八個步驟為:(1)**分析學生**:剖析學生年齡、社經背景及先備知識與能力。(2)**分析資源與限制**:探討教師專業知能與經驗、課程彈性、經費多寡、家長期望與資源,及教育行政機關資源。(3)**訂定一般目標**:指出學校本位課程擬達成與學校教育目標、全國課程目標有關的目標,或校內外期待的目標。(4)**訂定特殊目標**:明確陳述學生經歷學校本位課程後,應具備的能力。(5)**確立方法與工具**:研擬達成目標的課程方案,設計教學活動與有關工具。(6)**評鑑學生的學習**:決定評鑑學生學習結果的方式與指標,以評析課程方案的成效。(7)**分配時間、設備與人員**:針對課程方案配置所需時間、排定課表、人員募集與分工、安排空間、募集經費,及準備各項設備。(8)**實施、評鑑與修正**:確實執行課程方案,實施課程評鑑後提出修正方案之意見。

　　張嘉育(民88)以台北縣柑園國中為例,提出學校本位課程發展的程序為:(1)**分析情境**:剖析教育主管當局交辦方案已超過學校負荷,且某些方案以部分學生為對象,難顧及全校學生的個別差異;了解教師能提出富創意的方案,教師參與學校改革意願頗高;社區成立「柑園文教基金會」,提供經費、人力與物力。(2)**訂定目標、建立方案**:提出「龍騰虎躍課程實驗方案」,載明方案的目標、實施方式、實施時間,及可能遭遇困難。(3)**解釋與執行**:方案出爐後,先召開教師說明會,調查第二專長與開課意願,次溝通學生與家長,再解決鐘點費問題與擴充學校設備,再次進行分工與建立管制流程,最後進行學生常規管理與輔導學生選社。(4)**方案的評鑑修正**:方案實施兩個月後,十一名新進教師聯名向校長遞上陳情書指出相關問題,學校立即展開「社團實施問卷調查」與辦理檢討會,後提出修正方案為「海闊天空課程實驗方案」。

　　茲參酌張嘉育（民 88）、Skilbeck（1976）、OECD（1979）論述，參觀訪問台北縣柑園國中發展學校本位課程的六年經歷，並以國內大多數學校無此經驗之背景爲前提，提出發展學校本位課程歷程之拙見於下：

一、剖析學校發展情境

　　學校本位課程必須以學校本位經營爲基礎，以剖析學校發展情境爲前提，校長應帶領主任、教師共同剖析學校的規模、教師、行政人員、學生、硬體設備、家長、社區、地理環境等現況，再研討教育改革趨勢與激盪學校發展方向，後溝通協調與研擬學校教育目標。其中較重要者爲「人」的因素，人能爭取經費、擴增設備與凝聚力量，亦能不用經費、荒腐設備與製造衝突；因此，必須剖析重點在教師、行政人員、學生、家長與社區人士。教師方面，應分析其專業知識、專業能力、教學態度、價值觀、主動積極態度、人際溝通能力與意願、發展與運用課程經驗、及參與學校本位課程發展的發展階段；行政人員方面，了解校長、主任與組長的領導特質、專業知識、專業能力、研究發展能力、溝通協調能力、因應變革能力、面對變革心態及參與學校本位課程發展的發展階段；學生方面，應探討其學習舊經驗、身心發展、學習方法與態度、學習興趣與習慣、解決問題能力、現存問題與需求，及參與學校本位課程發展的發展階段；家長與社區人士方面，應探討社經地位、教育程度、教育專業知能、關心教育重點、投入教育意願、家庭問題比例與類型、對學校與教師認知，及參與學校本位課程發展的發展階段。

　　王秀雲校長於八十一年八月接掌台北縣柑園國中，面對只剩九名正式教師，柑園國小畢業生僅七成五報到率，校園雜草叢生，廁所蛆蠅遍布的校園情境，乃與教務主任、總務主任運用企業管理 SWOT 的分析方式，從地理環境、學校規模、硬體設備、教師資源、行政人員、學生、家長、社區參與及地方資源等九項探討，以一個月的時間完成學校發展情境分析（見表 1-6）（王秀雲，民 88b）。

表 1-6　台北縣柑園國中學校發展情境的 SWOT 分析

因素	S（優勢）	W（劣勢）	O（機會點）	T（威脅點）
地理環境	1. 農村、綠地多 2. 寧靜	1. 生活機能不健全 2. 交通不便	1. 北二高即將通車 2. 增加公車路線	1. 噪音增高 2. 區內道路狹窄
學校規模	1. 全校 9 班，342 人 2. 精簡	1. 班級間動力不足（不合規模經濟） 2. 教師須跨多科教學	1. 小班小校之教改理念落實 2. 自由學區可開發	升學導向之負面效應
硬體設備	教室量充足（共 30 間）	教室維修狀況不良，到處漏水、管線不通	中央補助國教經費增加，且有重點項目	1. 增班教室不足 2. 學生生活教育欠佳，毀損過重
教師資源	1. 年輕 2. 活動力強	經驗、成熟度不足	1. 提供在職訓練 2. 鼓勵創意實驗	教師流動性高
行政人員	1. 有熱忱 2. 感情和睦	1. 編製不足，教師須兼各項業務 2. 經驗不足，不諳行政法令	1. 增班則能擴編 2. 兼職人員降低授課鐘點	成長動力不足
學生	1. 質勝於文 2. 外界污染少	1. 視野不開闊 2. 學習習慣不佳 3. 缺乏自信 4. 劣幣驅逐良幣	1. 農家子弟可塑性高 2. 勤勞、身體健康	1. 外來游牧人口漸多，共識薄弱 2. 抵擋外來誘惑之定力漸薄弱
家長	1. 背景單純 2. 動機良善	1. 欠缺現代化教育方法 2. 缺乏自信、被動	1. 提供親職教育機會 2. 開放參與管道	1. 雙職家庭（種田兼上班）忙碌 2. 單親家庭比例漸高
社區參與	參與校務意願高	欠缺正確觀念和方法（批評、責難較多）	「社區時代」來臨	參與動機逐漸分歧
地方資源	1. 社區住民普遍生計富裕 2. 政治資源雄厚	對學校信任系統尚未建立，無從號召	善用第三代公關作法	付出動機漸多元

引自：王秀雲，民 88b，2 頁

　　依據 SWOT 分析結果，提出建立共同體觀念的經營模式與下列八項基本假設（王秀雲，民 88b）：⑴學校是社區的一部分，而且是社區中公共資源最豐富的地方。⑵國民中小學是培育社區人才的搖籃，能否滿足社區的需求，應是衡量辦學成效的指標之一。⑶學校經營品質應接受社區家長的監督，但專業的引導，是學校的責任。⑷學校行政和教學措施，和社區家長有某個程度的認知差距，卻可求出其最大公約數。⑸社區家長參與校務發展計畫密度愈高，則批評、反對的頻率愈低。⑹現階段國中生，若滿意其國中生活，認同其社區學校，三十年後，他們將是最好的台灣教育史見證人。⑺透過逆向思考操作模式，創校以來的負面歷史事件，皆可成為正向的發展契機。⑻集眾人思慮之沈澱結晶，必可孕育出前瞻性的教育改革實驗方案，且吸引有志於教育工作者駐足。根據基本假設，參酌國家重建、社會改造與生命哲學架構，提出六年校務發展計畫與學校發展目標，目標為「開闊的胸襟、正確的價值觀、獨立的思考判斷、解決問題的能力、敏銳的感受力、無比的自信心」，學校教育目標圖詳見圖 1-2。最後，召開八十一學年度第一次校務發展委員會（由校長一人、各處室代表四人、教師代表三人、家長會代表三人組成），追認與背書校務發展計畫，作為校務發展之依據。

　　台北縣柑園國中的學校發展情境分析值得國內國中、國小發展學校本位課程之參考，然為精益求精，或可再從下列幾方面努力：⑴實施學校發展情境的 SWOT 分析，宜納入學校本位課程發展參與者的發展階段，方能更深切掌握參與者的發展階段，提出更適切策略。⑵規畫學校教育目標圖，若能納入教育相關法規、時代或社會需求，將更能經學校教育目標與教育相關法規、時代與社會脈動相結合。⑶由學校發展情境的 SWOT 分析，到提出基本假設，次訂定校務發展計畫與學校教育目標，後以校務發展委員會議確認校務發展計畫的發展邏輯甚佳，然若能參酌日本國中、國小學校經營計畫書內涵，更進一步提出「學校經營方針」，將更能具體說明學校發展。

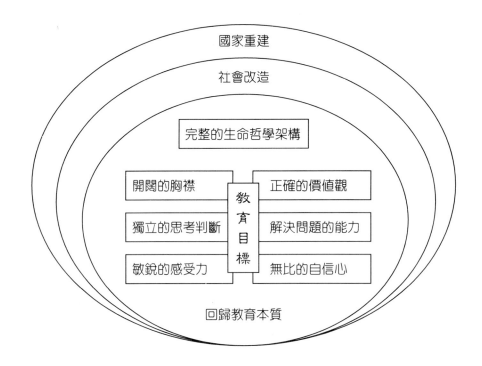

圖 1-2　台北縣柑園國中學校教育目標圖（王秀雲，民 88b，3 頁）

二、建立學校學習機制

　　若僅剖析學校發展情境與提出學校教育目標、校務發展計畫，未強化教師與行政人員的研究發展能力與專業素養，立即推出各項課程方案，必然招致學校內部的反彈與阻力。因此，推動學校本位課程之前，學校必須先建立學校學習機制，強調研究發展，方能順利推動。

　　張明輝（民 88）、鄭端蓉（民 88）均提出建構學習型學校或學習型組織的具體作法，綜合兩者意見從學校行政、學校教學、學校與社區關係、教育行政機關配合等四個層面闡述之：⑴在學校行政層面，首先學校行政主管應轉型為永續學習者、探索者與溝通者的角色，具備自我改造和營造集體學習的意識和能力，促進學校成員的共同合作學習；其次參考「學習型組織」五項修練中之系統思考、團隊學習、改善心智模式等方法，以專業、民主為學校經營的體質，凝聚學校同仁的共識，孕育

學校發展共同的願景、共同的理想，互勵互勉；最後開拓學校職工之專業學習與成長機會，使學校能轉型為「學習型學校」。(2)在學校教學層面，不僅應建立合作教學的共識與習慣，強化協同教學觀摩或同儕視導模式，促使教師習慣相互支援與合作教學；應規畫協同研究的組織體制，孕育成員學習的意識、習慣、態度與能力；亦應結合「合作式專業成長」之教學視導模式，發揮教評會運作的學習互動特性。(3)在學校與社區關係層面，應鼓勵家長在參與學校事務中學習，促進家長與學校相關人員間的相互學習，妥善運用社會資源提供師生學習素材，使學校和社區結合成為「學習型組織」。(4)在教育行政機關的配合層面，應研訂獎勵制度，加強授權及推行「學校本位管理」，人事與會計等相關法令的適度鬆綁，給予學校必要的經費支援，以及主動協助學校解決困難。

台北縣柑園國中為建立學校學習機制，成立高度研發能力的經營團隊，從下列幾方面著手（李惠銘，民88）：(1)**汰換不適任教師**：透過密集巡堂及蒐集學生、家長意見，晤談、輔導數位不適任教師，藉由明確宣示學校改革及密集辦理具體活動，促使不思改革者能自覺求去。(2)**貫徹教學正常化**：要求教材、教法及評量方式正常化，讓教師逐漸體認、改革教學研究會，此會漸由勞務分配機構轉為教學心得與新知分享的園地。(3)**落實教師進修**：全面展開、落實教師進修，校內外進修同時並進，促使學校朝「教師專業治校」目標邁進。(4)**活化行政決策系統**：行政會報除一般例行議事外，輪由各處室專題報告，由主管帶動研究風氣，定期與行政人員進行腦力激盪與研讀書籍，以「行政文化」為目標。(5)**創立「導師高峰會議」**：以進修為導向的導師高峰會議，每週五定期集會成為班級經營團隊的訓練所，使導師具備不斷向上、自我提升的動能。(6)**小型企畫案發表**：自八十三學年度起設立小型企畫案發表會，鼓勵教師針對校園空間營造、學生活動舉辦、課程改革方案等議題提案發表，此方式對落實校務發展的基層參與、活化學校決策系統、發掘創意企畫人才、帶動校園研究風氣等，助益甚大。

台北縣柑園國中從汰換教師改善體質到貫徹教學正常化，來激勵學

習動機，並由全體教師、行政人員、導師團隊、個人企畫等多種學習機制（見表 1-6 之台北縣柑園國中建立學習機制脈絡），建立學習型組織作法，可供國內國中、國小借鏡。

表 1-6　台北縣柑園國中建立學習機制脈絡

階段	學年度	目標	核心工作團隊進修		全校教師進修		年度主要活動
			主題	書籍導讀	主題	書籍導讀	
醞釀階段	八十一	走向從未到過的境界	溝通領導理念與技術	1. 優質的領導—卡內基 2. 教育的應為與難為—張春興	強迫式密集基礎職能研習	如何停止憂慮開創人生—卡內基	1. 完成「校務發展六年計畫」 2. 決定校訓……與柑結緣、人和柑圓、柑結滿園 3. 發現一座運動場 4. 用愛彌補傷痕 5. 世外柑園 6. 真善美系列 7. 校刊「柑園新綠」創刊 8. 學生博雅社團「四藝社」創社 9. 醞釀「核心工作團隊」雛形
累積能量	八十二	做建設的第一代	全面品質管理理念與操作技術	組織的盛衰—界屋太一		教室裡的春天—C.M.查理士	1. 成立導師進修組織—導師高峰會議 2. 運作社區教育組織—財團法人柑園文教基金會 3. 辦理第一屆學生自治市長選舉組織內閣 4. 開始校舍修建、改建工程
成形階段	八十三	本來的味道		品管大師戴明博士—Rafael Aguayo	自願式主題工作坊進修	1. 歡喜來教書—盧蘇偉 2. 創造思考教學—陳龍安	1. 藝能科主題教學活動—全校師生大露營 2. 試辦「訓輔合一」行政合併 3. 增建全校三樓校舍 4. 自由學區學生數驟增 5. 基金會會訓「世外柑園」創刊

（承上表）

階段	學年度	目標	核心工作團隊進修		全校教師進修		年度主要活動
			主題	書籍導讀	主題	書籍導讀	
檢視能量	八十四	追求精緻邁向顛峰	社區總體營造	戴明的管理方法—瑪麗·華頓	校園議題小型企畫案發表會	1.心靈雞湯—傑克·坎華爾及馬克·韓森 2.春風化雨—周麗玉主編	1.成立社區總體營造種子團隊 2.「家鄉映象」師生踏勘活動 3.「柑園地區資源調查計畫」
實驗階段—釋放能量	八十五	學校之光—班級之華		1.戴明博士四日談 William J. Latzko David M. Sannders 2.腦內革命—春山茂雄		1.日本社區總體營造100例—千葉大學宮崎研究室 2.生命教育法—沈木青 3.送給孩子一輪明月—盧蘇偉	1.「學校之光·班級之華」總體營造計畫 2.親近柑園系列……「發現柑園地標」暑假人文科作業 3.「龍騰虎躍」實驗方案 4.「海闊天空」課程方案 5.成立「鄉土研究社」 6.健全各科「教學研會」功能 7.校務會議法制化、成立教師評審委員會
修正階段—沈澱能量	八十六	充實的學習	生程學習理念	1.第五項修練—得聖吉 2.同村協力—希蕊、柯林 3.社區總體營造與生程學習—陳其南	全校年度活動教學研會架構	1.培養健康身心的下一代—吳金水 2.教師的大愛—鄭石岩	1.出版「柑園遊賞」鄉土教材 2.揭示「向社區學習」理念 3.新食器時代 4.校園新景點創發 5.社會科主題教學：南園再見！南園！ 6.班級形象活動 7.小領袖企畫活動 8.火金姑，來喫茶……螢火蟲養殖

（承上表）

階段	學年度	目標	核心工作團隊進修		全校教師進修		年度主要活動
			主題	書籍導讀	主題	書籍導讀	
發展階段—轉化能量	八十七	新思考新生活新文化	生程學習理念	1.九年一貫資訊—教育部 2.經營多元智慧—湯瑪斯	九年一貫新課程發展委員會	可以真實感受的愛—愛瑞克	1.藝能科主題教學：師生大露營 2.第二次「尪公文化祭」 3.實驗「教訓輔三合一」新體制 4.「核心工作團隊」對外分享經驗

引自：王秀雲、李惠銘，民88，4-7頁

三、訂定課程目標與激盪達成目標的各種方案

學校本位課程發展歷程中，剖析學校發展情境與提出學校教育目標、校務發展計畫乃確立方向，而建立學校學習機制乃發展動力，必須配合推動方案，方能將動力化為具體行動朝既定方向邁進。

一個有目標、有計畫的學校除有學校教育目標、校務發展計畫外，更應有年度教育目標，由此目標延伸出數個課程方案目標。課程方案應有計畫性、階段性、延續性、共識性，方能環環相扣，讓學校確實往學校教育目標邁進，而非突發性、即興性的擬定一個單獨的課程方案。因此，校長應先與教師、行政人員研擬達成學校教育目標的年度目標與課程目標，再與教師、行政人員、學生或家長腦力激盪研討達成課程目標的系列方案初稿，初稿不要求完美無瑕，但求逐年逐案檢討改善修正。

年度課程目標必須符合教育部頒訂之最新課程綱要或標準，呼應校務發展計畫與學校教育目標，符合校長、行政人員、教師、學生、家長、

社區人士的期待。依據年度課程目標來腦力激盪達成課程目標的方案，可從師生感興趣之主題、教科書之主題，結合當前發生事件，結合地方民俗活動與慶典，善用地方或社區的資源、文化遺產，配合時令、節慶，結合學校行事曆或重大活動等七個向度思維。

　　腦力激盪出的各項方案，其目標敘述宜兼顧認知、技能、情意，具體陳述學生經歷方案後能達成的能力，應將知識化爲能力與行動，不應僅限於記憶知識或傳遞認知。

　　台北縣柑園國中以「開闊的胸襟、正確的價值觀、獨立的思考判斷、解決問題的能力、敏銳的感受力、無比的自信心」爲學校教育目標，各學年度均有其目標與主要活動（見表 1-6 之建立學習機制脈絡）。如八十五學年度爲實驗階段「釋放能量」，以「學校之光・班級之華」總體營造計畫爲年度目標，以「發現柑園地標」暑假人文科作業、「龍騰虎躍」實驗方案、「海闊天空」課程方案爲系列課程方案。

四、評估與確定方案，發展教學活動與評量計畫

　　依據年度課程計畫腦力激盪出各種系列方案初稿，應審慎評估、確定作爲學校本位課程之重點方案。選擇評估方案的適切性，可從下列七項問題逐一審核：⑴方案切合學校教育目標或年度目標的程度？⑵方案於科際整合或概念活動整合的程度與適切性？⑶方案與學生實際生活，轉化爲能力的切合程度？⑷方案對增進學生自我了解與理解鄉土民情、社區文化、國際觀的程度？⑸方案引發學生自主學習、探究主題行動的程度？⑹方案得到行政、家長或社區支援的程度？⑺方案實施時機是否能配合時令節慶、民俗活動、學校或社區活動？

　　方案確定後，應發展各種教學活動，設計各項活動應注意下列九項原則：⑴活動宜呼應課程方案目標。⑵活動安排順序宜符合學生身心發展、學生需要、學校與社區情境。⑶活動內容應能激起學生學習興趣。⑷活動指導語應具體、明確引導學生學習。⑸活動內容應引導學生充分

參與、自由發揮創意。(6)各項活動學習單設計宜呼應活動目標,著重學習歷程、實作技能與情意之學習。(7)各項活動學習單宜適切納入評量,可用檢核表或評量單之方式呈現。(8)各項活動所採進行方式為獨自學習、小組學習或全班學習應符合活動目標。(9)整體或各項活動內容分量不宜過多,使得學生、教師疲於奔命。

擬定教學評量計畫,應掌握下列八項原則:(1)評量內涵應全人化、具體化。(2)評量方式應多元化、彈性化。(3)評量標準應多樣化、個別化。(4)評量人員應多元化、互動化。(5)評量時機應形成化、適時化。(6)評量結果呈現應多元化、全人化。(7)評量結果解釋應人性化、增強化。(8)評定、登錄評量結果應簡單化、全人化。有關教學詳細內涵,可參閱第二章第三節「課程統整設計原則與步驟」中的「規畫教學評量」部分。

台北縣柑園國中的「龍騰虎躍」實驗方案,乃經八十五年六月林老師提出「藝能科能力分組教學」方案初稿,原擬每週一至週五下午各三節課,共十五節實施時間,結合音樂、美術、童軍、聯課活動、週會、班會、輔導活動各一節,及電腦、體育、家工、自習各兩節而成,將全校十八班混齡編組為十八至二十個社團,經評估初稿發現可能會有學生管理不易、教師配課非本科系課程、教師鐘點費問題。八十五年七月行政人員以「藝能科能力分組教學」方案初稿腦力激盪,擬定「龍騰虎躍」實驗方案(王秀雲,民88c)。

「龍騰虎躍」實驗方案全盤構想為下列六項(王秀雲,民 88c,21頁):(1)在學校原有的經營架構上,激勵社團多元化蓬勃發展。(2)指導學生經驗社團,學習人際關係和特殊才能。(3)共同創造學校經營、教師成長及學生學習之成功經驗。(4)打破現有課程結構、落實藝能科教學目標,消除現有課程之「空無」部分,並使學生具備預定目標之能力。(5)統整現有教師專長和社區人力資源,貫徹多元性、實用性、地方特色之學習。(6)全校學生統整規畫,打破班級、年級界線,達到群性陶冶效果,塑造優質校園文化。

「龍騰虎躍」實驗方案的實施方式為開設社團分音樂性社團、家工

性社團、童軍性社團和其他性社團五類。規畫的社團課程見表 **1-7**，課程之實施內涵為：(1)每週一至週五第六、七節，兩週為一大單元，第二節課為一小單元，共十小單元。(2)每大單元包括主修社團六小單元、副修社團四小單元。(3)每位學生須選一個主修社團和四個必修且配套的副修社團。(4)副修社團乃配合藝能科成績考核而設，每單元均隔週進行。(5)採小團活動方式，以利個別化指導。(6)將高關懷群學生融入社團。(7)將技藝教育班配合實施，使其提早分化學習。(8)任務性社團得優先甄選團員。(9)以三年為一完整學程，每位學生須於三年內修完各類副修社團。(10)擬定之任務分工及流程管制，詳見表 1-8。

「龍騰虎躍」實驗方案的預期成效有下列六項（王秀雲，民 88c，22 頁）：(1)在開放教育理念下，使課程更具彈性，充實原有「空無課程」部分。(2)藉社團經驗，培養更多領導人才，並使學生群性發展，人際互動更良好，有助於校園的安定，塑造優質的校園文化。(3)教師能因參加本案的推動而不斷自我進修，以培養第二個以上專長，逐漸營造學習型的學校。(4)教師即是研究者。(5)不違背現有課程精神，且讓學生藉主修社團深化技藝之學習，藉副修社團使學習更多元化。(6)營造更好的學校體質，以迎接未來的課程大變革。

「龍騰虎躍」實驗方案可能遭遇的困境有下列十項（王秀雲，民 88c，22頁）：(1)學生轉社之處理。(2)學生藝能科成績公平轉化為各班五等第之問題。(3)教師於社團時間請假之補課問題。(4)藝能科教師之配課問題。(5)三年級 A 組學生選修數理節數變少，恐影響升學之問題。(6)超出鐘點數吸納之問題。(7)動盪課程中，學生問題之立即性處理問題。(8)教師任課時數與教師登記科目之問題。(9)活動中教室遭竊問題之處理。(10)實施成效不彰，返回原課程之機制。

台北縣柑園國中的「龍騰虎躍」實驗方案從全盤構想、實施方式、任務分工及流程管制、預期成效、困境評估等五方面思維，整個實驗方案相當周詳，可供國內研擬計畫參考。然此方案過於龐大，致未深入呈現所規畫的十八至二十個社團的學期活動內涵，亦未呈現教學評量計畫，

乃可理解的行政限制。然為求完善的整體規畫,除行政規畫外,亦應將教學、評量規畫一併納入。

表 1-7 「龍騰虎躍」實驗方案的社團課程

	音樂	美術	童軍	家工	聯課	選修	自修	總計
一年級	1	1	1	2	1	0	4	10
二年級	1	1	1	2	1	2	2	10
三年級	1	1	1	2	1	3	1	10

引自:王秀雲,民88c,21頁

表 1-8 任務分工及流程管制

時程	教務處	訓導處	輔導室	總務處
85.08.10	建立共識、溝通觀念,辦理本方案全體教師研討會			
85.08.11	完成全校教師第二以上專長調查			
85.08.15	彙整主、副修社團資料並配當	提供擬開設社團名稱		規畫社團活動地點
85.08.16	完成教師配課	設計各項社團表件		檢修各項器材
85.08.25	完成各班課表			
87.08.29	公布開設社團名稱			
85.08.30	公布課表			
85.09.01	準備社團博覽會事宜	提供高關懷、技藝班學生名單(輔導室)		公布活動地點
85.09.02	社團博覽會並選修主修社團			
85.09.13	完成副修社團選社工作			
第三週	受理學生轉社			
第七週	第一階段社團評鑑及階段性檢討會			
第十四週	第二階段社團評鑑及階段性檢討會			
第二十週	社團成果展			

引自:王秀雲,民88c,21-22頁

五、解釋、溝通方案與籌備軟硬體資源

　　方案出爐後必須先對「人」溝通、協調、解釋，方案最大的助力、阻力均為「人」。徒有完善方案，卻未能凝聚師生與有關人員共識、激發動力，將使效果打折。國內行政處理以往偏由上而下的模式，校長決策後要求各行政單位、教師全力配合實施，實施溝通、協調側重告知、說明如何做。往後必須順應由下而上的行政模式，校長或負責人提供方案目標與預期成效、方案實施流程與任務分工初稿，方案相關配套措施、方案可能遭遇問題與克服策略等向度，再徵詢有關人員意見，共同研擬最佳的推動策略與配套措施，共同決定方案實施流程與任務分工，經由與師生、有關人員的溝通、協同與解釋中凝聚共識、激發動力。

　　凝聚共識後，可從下列八項來處理方案時間、地點、人力的適切性問題：⑴每項活動時間的足夠程度？⑵學生思考問題時間的足夠程度？⑶實施活動時機適切程度？與學校行事曆的契合程度？⑷每項活動的物品準備充分程度？⑸活動地點是否有雨天替代計畫？⑹活動人數、地點空間的適切程度？⑺活動所需專業人員的專業程度？⑻活動所需人手的足夠程度？尤以校外活動人手的足夠程度？⑼課程方案配置所需時間與排定課表的適切程度？

　　台北縣柑園國中的「龍騰虎躍」實驗方案，將部分解釋工作直接納入「任務分工及流程管制」中，部分雖未列入仍積極進行對家長、學生解釋。整個解釋工作包括下列幾項：⑴辦理方案全體教師研討會。⑵完成全校教師第二以上專長調查。實施「開設社團意願表」調查，從下列幾方面實施解釋工作：⑴先召開教師說明會，⑵調查第二專長與開課意願。⑶以義務吸納方式解決八十節鐘點費問題，校長義務吸納最多鐘點帶頭做義工。⑷辦理社區博覽會向學生說明，調查學生選課意願，輔導學生選社。⑸透過家長委員、家長座談會、里民大會向家長、社區溝通。⑹經由溝通引導家長熱心提供社團所需設備。⑺以停社、靜坐或勞動服

務來強化學生常規管理。上述解釋工作頗為完善，若能再納入刊物、傳播媒體的宣導當更佳。

六、實施方案與立即增強回饋

　　方案計畫愈周詳，解釋、溝通方案與籌備軟硬體資源愈完善，實施方案愈順利、愈能達成預定目標。推動方案宜謹守分工合作、分層負責的行政邏輯，由方案負責人掌握各項活動流程與注意事項，逐一準備、推動與檢核，若必須召開檢討會，亦應當機立斷，探討問題，立即解決。實施過程難免遭遇意外事件或問題，過程應抱持樂觀、鎮定、冷靜的態度，逐一克服意外事件或問題，避免指責、抱怨、批評，方能同舟共濟達到目標。

　　推動方案過程，行政人員應予教師立即鼓勵與增強，欣賞教師優點、包容教師缺失，積極強化教師面對問題、挫折的努力歷程，肯定教師為方案的付出與努力，傾聽、接納教師推動過程的委屈，教師將能激發潛能。教師亦應自我鼓勵、自己增強，凡事盡力而為，做個負責盡力的快樂教師。然時下教師遭遇問題，較常自己解決，較少共同研討或尋求他人協助，致使遭遇挫折難以克服而心生畏懼或怨言，因此，共同研討腦力激盪、尋求協助與支援，乃教師必須習得的學習策略。

　　推動過程之成果亦應立即透過正式管道或非正式管道，如運用校刊、各處室刊物，透過各種會議將成果呈現予學校或社區人士，讓有關人員了解方案正一步一步推動、正逐漸往目標邁進，如此可讓參與者獲得成就，讓觀望者積極投入，讓批評者改變態度，對加速與落實方案當有助益。

七、評鑑與修正方案

　　方案評鑑應以方案目標為基礎，評量內涵應目標化，以達成目標程度作為方案實施成效的指標。參與評鑑人員應多元化，包含參與方案的

教師、學生、行政人員、家長、社區人士或學者專家。評鑑重點應二元兼具，兼顧量、質的評鑑，量的評鑑指標宜具體明確提出量化標準，質的評鑑內涵應緊扣重點目標，不應流於枝微末節。評鑑時間應歷程化，兼顧形成性評鑑、診斷性評鑑與總結性評鑑，實施過程的形成性評鑑可立即發現問題立即檢討改善，實施過程的診斷性評鑑可深入覺察問題核心以對症下藥，實施後的總結性評鑑可檢討整個方案實施成效，作為修正或往後設計方案之依據。評鑑結果解釋應人性化，除覺察問題提出檢討外，更應增強全體人員的努力歷程、體認大環境的限制、讚揚已收的具體成果，不應僅將目光集中於缺失或無法改善之處。為避免參與者不願再嘗試錯誤，避免參與者只看到不能完成部分，應引導參與者看到已做出之成果，引導參與者思考可做得更好之處，讓方案生生不息，逐漸壯碩成長。

　　台北縣柑園國中（王秀雲，民 88c）雖努力思維可能遭遇問題，努力克服可能問題，然新方案之推動，難免考慮不周或設計不詳，使得新方案於實施兩個月後，十一名新進教師聯名向校長遞上陳情書指出相關問題。學校行政人員能勇於面對，積極接納教師意見，化危機為轉機，讓教師更願意提出寶貴意見。面對陳情書，柑園國中立即展開「社團實施問卷調查」與辦理檢討會，後提出修正方案為「海闊天空課程實驗方案」。此修正方案改為每週六節社團，於每週一、三、五第六、七節進行，取消效果不彰的副修社團、減少社團數量，以及加強說服社區義工加入。另外，為減少家長疑慮，特於第六學期時，邀請學業成績前三分之一的學生參加學術性社團，用綜合式黃金講座方式協助面對聯招。重新規畫的社團課程如表 1-9。

　　王秀雲（民 88c）指出「海闊天空」實驗方案經八十五學年度修正後，於八十六年度實施改善，到八十七學年度，仍採義務吸納鐘點的方式，一方面配合三年級技藝班、高關懷彈性分組教學，逐年降低吸納鐘點數，並未造成經費的困難。師資方面，請教師加緊進修，增加自己的第二以上專長，新進教師甄選亦將社團指導能力列為重要考量因素。設

備方面，因實施本方案，感動社區家長樂意提供經費購置設備，使得各項設備逐漸充實。社團課程方面，八十七學年度實施的「海闊天空」課程方案課程見表 1-10。可見，台北縣柑園國中持續落實方案評鑑、修正、發展，持續累積執行方案的寶貴經驗，持續推動方案的動力，頗值得作為國內國中、國小推動方案的重要參考模式。

表 1-9　「海闊天空」實驗方案的社團課程

	家工	聯課	選修	體育	自習	總計
一年級	1	1	0	1	3	6
二年級	1	1	2	1	1	6
三年級	1	1	3	1	0	6

引自：王秀雲，民 88c，25 頁

表 1-10　八十七學年度實施「海闊天空」課程方案的社團課程

	音樂	美術	童軍	家工	聯課	選修	自習	體育	總計
一年級	1	1	1	1	1	0	0	1	6
二年級	0	0	1	1	1	1	1	1	6
三年級	0	0	1	1	1	2	0	1	6

引自：王秀雲，民 88c，26 頁

2

統整課程理念、
設計與評量

　　課程設計以統整課程與學科中心課程爲兩大主軸，Tchudi 和 Lafer（1996）比較兩種課程之特質（表 2-1），兩種課程各有其優劣，然因時代背景、國家發展、社會需求、教育思潮使得此兩大主軸互領風騷。一九二〇年代因進步主義興起致使統整課程頗爲流行，然二次世界大戰與美蘇太空競賽強調工業發展，一九六〇年代美國致力課程改革，著重知識專門化，強化學科深度，使得科技突發猛進，學科中心的分科課程成爲主流。

表 2-1　Tchudi 和 Lafer（1996）對統整課程與學科中心課程比較

	統整性課程	學科中心課程
教學主題	以生活化主題、議題或問題做為教學主題。	以學科概念的單元為教學主題。
真實世界之連結	強調教學與真實世界的連結，善用多元化的學習資源，充分掌握時事、實際生活為題材，善用實作評量。	強調學科內涵的連結，較不重視與真實世界的連結，乃傳統學校學習型態。
學生角色	不僅以課程目標為主，重點在將知識轉化為能力，學生為主動探索者、知識建構者。	以獲得課程目標為主，重點在學習課本的「標準」知識，傾向於被動學習。
教師角色	教師不僅是學科專家，更是資源協助者，必須協助學生主動去獲得知識與自我發現。	教師乃學科專家，扮演著「知道者」角色，任務在闡釋學科概念，確保學生精熟學科內容。

彙整自：Tchudi & Lafer，1996，p.12。

　　分科課程實施幾十年，一九八〇年代世界各國又開始覺察學科中心的分科課程，視每個科目爲獨立存在的實體，重視行爲目標、學科結構、知識累積、套裝課程，使得學校得以大量製造高階層知識（Apple,1990），課程與教學形成教師本位、知識導向、事實主軸及教科書主體，更衍生下列問題（陳伯璋，民 88；歐用生，民 88；Beane, 1998；Jacobs, 1989；Tchudi & Lafer, 1996）：⑴學科結構鬆散，忽略水平課程，知識缺少縱的

連貫和橫的銜接，產生學科間教材重複、脫節或矛盾的現象。(2)學科知識被切割得支離破碎，學生僅獲得零碎知識與片段學習經驗，難以獲得統整經驗、省思學科知識間的關係。(3)學科知識被分化，學校學科數及教學時數也不斷增加，教師與學生負擔逐漸加重。(4)以蒐集或熟練學科知識的事實、原理、原則與技能為學習主體，卻忽略真實生活的應用。(5)學科重視知識的學習，疏忽全人教育與實際生活的連結。(6)教師扮演學科專家，闡述學科概念以協助學生精熟學科內容，卻未激發自主學習、生活統整能力。(7)師生著重國語、數學、自然科學、社會科學等「主科」，而輕忽美勞、音樂、體育等「邊際學科」。

　　一九九〇年以後，更因知識快速成長必須重新思考知識組織的方法，新的知識無法融入既有的學科之中，知識論轉而強調建構主義以自動建構知識取代被動背誦知識。教育界強調知識活用應重於知識的記憶與累積，腦功能研究發現「知識愈統整、愈能受容於腦、愈容易學習」，真正有意義的環保、醫藥倫理和人際關係問題難靠單一學科知識來解決，必須統整各種學科等因素，使得「統整課程」逐漸成為二十一世紀的課程設計主流。

　　雖然「統整課程」漸為二十一世紀的課程主流，然「學科中心課程」仍有其價值與貢獻，為統整而統整、為分科而分科乃不當之思維。高浦勝義（1989, 1997, 1998）提出不同發展時期的課程架構圖（見圖 2-1），第一期四、五歲到八歲乃「未分化、統合課程」，以學生關心、感興趣的個人、社會問題與事物為主，通常為身體、健康、社會、自然、人文層面的一般性、共通性問題與事物。第二期九到十一歲乃兼具「學科融合、廣域編制的學習課程」、「生活綜合學習課程」，連接第一期的學習，統整、深入、調和學生關心、感興趣的個人、社會生活問題，且避免立刻分科、細分化，採取較大範圍的學科融合、廣域編制的學習課程。第三期十二到十四歲乃兼具「分科性的學習課程」、「生活綜合學習課程」，將第二期「學科融合、廣域編制的學習課程」轉為漸進、專業分工的「分科性的學習課程」，同時繼續「生活綜合學習課程」，此時「分

科性的學習課程」比例已高於「生活綜合學習課程」。第四期十五到十
八歲、第五期十九到二十二歲均為兼具「分科性的學習課程」、「生活
綜合學習課程」，然前者課程比例逐漸增加，後者仍維持一定的比例。

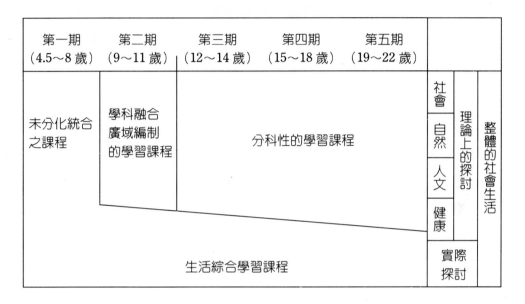

圖 2-1　不同發展時期的課程架構圖（引自：高浦勝義，1998，95 頁）

　　由高浦勝義（1998）主張之「不同發展時期課程架構」，可了解統
整課程均必須與實際生活結合，離開真實生活的課程將枯燥乏味，無法
讓學生關心、感興趣。統整課程、學科中心課程的差別乃因不同發展時
期而異。可見，課程設計者必須以學生關心感興趣的個人、社會生活為
基礎，發展出適合其年齡、發展階段的課程，必須為統整而統整、為分
科而分科。

第一節　統整課程的功能、困境與突破

　　陳伯璋（民 84）認為「統整課程」旨在改善現有課程因學科分化所
產生的區隔，以及流於零碎、不能統合，並與生活嚴重脫節的現象。陳

伯璋、周麗玉、游家政（民87）強調「統整課程」乃將相關的科目合併
爲一個學科，並鼓勵學校和教師實施統整主題的教學。黃譯瑩（民88）
主張「統整課程」是聯繫已知或正在形成的關係或交互作用；結合已知
或正在形成的知識體或重要觀念，乃一種動態、運作或行動，而「統整
課程」可以說是這種動態、運作或行動所呈現的各種連結之結構、層次
或圖像。Beane（1998）強調「統整課程」不僅係組織學科內容的技術、
重新安排學習計畫的方法，更是包括學校目的、學習本質、知識組織和
使用、教育經驗意義的一種課程設計的理論。課程統整不應僅簡化爲以
某一主體爲中心或僅將有關學科領域的內容和技能連結，而應打破學科
限制，師生共同研討主題與擬定合作計畫，強化個人和社會的統整，著
重學生體驗實際生活，省思與爭論所探討的真實主題，進而採取社會行
動。可見，若僅將相關的科目合併爲一個學科，不一定就是統整課程，
統整課程應具有課程整合，與實際生活結合，師生共同參與與研討，轉
化爲實際行動等特質。

壹、統整課程的功能

　　Beane（1998）強調統整課程旨在增進學生真正了解自己及其世界，
善用知識以解決問題，活用知識化爲社會行動，尊重學生的尊嚴與參與，
以培養具有統整知識、批判思考、社會行動、解決問題等能力的學生。
分科課程不僅無法培養學生上述能力，更難以因應二十一世紀的時代趨
勢，統整課程雖將逐漸成爲二十一世紀的主流，然仍必須審慎設計規畫，
用心推動統整課程方能發揮下列功能（歐用生，民88；薛梨真，民88；
高浦勝義，1998；Beane,1998）：

一、增進學生自主學習，活用知識能力

　　統整課程以建構主義為基礎，強調學生體驗真實生活，引導學生自己建構知識，將可增進學生自主學習、活用知識的能力。

二、延伸知識技能，強化生活實踐

　　統整課程可引導學生經歷「基本知識技能」、「生活延伸」、「生活實踐」的三個階段，將基本的知識技能，用來擬定解決生活問題的策略，最後將此策略於生活中實踐，生活內涵包括日常生活表現、社會生活、經濟（自然）生活、健康生活等四個領域。因此，生活實踐應顧及此四個領域的實踐。

三、善用合作學習，增進學生互助合作

　　統整課程通常引導學生以小組方式完成一主題，學生經由分組合作學習，培養共擬計畫、分工合作和相互支援的能力與態度，此正可導引國內因升學主義衍生個人競爭過於激烈之弊。

四、提升教師教學專業自主，激勵教學研究

　　統整課程著重個人與社會生活的統合，課程深受學校社區環境、社會資源、社區需求、家長素質、學生特質影響，教師必須由以往按照教材教學改為自行選編教材與決定活動，由以往被動接受知識轉為主動學習攝取知識，由學位進修轉為自主學習與自我成長，由研究的消費者轉為研究的生產者，經由編寫教材與設計活動的成長過程，教師教學研究能力將大幅提升，專業素養將能日漸提升，專業自主當能日受尊重。

五、促進協同教學，增進教師經驗交流

統整課程涉及多學科間的整合，其複雜性與難度已非單一教師所能獨立完成，課程設計必須同儕集思廣益、經驗交流與協同教學，透過共同討論、思考、計畫、執行、反省與評鑑，方有效實施統整課程。

六、強化學生參與師生互動

統整課程將學生視為知識的主動建構者，而非被動接受者。學生被邀請參與課程設計，學生參與愈多，不僅自主學習能力愈佳，師生互動與關係愈佳，更能營造教室生活的民主化。

七、學科與社區文化、社會環境的充分結合

統整課程為強化學生生活實用能力，體驗實際生活，其學科內涵必須與社區文化、社會環境結合，如將學科內涵與社區慶典、民情風俗、時事新聞、社會事件或其他情境結合，不僅可激發學生學習興趣，更利於活用學得知能。

貳、實施課程統整的困境

審慎規畫設計、積極用心推動統整課程雖可發揮上述功能，然實施時仍可能遭遇下列困境（歐用生，民88；薛梨真，民88；Beane, 1998）：

一、教師單打獨鬥習慣、獨自教學與教師本位心態有待調整

　　實施統整課程教師必須共同擬定教學計畫，運用協同教學模式，方能落實統整功能。日本教師通常於學年度開學前一、兩週開始擬定學年計畫，決定學年度主題構想，繪出月份、科目的雙向主題構想圖，如日本橫濱市本町國小（1999）五年級的年度主題為「和大野國小一同思考如何製造更好的學區環境，一起實行吧！」，教師為此擬定學習活動案、三個學期的主題構想圖、主題追究流程圖、多媒體學習計畫、以及活動目標、主題與評量等細部計畫，可見，日本教師共擬學習計畫與協同教學頗為落實。反觀國內，國小教師常以班級為限，較少與其他班級共同為學生擬定教學計畫；國中教師亦常以任教學科、班級為限，較少與其他教師為學生研討教學合作事宜；學校更少見如日本橫濱市本町國小之年度主題計畫書。若未能調整教師單打獨鬥、獨自教學、教師本位的習慣為共擬計畫、協同教學、學生本位的心態，實施統整課程將如緣木求魚。

二、學生消極被動的學習習慣有待消除

　　多年來教師秉持「教得多學得多」的原則，努力灌輸畢生學習精華予學生，用心傳授學習技巧予學生，深怕因遺漏而誤了學生。此種積極教學的心態當然值得嘉許，然而教師服務愈多、學生愈被動，教師愈積極、學生愈消極，教師教得愈努力、學生學習愈輕鬆。經年累月下來，教師相當疲憊，卻使得學生養成被動消極的學習習慣。學生若以被動消極的習慣來面對統整課程，統整課程將有目標而無動力，因此，教師採取「教得少學得多」的原則，激發學生主動求知、自主學習能力，鼓勵學生活用知識於日常生活，引導學生將知識轉化為能力。

三、教育行政機關的集權、統一有待破除

教師兼顧教科書單元、社區特質、學生需求與課程統整精神，與學生共同設計主題化、生活化與活動化的統整課程，其過程乃由下而上的民主化歷程，若教育行政機關仍採集權、統一的作法，將難以落實學校本位的統整課程。教育部（民 87a）八十七年九月三十日公布之「國民教育階段九年一貫課程總綱綱要」中，將總節數區分為「基本教學時數」與「彈性教學時數」，後者供班級、學校、地區彈性開設節數，此種作法已減弱以往中央集權之作風。然教育部仍未能完全消除中央集權的習性，如教育部（民 87b）於「推動發展小班教學精神計畫」之參與原則中指出，「各縣市遴選各類型學校參加比率應相當，三年內各校均應設有小班教學精神發展班」，此「各縣市……應相當」之敘述，仍強烈顯示教育部統一、齊頭式平等的心態。又如教育部於八十八年六月擬定的「國民教育階段九年一貫課程實驗要點草案」中，遴選的實驗學校分為指定參與、推薦參與及主動參與，擬選出兩百所學校，其中指定參與計十三所學校，推薦參與每縣市各六所，計一百三十八所學校，主動參與者僅剩四十九所，可見教育部仍以統一、公平為行政邏輯。倘若教育部不能消除集權、統一、齊頭式平等的作法，限制想發展特色之縣市，猛餵不想發展縣市經費，致使想做事者得不到支持與經費，不想做事者不知道怎麼花錢，則不僅統整課程如海市蜃樓，且各縣市教育展現其特色將遙遙無期。

四、學校行政的運作與支持有待改善

數十年來學校行政人員已習慣奉命行事，校務運作較常用由上而下的決策模式，教師任課表與教學進度幾乎統一，教學評量仍多採三次段考的統一模式，教學研究會似未充分發揮功能，辦理研習似未以學校本

位統籌規畫。若上述學校行政運作模式未能調整，教師將難以發揮專業自主，規畫執行統整課程。實施統整課程時，學校行政人員應與全體教職員、社區家長、專家學者共同研擬「學校本位」發展方向，組成統整課程教學小組，落實學年教學研究會，了解教師的教學需求，提供必要的資源，鼓勵校內教師經驗與資源分享，不僅能發揮學習型組織特色，更能掌握由下而上的課程發展精髓。

五、家長的支持與配合有待加強

　　統整課程著重學科與個人、社會的統合，將知識化用於日常生活，將知識轉化為能力。教師實施統整課程時，常要求學生在家觀察或實驗，請家長帶子女前往特定場所進行觀察、訪問或生活體驗；請家長參與教學評量；請家長參與戶外教學。因此，若無家長之支持與配合將難竟其功。然而，有些家長過於冷漠令教師衍生無力感，有些家長過度介入教師教學令教師心生畏懼，有些家長幫忙後要求教師獨厚其子女令教師難為，可見，家長的充分支持與配合方能讓教師放手推動統整課程，無後顧之憂。

六、急功近利的社會價值觀有待釐清

　　目前國內升學主義充斥、文憑主義鼎盛、功利主義盛行、拜金主義猖獗，整個社會充滿著急功近利、個人意識，瀰漫著強勢民主而忽略法治，僅重權利而忽略義務。然而教育改革並非一朝一夕之工程，難以立竿見影，教育改革並非單靠學校能竟全功，尚有賴家庭、社會的配合，學校深受社會環境、社會風氣與社會價值的影響，雖然努力耕耘卻未必獲得家庭社會的支持與合作，遑論贏得家庭社會的掌聲。實施統整課程時，整合各個學科，引導學生將學科知識用之實際生活、社會環境，提升學生自主學習能力，培養學生積極主動的學習態度，均需要一段時期。

可見，統整課程的成效難以立竿見影，此與要求急功近利的社會價值觀正好背道而馳，因此，社會各界若未能體認教育乃百年樹人大業，教師推動統整課程將遭遇質疑與挫折。

七、統整的廣度與深度共識尚待凝聚

　　教育部公布九年一貫課程總綱強調統整課程，引發各界不同聲音，有贊成者，如游家政（民 87）、陳伯璋（民 87，民 88）、歐用生（民 88）、薛梨真（民 88）均強調統整課程頗具時代意義。亦有質疑者，如余安邦（民 88）質疑九年一貫課程沒有哲學思想、缺乏人文素養、漠視學理根據、忽略社會特性，為成人世界的大拼盤、大人眼中的大雜燴，並非以孩子為主體、為中心。劉廣定（民 88）質疑課程結構偏向學術導向與學科本位有何不妥？合科教學效果是否較佳？有無相關數據可供參考、證明？余霖（民 88）提出下列三項疑惑：(1)相關學科合併成為一大學習領域是否合理？(2)七大學習領域之間能否統整？(3)培育的師資與現職教師實施統整課程的訓練與專業素養是否足夠？日本將於二〇〇二年實施「中、小學學習指導要領」（兒島邦宏，1999a、1999b），強調培養具「生存實力」的學生，引導學生自主學習與獨立思考，強化學生正義感與倫理觀念，增強學生體魄與健康等實力。日本作法係保留原有國中與國小之學科，另外發展統整性「綜合學習」的方式，似乎較我國將原有學科〔如國文、英語、數學、公民與道德、健康教育、歷史、地理、認識台灣（地理篇）、認識台灣（歷史篇）、理化、生物、地球科學、家政、童子軍、輔導活動、團體活動、音樂、工藝、美術、體育〕統整為「語文、健康與體能、社會、藝術與人文素養、數學、自然與科技、綜合活動」七大學習領域的方式來得務實，我國由分科的極端走到統整的另一個極端，而日本在分科、統整領域間另闢統整「綜合活動時間」的作法，似乎較循序漸進。可見，國內對統整課程的趨勢大都贊同，然統整的廣度、深度則尚未凝聚共識，因此，於推動九年一貫統整課程前

應加強共識之凝聚。

八、教學評量的方式必須多元

　　統整課程強調教學與真實世界的連結，善用多元化的學習資源，協助學生善用知識以解決問題，活用知識化爲社會行動，培養學生具有統整知識、批判思考、社會行動、解決問題等能力。學生由被動學習者、知識接受者轉爲主動探索者、知識建構者，若有傳統紙筆測驗，不僅無法真正評量統整課程的學習成效，反而會扭曲成效收到反效果。教師實施多元化評量時，評量方式除紙筆測驗外，尚可採行爲或技能檢核表，情意或態度評定量表，教室觀察記錄，檔案評量，參觀報告，專題報告，發表活動或遊戲化評量等方式；評量人員除教師外，尚可納入學生自評、家長評量。統整課程必須充分結合多元評量，方能適切評量學生批判思考、社會行動、解決問題能力。

參、突破課程統整困境的策略

　　雖然實施統整課程可能遭遇頗多困境，然教育部、各縣市政府教育局、師資培育機構、學校、家長若能主動積極克服，充分配合將可突破困境，茲參酌林清江（民88）提出之「國民教育九年一貫課程規畫專案報告」、張玉成（民88）提出之「師資培育配合九年國教一貫課程實施之配套措施」、薛梨真（民88b）提出推動統整課程之建議，納入個人淺見闡述於下：

一、教育部

　　教育部配合推動「九年一貫課程」積極強化下列策略，以突破統整

課程之困境。

(一)鼓勵各縣市發展統整課程特色

教育部推動九年一貫課程或統整課程時，不應沿襲以往齊頭式平等的方式，應拋棄集權、統一、表面公平的作法，積極鼓勵各縣市教育局推動其統整課程特色，要求教育局擬定詳細發展計畫，從嚴審核補助經費，並給予適切的協助與輔導，使各縣市教育百鳥爭鳴、百花齊放，如此，方能激發各縣市教育潛能。

(二)強化統整課程之宣導與研習

統整課程應強調「統整」、「合科」概念，以打破現行分科教學、各科互不連貫之現象，與傳統課程差異甚大。因此，教育部應積極辦理統整課程之宣導與研習。宣導方面，不僅應編印統整課程說明手冊，從行政、教學兩向度來說明統整課程之實施方式；亦應設置統整課程網站或專線電話、信箱，善用各種互動媒介進行意見交流、分享經驗。研習方面，應積極辦理相關人員統整課程研習，補助縣市全面調訓在職校長、主任、教師進行新課程綱要研習，辦理中央、省、縣市政府教育行政主管座談會。研習內容著重於提升教師統整課程設計的能力，研習方式應採實作型研習產出統整課程實例。

(三)規畫統整課程師資培育工作

教育部應積極引導大專校院之師資培育機構了解統整課程之內涵，調整課程結構與內容，積極培育實施「統整課程」的優秀師資。

(四)教科書之編輯與審定應強調統整課程理念

教育部已於八十五學年度開放國小教科書為審定本，計畫於九十學年度起逐年開放國中教科書為審定本（林清江，民88）。教育部將著手研訂教科書之審查基準及審查要點等相關規定，在此過程中，應強調統

整課程理念。

㈤教學及教材資源網路之建置

　　教育部應成立統整課程教學網站，除定期更新教學資訊外，另將置專人管理網站，蒐集整理教師教學上的問題，並交由相關單位或學者專家答覆，以發揮線上諮詢之功能。

㈥統整課程推動小組之組織與運作

　　為提升統整課程實施之成效，教育部應成立課程推動與輔導小組，集思廣益，推動統整課程之實施。推動小組成員除課程專家學者外，亦應廣納其他領域學界教授及學校優秀教育人員與家長，依專長分組輔導小組，協助學校實施統整課程。

㈦整合各界力量調整社會價值觀

　　升學主義、文憑主義、功利主義、拜金主義衍生之急功近利價值觀乃實施統整課程的障礙，教育部應整合各級學校、社會教育機構、大眾傳播媒體，積極改善升學主義、文憑主義、功利主義、拜金主義之失，改善社會風氣與社會價值觀。另外，教育部應積極宣導統整課程之願景，讓社會大眾看得到希望，想得出成果，則社會大眾將抱持等待的心情共創願景。

二、各縣市政府教育局

　　八十八年六月四日立法院三讀通過的「教育基本法」第九條規定：「中央政府之教育權限如下：⑴教育制度之規畫設計。⑵對地方教育事務之適法監督。⑶執行全國性教育事務，並協調或協助各地方教育之發展。⑷中央教育經費之分配與補助。⑸設立並監督國立學校及其他教育機構。⑹教育統計、評鑑與政策研究。⑺促進教育事務之國際交流。⑻

依憲法規定對教育事業、教育工作者、少數民族及弱勢群體之教育事項，提供鼓勵、扶助或促其發展。前項列舉以外之教育事項，除法令另有規定外，其權限歸屬地方。」可見，教育權已充分下放到地方政府，各縣市政府擁有權力的同時，亦應承擔教育成敗的責任。因此，各縣市政府教育局應有更大權力、更大自主、更大責任推動教育改革。為推動統整課程發揮其功能，各縣市政府教育局應強化下列策略以突破困境。

(一)各縣市成立統整課程發展輔導與評鑑委員會

統整課程宜結合「學校本位」、「協同教學」等概念，因此，各縣市政府教育局應成立「課程發展推動與評鑑委員會」，並要求所屬學校成立「課程發展委員會」，推動、輔導與督導學校實施統整課程與相關教學、行政工作，發揮教學研究與諮詢輔導功能，協助學校發展學校本位的課程與教學革新，給予學校更多的支持與協助，建立完善的支持系統。此委員會於實施九年一貫課程後，可與推動九年一貫課程之委員會結合。

(二)辦理實作型研習，持續推展統整課程的實施

薛梨真（民 88b）發現國小教師對認識統整課程宣導方式的回應，最受認同的前五種方式依序為：(1)辦理研習，(2)提供相關資訊，(3)校內教師經驗分享，(4)宣導對象擴及校長、行政人員及家長，(5)成立教學資源中心。亦發現透過「理論與實例介紹→實作」模式，經由理論介紹、實例說明之研討後，職前或在職國小教師均能如期編寫出「生活化、主題化、活動化」的統整課程活動設計，不僅職前教師能編寫統整課程活動設計，在職教師亦能規畫與實施統整課程教學，及建立教學檔案。因此，辦理實作型研習來推展統整課程比以往講授型研習為佳。

(三)配合教育部宣導統整課程理念，凝聚各界共識

教育部積極編印叢書、刊物及出版錄影帶，然有些縣市政府未能配

合宣導，引導學校教師、行政人員共同研讀與進修，使得教育部的美意大打折扣。如有些縣市要求各校將教育部編印的「國民教育階段九年一貫課程總綱綱要」影印予全校教師共同研讀，有些縣市則僅發給每個學校幾本，使得教師對九年一貫課程茫然。

㈣定期辦理縣市教師統整課程教學觀摩與成果發表活動

　　薛梨真（民 88b）探討國小實施統整課程可行性研究時，建議各縣市政府教育局定期辦理教師統整課程教學觀摩與成果發表活動。此種方式讓有經驗教師現身說法，不僅可達到觀摩、分享效果，亦可讓教師統整課程非空中樓閣而係具體可行的課程。

㈤彙編教師教學檔案與心得，落實經驗傳承

　　辦理教學觀摩與成果發表活動可讓參與者獲得有經驗教師的寶貴經驗，然限於研習場地與活動經費，參與者均不多。爲彌補參與人數過少現象，可將經驗豐富教師的教學檔案與心得彙編成冊，讓教師唾手可得，不限時間、地點，均能自行研讀。

㈥透過行政系統要求學校給予教師教學、評量自主

　　薛梨真（民 88b）訪問與調查國小教師均發現：國小教師面對統整課程時，擔心的問題有教學時段、教學評量與教師合作等細節，紛紛要求先解決教學與評量自主問題，更希望獲得各項的資源。因此，各縣市政府教育局若能透過行政系統發函所屬學校，請學校給與教師更多教學、評量自主空間，在教學時段、教學評量與教師合作能充分授權，由教師秉持專業自主原則權衡實施，將有益於統整課程之推動。

㈦改進教學評量相關制度

　　家長或許難以了解學生在校學習歷程，或許不知學校採取何種教育改革，但會直接從平時考試成績、成績通知單了解學習結果。有些家長

或許不關心子女學習成果，但關心畢業典禮是否得獎？得什麼獎？因此，實施統整課程必須改善成績通知單考察辦法、學籍表成績登錄內容及畢業成績給獎等相關制度，此相關制度可由各縣市政府教育局擬定準則，授權各校自行研擬與實施。

三、師資培育機構

師資培育機構對課程之宣導、研習、推動、評鑑，均扮演關鍵角色，若無師資培育機構充分配合，實施統整課程或九年一貫課程將如緣木求魚。茲以張玉成（民 88）提出為協助九年一貫課程之實施，各師資培育機構應配合辦理之事項為基礎，融合個人經驗，建議推動下列策略以突破困境。

(一)積極了解統整課程內涵與實施可能困境

近幾年來統整課程雖漸受重視，但來自師資培育機構的質疑仍多，尤以九年一貫課程遭受更多的批評。在時代趨勢、時空環境、社會環境變遷下，實難以找出完美的課程模式，若能就大環境選擇較佳之課程，擬定適切之配套措施或許可將問題降低。因此，師資培育機構倘若能積極了解統整課程內涵與實施可能困境，一方面建議教育部改善或提出配套措施，一方面省思培育師資可努力空間，將更為積極正向。

(二)與縣市教育局合作實驗、改善統整課程

師資培育機構教師具有教學、研究、服務之義務，縣市教育局所屬學校則為教學、研究、服務的最佳對象，若兩者能合作實驗、改善統整課程，將能逐步發展出適合各縣市學校的最佳統整課程模式。

(三)辦理統整課程實作型研習

師資培育機構學生乃中小學未來師資，若能於職前教育辦理統整課

程實作型研習，採取「理論與實例介紹→實作」模式，讓學生在「做中學」、「嘗試中成長」，不僅能協助學生深入了解統整課程，亦能增強其實作能力。

㈣開設統整課程、學校本位課程發展及其教學等相關課程

辦理研習乃強化性短期策略，而開設課程乃持續性常態策略，師資培育機構應以開設課程優先於僅辦研習。師資培育機構若能開設統整課程、學校本位課程發展及其教學等相關課程，對學生施以系統、完整的講授、實作或實習，將能協助學生了解與運用統整課程。

㈤調整師資培育課程之安排

張玉成（民88）提出調整師資培育課程之安排，各師資培育機構可配合者為：(1)鼓勵學生選修輔系或相關科目，以充實自己擔任領域教學之能力。(2)規畫跨系合開之師資培育課程，以培養領域專長導向之師資。(3)調整教育學程之科目及學分數，加強九年一貫課程相關內容之介紹與研討。(4)學士後中學師資職前教育學分班，宜配合領域專長招生成立專班。(5)規畫招收國小在職教師，修習特定領域專長之國中教師學分班。上述配套措施均有助於統整課程之實施。

四、學校

隨著教育改革逐步落實，「學校本位」、「學校自主」的呼聲益高，往後教育行政機關將賦予學校更大彈性，使學校能因應不同的個別環境，發展自己的特色。學校若能強化下列策略，將能充分發揮統整課程功能。

㈠成立學校課程發展委員會

教育部公布之「國民教育階段九年一貫課程總綱綱要」中，指出：「各校應組織『課程發展委員會』審查全校各年級的課程計畫，以確保

教育品質。課程委員會的成員包括：學校行政人員代表、年級及學科教師代表、家長及社區代表等，必要時亦得聘請學者專家列席諮詢。」可見，學校課程發展委員會負責審查全校各年級的課程計畫，而非由教務處審查。

(二)落實學年或學科教學研究會

國內通常各國中、國小均成立學年或學科教學研究會，有些學校充分發揮教學研究功能，有些則形同虛設。統整課程強調協同教學、研擬橫向或縱向之教學計畫，因此，教學研究會益形重要。日本國中、國小實施教學研究會相當落實，開學前一、二週到校開教學研究會，規畫整學期教學計畫，且幾乎每週均有一、二段時間實施教學研究會，隨時聯繫、檢討教學狀況，故欲發揮統整課程功能，必須切實推動學年或學科的教學研究會。教學研究會可與學校課程發展委員會結合，並充分考量學校條件、社區特性、家長期望、學生需要等相關因素，結合全體教師和社區資源，發展學校本位課程，審慎規畫全校總體課程方案和班級教學方案，選擇或自行編輯合適的教科用書和教材，以及編選彈性教學時數所需的課程教材，以發展學校特色。

(三)強化學校本位的進修制度，發揮學習組織功能

落實學校本位的前提，必須強化學校本位進修制度，將學校發展為學習型組織，學校行政人員應依據學校條件、社區特性、家長期望、教師需求、學生需要，規畫學校本位進修課程初稿，與教師共同研討，以凝聚學習共識與激發學習興趣。進修過程除可延聘專家學者外，更可鼓勵校內教師經驗與資源分享，發揮相互觀摩、相互學習的功能。

(四)調整行政運作，協助推動統整課程

實施統整課程後，課表、教學時段的安排，教學資源的運用，教學空間的規畫，教學評量的改革，均必須在學校行政運作上稍作調整。課

表可尊重教師專業自主，授權各班擬定彈性課表，經報教務處核備後實
施。各科教學時段由以往一、二節零碎的方式，將較相關學科整合為整
個上、下午時段，讓相關學科教師能更統整運用時間，實施學科整合。
教學資源的運用或可由以往集中於教具室、電腦集中於電腦室的方式，
調整置於各學年或學科的主要空間或導師室，讓教師更便於取得與運用
教具或有關教學資源。教師評量之實施，學校應揚棄統一於某時段考某
科的模式，應授權教師自行決定評量時機、範圍與方式。為便於教師實
施協同教學或班群教學，教室或空間規畫安排應較以往更富彈性，以符
合教師變革之需求。

(五)充分尊重教師教學與評量專業自主

　　學校應強化學校本位進修制度，激勵教師自主學習與自我成長，以
不斷提高教師專業知能，隨著教師專業提升，學校應予教師更多教學與
評量的自主空間。然專業乃教師自主之前提，教師專業未提升或未能達
成教育目標時，教師自主應受相當程度之督導或協助，方能確保學生之
受教權。

(六)加強親師溝通凝聚課程改革共識

　　統整課程有賴家長充分支持與協助，學校應透過各種管道溝通家長
觀念，如演講、研習會、座談會、刊物，或其他大眾傳播媒體，以推動
親師合作來配合統整課程的實施。親師溝通必須有計畫、有系統、全方
位的逐步推動，慢慢引導家長共同參與和協助學校或班級事務，不應急
就章地即興推動零散式的活動，以致難以激起家長參與意願。

五、教師

　　學校本位觀念逐漸發展，教師專業自主理念漸受重視，使得教師專
業成長壓力日益沈重。教師若能強化下列策略，將能提升自己專業知能，

進而發揮統整課程功能。

(一)體認「變」的事實順勢而為

近幾年教育改革速度愈來愈快，改革內容愈來愈多，讓少數教師萌生不如退休之念。然而，隨著資訊快速發展、知識迅速成長，不變已不可能，變動乃必然趨勢，或許教師邁入二十一世紀唯一不變的可能就是「變」。教師與其逃避課程變革，不如順勢而為，勇於面對、積極參與統整課程的變革，將壓力化為動力、將改革危機化為成長契機，回首來時路，教師可能會發現此壓力適為激盪潛能、創造奇蹟的動力。

(二)發揮自主學習精神不斷成長超越

曾有些教師抱怨不了解「小班教學精神」、「開放教育」或「統整課程」，埋怨教育局提供的研習時間不恰當或人數過少，然此教師或許疏忽自己就是學習的動力、知識的泉源。若教師僅要求外界賜予的知識或技能，則如此被動態度將無法因應時代急遽變革。只有化消極為積極、化被動為主動，方能不斷攝取最新知能，迎頭趕上時代變革。教師除參與各項研習或學位進修外，更應經由自主學習、自我進修來提升本身規畫統整課程能力，亦可善用行動研究來改善實施統整課程的問題。

(三)調整單打獨鬥心態為協同互助態度

日本實施統整課程時，由數名教師組「教師團」共同擬定教學計畫與實施協同教學，學生在計畫、系統、組織、合作的情境下，充分學習成長。反觀，國內教師似乎大多數仍停留於單打獨鬥、獨自教學的模式，使得實施統整課程窒礙難行，因此，只有教師能協同教學、互助合作、共同計畫，統整課程方可能落實。

(四)揚棄傳統填鴨教學，採取生活化與活動化的教學

傳統填鴨教學使得學生深處呆板的書堆、背誦、記憶的教室深淵，

學生學得無精打采、有氣無力，視教室為畏途，教師若不改善此教學模式，幾乎不可能推動統整課程。教師實施統整課程必須掌握課程統整理念進行教學革新，兼顧教科書單元與課程統整精神，進行主題化、生活化、活潑化、能力化、創意化的教學，方能落實統整課程。

㈤以學生為本位，積極引導學生自主學習

統整課程的主體在學生而非教師，教師必須體認教師乃引導者、催化者、協助者，充分「以學生為本位」，設計激起學生興趣、引導學生融入生活、激發學生潛能的統整課程，讓學生以積極主動的自主學習態度取代消極被動的傳統制式學習心態。

㈥善用親師合作

實施統整課程後，教師已難以用一己之力，獨立達成課程目標，教師除需同事的協助外，更需要熱心家長的支援。因此，教師平時應善用書信、通知、電話或問卷了解家長觀念或尋求家長協助資源，亦應將最新教育改革理念與家長分享，不僅可提升家長教育專業素養，亦可增加教育改革的助力，營造親師良好互動的雙贏新局。

六、家長

「教師評審委員會設置辦法」規定：委員會置委員五人至十九人，其中家長會代表一人。「國民教育法施行細則」明訂：直轄市及縣（市）政府應組成「校長遴選委員會」，家長不得少於委員之五分之一。教育基本法第十條規定：直轄市及縣（市）政府應設立教育審議委員會，成員應包含教育學者專家、家長會、教師會、教師、社區、弱勢族群、教育及學校行政人員等代表。可見，家長在教育所扮演的角色將日益重要。家長若能積極強化下列策略，將能與學校教育充分結合，發揮統整課程功能。

(一)了解教改脈動掌握時代趨勢

有些家長以舊有價值觀面對新教育思潮，以傳統智育至上思維看待全人教育理念，以升學主義導向看待多元入學方案，以至於對教育改革抱持質疑、否定態度，對學校變革抱持懷疑、消極態度。因此，家長若能積極了解教育改革脈動，將發現課程已由分化漸趨統整，教法已由灌輸轉為啟發，評量已由紙筆轉為多元，學習重心已由知識轉為能力。家長可經由了解改變自己價值觀，轉化為積極參與的動力，對推動統整課程當有助益。家長應結合學校配合教改趨勢協助子女成長，將知識轉化為能力。

(二)積極配合教師實施統整課程

統整課程強調將知識活用於日常生活，活用部分有賴家長的高度配合與協助。教師有時會請家長帶子女實施戶外參觀或進行生活體驗，請家長參與教學評量，對學生的在家表現給予真實的評定。可見，家長參與乃統整課程生活化不可或缺的一環。家長若能積極參與不僅有助於推動統整課程，亦有助於家長從參與中學習，從參與中成長。

(三)扮演子女學習輔助者與引導者

家長在實施統整課程的角色，係子女的學習輔導者、引導者，而非代勞者、操縱者。有少數家長幫其子女完成學習單，指導子女作業時直接教導作法，而未予子女思維學習機會，未就事實評量僅求給子女高分，使得子女誤以為家長會幫其做作業、掩飾缺點，給予子女最差之示範。因此，家長應適切扮演應有角色，方不至於讓學生自主學習的本意盡失。

(四)親師合作參與學習者而非主控介入者

有甚多家長參與統整課程，積極與教師合作，扮演參與者與學習者，教師感受到家長的參與學習熱忱，營造和諧融洽的親師關係。然而有極

少數家長過度介入教師教學，過度要求教師獨厚其子女，過度介入學校行政，或引起家長間的爭執，造成教師既期待家長參與，又怕出現過度介入的窘境。因此，家長若能扮演參與學習者而非主控介入者，將更能順利推動親師合作。

第二節　統整課程的方式與內涵

欲發揮課程統整功能，必須充分了解統整的目的，依據需求選擇或融合出適切的方式，其次宜了解統整的內涵，方能兼顧各項需求，最後應了解設計原則與如何設計方能適切規畫完善的統整課程。本節先闡述課程統整的方式、內涵，下節再說明統整課程設計原則、設計步驟。

壹、統整課程的方式

課程統整的方式可謂眾說紛紜，如Jacobs（1989）提出連續體（continuum）的六種統整課程為：⑴學科基礎的（discipline-base）內容設計，⑵並行式的學科（parallel disciplines）設計，⑶互補的學科單元（complementary discipline units），⑷科技整合單元（interdisciplinary units），⑸統整日（integrated-day）模式，⑹完全課程。Glathorn和Foshay（1991）的四類統整方式為：⑴關聯（correlated）課程，⑵廣域（broad field）課程，⑶科際（interdisciplinary）課程，⑷超學科（transdisciplinary）課程。Fogarty（1991）則採三類十項統整課程分類模式（見表2-2），其將課程統整的方式分為三類：第一類是單一學科統整（within single disciplines），包括分立式（fragmented）、聯立式（connected）與窠巢式（nested）等統整方式；第二類是跨學科統整（across several disciplines），包括次序並列式（sequenced）、共有式（shared）與張網式（webbed）、串聯式（threaded）與整合式（integrated）等統整方式；第三類是學習者與課程內容統整（within integrated model），即學習者心智內的（inside the mind of the learner）統整，包括沈浸式（immersed）與網路式（networked）等統整方式。

表 2-2　Fogarty（1991）的三類十項統整課程分類模式

類型	意義	類似	優點	缺點
單一學科統整				
1. 分立式	傳統的學科明顯分立的模式，每個科目均係獨立實體，不涉及科目間連結或整合，僅專注於單一學科。	潛水艇的潛望鏡	1. 呈現清晰深入的單一學科知識。 2. 師資培育、教師進修較不複雜。	學得零碎分科知識，知識未能統整化、生活化、活用化。
2. 聯立式	重視各學科的細部，進行學科課程內容的聯結，將相似的主題、觀念、技能或態度相聯結，但各學科仍維持分離狀態。	觀劇用的小型望遠鏡	1. 避免學科概念支離破碎。 2. 增進學習遷移。	學科仍相互分立，未發展全面性整合關係。
3. 窠巢式	以多重角度來檢視單一主題、現象或單元，學生不僅獲得學科內容知識，亦獲得思考能力、組織能力、社會性技能或領域特定技能。	立體眼鏡	1. 一項學習活動可獲得多面向的學習結果。 2. 簡化重複課程。	多重目標設計不佳，易忽略主要目標。
跨學科統整				
1. 並列式	將數個分開的學科，經由共同架構來聯繫，將學科內容次序予以調整，促使在同一時段不同學科的教學內容具有類似性或共同性，乃並行式的學科設計。	眼鏡	1. 有益於遷移學習。 2. 調整教學順序，並行學科可強化教學效果。 3. 適用統整課程的變革過渡階段。	每個參與學科教師均放棄自主性與其他學科教師協調。
2. 共有式	將兩個學科共同具有、相互重疊的概念、技能或態度部分聚焦，聯合組成一個主題。	雙眼望遠鏡眼鏡	1. 清晰了解不同學科的共同焦點。 2. 獲得深度學習，有益於遷移學習。	1. 教師須花時間探索重疊部分。 2. 教師間需更多的溝通協調。

（承上表）

類型	意義	類似	優點	缺點
3. 張網式	以較具普遍性且意義豐富的概念作為主題，各個學科以此主題為中心，演繹連結成一蜘蛛網狀的統整結構，乃富創造力的主題統整模式。	望遠鏡	1. 學生易了解主題與活動的完整關係。 2. 促進教師協同教學，形成教師小組。	設計不當，易犧牲學科內在邏輯關係與順序。
4. 串聯式	以思考技能、社會技能、多元智慧或研究技能等「重要概念」，依序演繹串聯所有學科，乃後設課程取向模式。	放大鏡	1. 強調後設認知能力，超越學科內容。 2. 掌握學習重要概念與前後關係。	1. 未明確闡述各學科間內容的關聯。 2. 無嚴謹前後關係之學科內容無法串聯。
5. 整合式	不同學科教師，以各學科的基本元素（內容、技能、概念與態度）為基礎，歸納出基本元素共通點為主題或引線，乃科際整合課程取向模式。	萬花筒	1. 易理解各學科相互連結情形。 2. 學習內涵多樣化。	1. 設計複雜，實施困難。 2. 教師素質、配合度要求較高。
學習者與課程內容統整				
1. 沈浸式	各學科的連結由學習者自己建構，教師僅須了解學習者與提供富思考、可教的教學情境。	顯微鏡	1. 激發學生自主學習能力。 2. 增強學生學習興趣。	學生若無興趣、缺乏足夠經驗或適切協助，難以落實。
2. 網路式	學習者以某一興趣或專長領域為基礎，而與相關領域的研究者或專家進行不同探究和解釋的多面向網路式溝通與參與。	稜鏡	1. 增進思考的解決途徑。 2. 增進學生與他人溝通互動。	多面向規畫不當易偏離原學習主題。

除上述分類外，仍有其他分類，然因其本質大同小異，Pizarro（1993）指出較主要的六種統整模式為Jacobs（1989）的科際整合單元模式（interdisciplinary units），Clark（1986）的統整教育模式（integrative education model），Palmer（1991）的課程聯結模式（curricular connections），Drake（1992）的故事模式（story model），Miller（1992）的全人教育模式（holistic model），Kovalik（1989）的統整主題教學模式（integrated thematic instruction）。茲分別扼要說明之。

一、Jacobs 的科際整合單元模式

此統整模式係整合學校課程中的所有學科觀點，以探究主題、問題為核心，協助學生於探究過程覺知學科間的關係。此建構的核心主題或問題可能涉及數學、科學、人文學科、哲學、藝術、社會學科、語文藝術等七個學科，涉及範圍視核心主題或問題性質、師生研討結論而異。教師設計此統整課程時，先選擇一主題、課程範圍、事件或問題為核心（此核心主題以適合學生學習、且跨學科者為佳），再由師生共同腦力激盪研討與主題有關的想法，再次研討與核心主題有關學科的聯結方式與建立專業的先後順序，最後編寫統整課程活動設計，並實施活動設計。

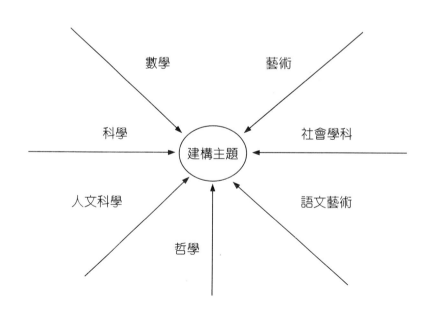

圖 2-2　科際整合單元模式（Jacobs，1989，p.56）

二、Clark 統整教育模式

此統整模式旨在開發人類潛能，將人類四項心智〔思考（thinking）、感覺（feeling）、知覺（senses）與直覺（intuition）〕功能聯結成四分圓形的統整架構。於課堂實施統整課程時，教師應掌握下列七要素（Pizarro, 1993）：(1)提供豐富感受的學習環境，此學習環境應具有六項特徵為：環境看起來像圖書館，有豐富的學習題材，師生家長形成學習小組，信任、尊重、支持的班級氣氛，彈性、統整的課程，依學生需要、興趣發展的課程。(2)營造輕鬆與不緊張的學習環境。(3)鼓勵學生善用動作與感覺。(4)教師使用支持性、同理心的語言與行為。(5)鼓勵學生自我抉擇。(6)提供富挑戰性的認知活動。(7)鼓勵學生發展直覺與統整學習能力。

三、Palmer 課程聯結模式

此統整模式係Palmer經過幾年的嘗試錯誤後，運用「輪形設計」整合科際間的課程，設計分成四個階段：(1)先由設計者與課程督導者以跨學科方式舉行會議，以確認目標、主題與技能。(2)設計者提出輪狀設計樣本圖示各科目的聯結關係，以此輪狀的軸心為主題，軸幹與軸幹間為統整的學科與活動。(3)設計者以輪形圖作為組織工具，規畫、發展新課程。(4)課程督導者協助教師運用跨學科方法實施新課程。輪形設計以主題為輪形主軸，視學科多寡規畫幾個軸幹，此種設計可視學科多寡規畫，題材亦可依特殊需要改變，相當富彈性。

四、Drake 故事模式

此統整模式強調故事乃一種學習方式，故事模式（如圖2-3）係將古老的（舊的）故事結合現代故事發展出新的故事，再將新的故事結合到

我的故事，故事發展模式可用於各年齡層的主題學習，以探究各種不同的主題。其實施步驟如下：(1)以學生或老師選擇的任一探究主題開始。(2)以網狀結構畫出擬探究內容。(3)檢視學生過去學習經驗（古老故事）所能了解的目前狀況，再透過不同觀點來檢視未來。(4)鼓勵學生持續目前行動方案（現代故事），及規畫理想未來。(5)激勵學生學習新的方式、協同發展新的故事。(6)將新的故事結合到個人故事。

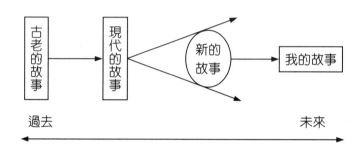

圖 2-3　Drake 故事模式（Drake，1992，p.12）

五、Miller 全人教育模式

　　此統整模式旨在避免零碎課程，強調學科結合的統整性，方能落實全人教育。實施統整課程時，力求線性思考與直覺間的平衡，課程應強調身體與心靈、情感與知識、個人與社區、自我與本我間關係的平衡。不應局限於身體、知識、個人或本我，亦不宜一味著重心靈、情感、社區或自我，追求全人教育兼顧統整、平衡。

六、Kovalik 統整主題教學模式

　　此統整課程係結合大腦研究、教學策略和課程發展三領域的研究結果（Kovalik, 1993）。大腦研究著重討論學生如何學習，教學策略強調結

合教學藝術與教學科學兩層次，課程發展主張任何學校的課程不應局限於教科書範疇，教師應發展教室層次的統整課程。統整主題教學模式的整個課程內容係由年、月、週主題、主要觀點構成（如圖 2-4），而「年間主題」是整個模式的核心。

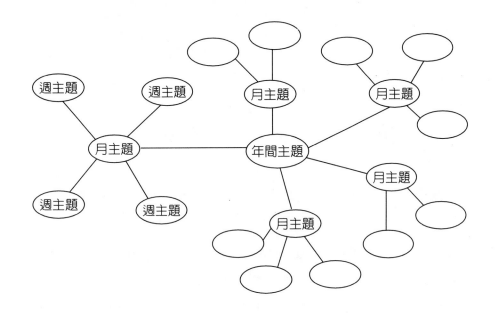

圖 2-4　統整教學模式之年間主題（Kovalik, 1993, p.4）

Kovalik（1993）提出下列六項選擇「年間主題」的標準：(1)具有可閱讀資源，(2)具有可用資源，(3)適合該年齡層學生，(4)值得投入時間，(5)按月進行後仍能回到中心點（年間主題），(6)具有吸引學生、激發想像力的標題。欲發揮統整教學模式功能，教師於學年初如何共同擬定「年間主題」計畫，再共同研討「月主題」，繼而討論「週主題」，乃成敗關鍵，因此，教師必須具有協同教學的意願與能力。

課程統整的模式雖多，但統整學科不離單一學科、跨學科、科際整合，統整方法不離主題、學科統合，其中又以科際整合及主題模式最常被採用（Beier, 1994; Shoemaker, 1993）。

主題探索模式與科際整合的模式在國內應用甚廣，然認為科際整合

的主題模式（如圖 2-2）與概念整合的主題模式（如圖 2-5）不同。

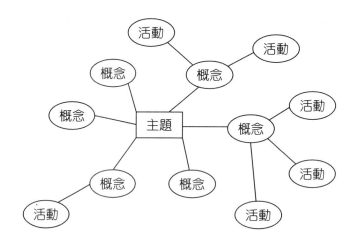

圖 2-5　Beane 的概念統整課程（Beane，1998，p.11）

　　科際整合的主題模式必須先問哪一個學科與主題相關？能否納入此主題教學？主題教學能否達成納入學科的目標，此課程內涵均為學科內容，因此，此模式以學科為起點，亦以學科為終點。然而，Beane（1998）的概念統整課程乃以中心主題為起點，探索與主題相關的大概念或觀念，再擴展設計適切的活動，此模式可打破學科疆界，藉由「主題—概念—活動」設計，達到學校與社會統整的目標。可見此概念統整模式以某個主題或問題為起點，而以解決問題為終點。

　　Beane（1998）為了要滿足學生個人的關心事物與社會性的關心事物，設置了「主題（單元）」來做為兩者的橋梁，且引導學生經由解決此主題問題的過程，統合地獲得或形成所需要的知識、技能、思考能力，以及民主的價值、態度。他認為學校一整年可設置幾個主題，一整年均以主題為基準，來展開超越學科的學習。

　　概念統整課程可打破學科疆界，然此理想課程必須待九年一貫課程實施後，較可能運用「綜合活動領域」與「彈性教學節數」來設計概念整合的主題活動，學校可用社區慶典、重要節日、學校大活動規畫一系

列的活動。然九年一貫課程實施前，學校因無彈性時間可供運用，實際
規畫取材必然難以跳脫學科範圍，因此完全實施概念統整課程現階段有
其困難。

　　概念統整課程或科際整合課程雖然起點、終點不同，但兩者均在協
助學生成長與增進解決問題能力；然而學生成長、解決問題能力亦為學
科目標，因此，設計統整課程時不宜截然劃分、畫地自限，宜依據概念
性質能取材自學科者取材自學科，無法取材自學科者可設計生動的活動，
因此，提出整合概念、科際的主題統整模式如圖 2-6。

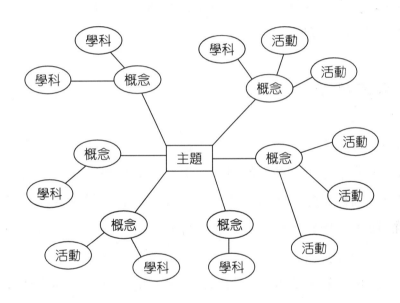

圖 2-6　概念或學科的主題統整模式

貳、統整課程的內涵

　　Beane（1998）、歐用生（民 88）均認為課程統整宜包含四個層面：
經驗統整、社會統整、知識統整及課程統整。除 Beane 之四項外，應可
採 Gardner（1993）「多元智慧理論」將能力統整納入，以下從五項內涵

說明之。

一、經驗統整

個人從經驗中獲得自我概念、對世界的信念與價值，從省思經驗建構基模（schemes），以基模為基礎擴充到現況了解、應用到新情境。統整學習不僅係新經驗被統整到現存的意義基模中，更是組織、統整舊經驗應用到新的問題情境。可見，經驗統整不是累積與儲存，而是意義化、應用化的歷程，課程設計應能引導學生將新舊經驗統整，落實到生活情境，增進解決問題的能力。

二、社會統整

如何使得個人在多元化社會中，擁有共同的價值或共同的善，不至於在紛亂社會中迷失乃教育的責任。教師設計統整課程必須透過通識教育，提供不同背景的學生共同或共有的教育經驗，獲得共同的價值或共同的善。師生合作設計和實施統整課程時，應以個人或社會爭論的問題為核心，強調學校與社區生活的統合，經由師生共同創造民主的教室，處理民主社會中的爭論或關心的問題，將有助於學校生活與社會生活的民主化。

三、知識統整

知識統整強調知識的脈絡化，知識對真實生活的意義化，知識與生活經驗的統合化，而非知識的拼裝、堆砌。知識應是個人或團體用以解決生活問題的動態利器，統整知識應從實際生活界定問題、探討與解決問題，不應是個別學科知識或技能的片斷集合體，不應受限於學科界限而減弱知識的力量。

　　傳統學科課程的內容以高級文化、社會及學術的菁英內涵為主,其他的社會問題和知識無法進入正式課程。統整課程卻納入個人、社會問題為中心的流行文化、日常知識,不僅豐碩課程內涵,且讓課程富有新意(歐用生,民88)。

四、課程統整

　　統整課程乃課程的整合化、意義化、活用化,並非組合幾個課程就是統整課程,優良的統整課程應具有下列幾項特質:(1)主題意義化:統整課程以真實世界具有個人、社會意義的問題為主。(2)主題脈絡化:設計與組織統整主題有關的學習經驗,以統整主題脈絡相關的課程知識或活動。(3)知識研發化:知識的發展和運用應係正在研究、發展的主題,而非為準備考試或測驗。(4)知識意義化與活用化:統整重點強調知識的意義化與活用化,促使學生將課程經驗統整到自己的意義架構,並親身經驗解決問題的方法。(5)學生參與化:學生實際參與課程設計,自己建構與關心問題。

五、能力統整

　　教育部八十七年九月三十日公布的「國民教育階段九年一貫課程總綱綱要」,強調「課程設計由知識變能力」,提出:國民教育階段的課程設計應以學生為主體,以生活經驗為重心,培養現代國民所需的十項基本能力為:(1)了解自我與潛能發展。(2)欣賞、表現與創新。(3)生涯規畫與終身學習。(4)表達、溝通與分享。(5)尊重關懷與團隊合作。(6)文化學習與國際理解。(7)主動探索與研究。(8)獨立思考與解決問題。(9)運用科技與資訊。(10)規畫、組織與執行。可見,設計統整課程應將能力納入統整的範圍。教育部規範的十項基本能力未如 Gardner(1993)的「多元智慧理論」系統化、明確化,因此,設計統整課程時,統整能力的向度,

建議兼顧 Gardner（1993）七種人類智能，此七種能力為：⑴語文智慧
（linguistic intelligence）：乃口語及書寫文字的運用能力。⑵音樂智慧
（musical intelligence）：乃察覺、辨別、改變和表達音樂的能力。⑶邏
輯—數學智慧（logical-mathematical intelligence）：乃運用數字和推理的
能力。⑷空間智慧（spatial intelligence）：乃對視覺性或空間性的訊息之
知覺能力。⑸肢體—運作智慧（bodily-kinesthetic intelligence）：乃運用
身體來表達想法與感覺，以及運用雙手生產或改造事物的能力。⑹人際
智慧（interpersonal intelligence）：乃辨識與了解他人的感覺、信念與意
向的能力。⑺內省智慧（intrapersonal intelligence）：乃能對自我進行省
察、區辨自我的感覺，並產生適當行動的能力。

第三節　統整課程的設計原則與步驟

茲接續上節闡述統整課程設計原則、設計步驟二方面，分別說明之。

壹、設計統整課程的原則

設計統整課程必須依賴經驗累積、自省成長、同儕交流，方能不斷
修正、改善，茲簡述設計原則如下：

一、完整化

統整課程設計不宜局限於學科的知識或記憶，應兼顧認知、技能、
情意的學習，規畫與布置全人發展的學習情境，營造自主學習、自由開
放的學習氣氛。為求生動活潑、結合實際生活，設計宜盡量減少記憶性
知識，著重知識活用、應用技能、習慣養成與態度涵養。

二、統合化

設計統整課程應顧及學科內教材統整、學科間教材連結、學校或社區活動結合，著重統整課程的主題性、延展性與整合性，避免支離破碎。學科內教材統整宜將各學科的教學目標、教材發展，進行縱向比較分析，研判其層次性、系統性、關聯性，充分掌握各學科基本能力，做為教材編選之依據。學科間教材連結宜比較不同學科領域間的教學目標、教材內容，減少學科間的重疊，並將輔導活動、團體活動、童軍教育、鄉土教材、學校或社區重大活動納入統整課程的教學，力求學科間連結，以減輕教師教學與學生學習的負擔。學科教材與學校活動的統整宜將學校活動與統整主題或學科活動整合，學校內各處室推展的活動及學校外各教育單位推展的教育活動，應與統整主題或學科活動充分結合，使活動教育化、教育活動化。

三、計畫化

八十八年四月參訪日本國中、國小時，發現參觀學校教師大都於開學前一、兩週即到學校實施教學準備，各校均確實擬定學校年度經營或教學計畫，少則五十頁，多達一百二十頁。反觀國內國中、國小擬定學校年度經營計畫的學校似乎為數不多，國中、國小教師或因教科書開學初才發下，或因學校計畫未明，確實擬定教學計畫者亦不多。實施統整課程若未能審慎規畫、詳細計畫，將難以發揮統整功能，因此，學校行政單位應邀請全校教職員，共同研擬配合學科內涵、學校行事曆、節慶或社區活動訂定層次性、階段性、整體性的目標，事先規畫與安排前後呼應、環環相扣、動靜節奏井然的各項活動。

四、主動化

設計統整課程應引導學生探索發現與自動自發學習，培養自主學習能力與積極的學習態度，若統整課程流於要求學生記憶背誦抄寫、運用被動消極的學習型態，與傳統課程已無差異。因此，教師教學宜強調教學「過程」重於「結果」，學生學習「過程」重於「結果」，運用鼓勵、支持引導學生自主學習、主動求知的學習方法與態度。

五、學生化

設計統整課程的主體應以學生為中心，而非以教師為中心；應關心學生「怎麼學」，而非教師「怎麼教」。教師或因過於負責任，教學秉持「教得多學得多」的原則，教師拚命教學，彙整重點教導學生，將自己塑造成學生知識的傳遞者、學生學習的中心，卻讓學生養成被動、消極學習的態度。若教師將學生視為教學主體，採取「教得少學得多」的原則，教給學生原理原則，鼓勵學生積極嘗試錯誤，給予學生關懷與支持，教師以學生為中心，扮演觀察、引導輔導者，而非決定、權威者，將能因應學生個別差異，激發學生學習潛能。

六、親師化

統整課程應引導家長參與，著重親師合作，強化親子互動，共同營造雙贏的教育情境。學校應採計畫性、試探性、漸進性，引導家長參與教學活動，不僅應實施系列親職教育，增強家長教育專業知能，亦應提供各種參與機會引導家長參與，讓家長更深入了解學校，讓家長參與子女成長歷程，由了解、信任，進而支持、參與學校各項活動與子女學習。家長共同參與學校教育後，若行政未能公開透明，將造成家長疑惑，因

此，學校各項行政工作將逐漸公開化、透明化，方能讓家長更了解、更信任學校。然而，家長參與子女學習，家長乃扮演協助者、支持者，而非學習主導者、指導者，極少數教師設計學習活動常讓家長教子女做什麼、請家長做什麼，乃未能釐清家長的角色。

七、合作化

統整課程宜營造師生合作、同儕合作的情境。師生合作方面，課程可由師生合作設計，鼓勵學生直接參與，提出自己想法，支持富創意、生動的活動，更可讓學生自行規畫活動設計與執行草案，讓學生在課程上有發言權、參與權，不僅導致教室生活的民主化，更讓學生樂於參與自己規畫的活動。同儕合作方面，教師應適切引導學生合作學習，創造分組規畫與執行活動的機會，讓熟手攜生手，會的教不會的，體驗助人樂趣，增進團體互動與人際關係。

八、生活化

統整課程必須統合學生日常生活體驗、學習經驗與課外資訊，充分將學習與生活經驗統整，促使學生自個人、家庭、學校、社區……等逐步擴展，進行系統性、層次性的統整。因此，統整課程不僅是獲得日常生活知識，更強調將知識用之日常生活情境。若統整課程仍以學科為中心，則會與生活脫節，僅是學科的拼裝、排列，可見，生活化乃統整課程重要的指標。

九、活潑化

設計統整課程宜運用多元互動的教學型態、善用生動有趣的活動，使得學習活潑化、快樂化。教室內教學應揚棄「老師講學生聽」的傳統

模式，多用分組合作學習，引導學生自主學習，自訂學習目標、自擬行動策略、自省學習成果，進而自我負責，教學過程更讓學生充分參與，勇於發言，成為教學的主角而非配角。除了室內活潑化之外，更應走出教室辦理戶外教學，擴展教室成為一個民主的社區，讓學生接觸大自然、統合教室外與社區資源，擺脫以往靜態室內教學模式，嘗試以大自然或社區為教室，讓學生在活潑生動的活動中成長。

十、能力化

統整課程不應僅是知識的統整，更應將知識化為能力，將技能具體實踐，將情意內化人格。教師給學生的是「帶得走的能力，而非背不動的書包」。教師設計統整課程應以問題或主題為中心，激勵學生使用知識解決社會問題或探索主題，鼓勵學生採取行動與實踐，經由行動與實踐歷程整合學校內和學校外的資源或學習經驗。學生將知識轉化為能力的過程，應尊重每個學生的學習風格、興趣、技能、精熟度和表現方式，尊重學生個別差異，激發學生特質與潛能；亦應接納學生學習轉化能力的挫折，因以往學生學會知識累積，未學習活化知識，學生轉化能力前必須改善學習方式與學習習慣，教師必須給予學生機會，接納學生挫折，方能讓學生將知識轉化為能力。

十一、創意化

設計統整課程應依據學校傳統、學校目標、社區需要、教師專長、班級特質、學生需求，師生腦力激盪共同研擬出具有特色、創意的學校本位課程。統整課程不應蕭規曹隨，抄襲舊課程設計或直接引用不適於學校的統整課程，設計者應確實掌握學校、社區、師生特色，發展富創意的統整課程，然此目標必須是循序漸進，師生由模仿、摸索、實踐、省思到創造，並非一蹴可幾，過程中設計者應隨時提醒自己發揮自己特

色，超越他人模式。

十二、未來化

　　教師不應以昨日知識，教導今日學生，適應未來生活，乃教師的座右銘。設計統整課程亦不應以昨日思維來設計，應呼應時代變遷與掌握教改趨勢，培育能適應未來的青少年。面對二十一世紀資訊化、網路化、國際化、鄉土化的趨勢，統整課程應教導學生善用資訊電腦、網際網路來獲得資訊與傳輸資訊，強化學生外語能力，增進學生對國際事務了解，引導學生關懷鄉土民情，激勵學生融入社區參與社區活動。另外，提升學生自主學習能力，活化知識為能力，強化生活實踐能力乃二十一世紀學生的基本能力，亦應引導學生在統整課程的學習歷程，充分提升上述能力。

十三、組織化

　　統整課程不論是概念統整主題模式或科技整合主題模式，均以主題式設計為主軸，配合協同教學、彈性課表、自主學習與多元評量方能落實。學校實施協同教學、彈性課表，宜以組織「課程發展委員會」為前提，方能確立統整課程目標，發展全校性課程架構，決定課程統整實施方式與統整主題。教育部（87）公布之「國民教育階段九年一貫課程總綱綱要」，指出各校應組織「課程發展委員會」審查全校各年級的課程計畫，以確保教育品質。課程委員會的成員包括：學校行政人員代表、年級及學科教師代表、家長及社區代表等，必要時亦得聘請學者專家列席諮詢。亦強調各校應成立「課程發展委員會」及「各學習領域課程小組」，於學期上課前整體規畫、設計教學主題與教學活動，由教師依其專長進行教學。總綱之實施基本原則指出下列五點：⑴課程研究應重視課程發展的延續性、學校教育的銜接性與統整性，並兼顧實施的可行性。

(2)課程綱要內涵，應包括：課程目標、基本能力、學習領域、實施原則、各年級學力指標之規範，同時保留地方政府、學校教師專業自主與課程設計所需要的彈性空間。(3)各校應訂定學年課程實施計畫，其內容包括：「目標、每週教學進度、教材、教學活動設計、評量、教學資源」等課程實施相關項目。(4)各科應充分考量學校條件、社區特性、家長期望、學生需要等相關因素，結合全體教師和社區資源，發展學校本位課程，並審慎規畫全校總體課程方案和班級教學方案。(5)建立學校課程報備制度，在課程實施前，學校應將整年度課程方案呈報主管機關備查。

貳、統整課程的設計步驟

Jacobs（1989）提出設計統整性課程的四個步驟，依序為：(1)選擇組織中心，做為課程發展的焦點。(2)師生進行腦力激盪聯想，從不同學科領域探索前一步驟所設定的組織中心。(3)建立引導性問題，做為單元學習的架構、範圍與順序。(4)撰擬活動計畫。Smith 和 Johnson（1993）認為發展統整性課程的六個步驟，依序為：(1)建立主題焦點。(2)選擇敘述性文本（narrative text）。(3)腦力激盪與選擇學習目標。(4)發展教學節課與活動。(5)建立評鑑的標準，(6)後勤事務（logistics）。Fogarty 和 Stoehr（1995）以「THEMES」作為設計主題性課程的程序：(1)「T」乃 Think，經由腦力激盪「思考」出許多主題。(2)「H」乃 Hone，將所激盪出的主題加以「琢磨」，選出最適當的三個主題。(3)「E」乃 Extraploate，「推斷」挑出主題的理由與規準，並從規準中選出一個主題來作為設計統整課程的基礎。(4)「M」乃 Manipulate，針對選出主題「操弄」轉換成激發學生興趣的各類問題，並精選出最適當的問題。(5)「E」乃 Expand，「擴展」出具體可行的教學活動。(6)「S」乃 Select，「選擇」教學目標與評鑑方法。綜上所述，將設計統整課程步驟分為腦力激盪各類主題，選擇適切主題，研擬主題課程目標與設計統整架構，發展教學活動，規畫教

學評量，檢核統整課程設計等六個步驟，說明如下：

一、腦力激盪各類主題

國內外最常見的統整課程為主題式統整課程，不論是概念活動主題式課程或科際整合主題式課程均以主題、事件、議題或問題為焦點，主題之決定最好由師生共同討論後決定，可由教師提出初步構想再與學生共同研討，由學生提出各種想法再與教師共同研討，或由師生共同擬定初步構想、共同研討。若學生無參與統整課程之經驗，宜採由教師提出初步構想再與學生共同研討的方式。

參酌黃永和（民88）、薛梨真（民88）、Martinello和Cook（1994）等學者觀點，師生選擇主題，主要可從下列七項來源中思考：

㈠師生感興趣之主題，如認識自己、生命成長、人際關係、兩性交往、生涯規畫、特產小吃、師生互動、班級經營、時間規畫、環保教育、救救我們的地球、繞著地球跑。

㈡教科書之主題：如春日美濃行（國立編譯館國語科第十冊第三課）、草坡上（國立編譯館國文科第二冊第十四課）、愛蓮說（國立編譯館國文科第二冊第十課）、我們就是春天（康軒出版社國語科第四冊第一課）、春天來了（康軒出版社音樂科第四冊第二單元）、民俗與生活（國立編譯館社會科第八冊第二單元）、一起去郊遊（國立編譯館國語科第八冊第十三課）、社會的變遷（國立編譯館社會科第十冊第二單元）、我們的地球村（國立編譯館社會科第十二冊第二單元）、我們的一生（國立編譯館認識台灣社會篇第三章第一節）。

㈢結合當前發生事件，如颱風、地震、傑出人物事蹟、親子關係幸福或不幸事件、社會溫馨事件、社會犯罪事件。

㈣結合地方民俗活動與慶典，如府城十六歲、舞龍舞獅、宋江陣、九族文化祭、尪公文化祭、各種廟宇慶典。

㈤善用地方或社區的資源、文化遺產，如台南市之赤崁樓、延平郡

王祠、五妃廟、安平古堡、億載金城等名勝古蹟，台南市四草紅樹林，台南縣之白河蓮花、玉井水果。

㈥配合時令、節慶，如春節的快樂過年、元宵節的猜燈謎、清明節的掃墓祭祖、端午節的吃粽子紀念屈原、中秋節的月圓人圓、冬至的搓湯圓、聖誕節的豐收一年、父親節與母親節的感恩歲月。

㈦結合學校行事曆或重大活動，如學校辦理之園遊會、運動會、親子座談會、聖誕晚會、畢業露營、戶外教學、化妝比賽、啦啦隊比賽。

二、選擇適切主題

腦力激盪出各類主題後，應選取適切主題於適當時間實施統整課程，而決定適切程度的規準，可從下列幾項思維：

㈠主題切合學校教育目標或年度目標的程度？

統整課程主題必須呼應學校教育目標、學校發展計畫、年度工作目標，如日本國中國小均有學校教育目標與年度工作目標、年度研究主題、每月研究主題與各學科研究主題。由實例 2-1 之「日本祝町國小的學校教育目標與研究主題」可發現設計統整課程之主題，不僅與日本國憲法、教育基本法、學校教育法與學習指導要領相關聯，更與今後可能社會、理想兒童圖、對應急遽社會變遷的能力相結合。

㈡主題於科際整合或概念活動整合的程度與適切性？

科際整合主題統整模式著重學科的整合，概念活動主題統整模式強調概念活動的整合，統整課程所選擇主題不應局限於學科或活動，應就主題取材能兼融學科、活動者兼融之，僅能整合學科者則以學科為範圍，較適宜整合活動者則以活動整合。設計統整課程不應為統整而統整，將無關的學科或活動硬拼湊一起，將失去統整的意義。

實例 2-1　日本祝町國小的學校教育目標與研究主題

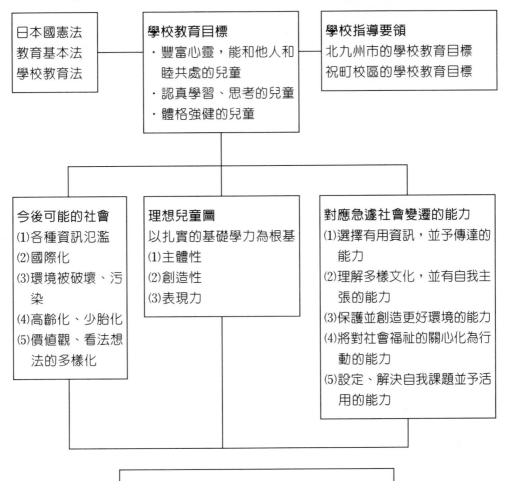

日本國憲法
教育基本法
學校教育法

學校教育目標
・豐富心靈，能和他人和
　睦共處的兒童
・認真學習、思考的兒童
・體格強健的兒童

學校指導要領
北九州市的學校教育目標
祝町校區的學校教育目標

今後可能的社會
(1)各種資訊氾濫
(2)國際化
(3)環境被破壞、污
　染
(4)高齡化、少胎化
(5)價值觀、看法想
　法的多樣化

理想兒童圖
以扎實的基礎學力為根基
(1)主體性
(2)創造性
(3)表現力

對應急遽社會變遷的能力
(1)選擇有用資訊，並予傳達的
　能力
(2)理解多樣文化，並有自我主
　張的能力
(3)保護並創造更好環境的能力
(4)將對社會福祉的關心化為行
　動的能力
(5)設定、解決自我課題並予活
　用的能力

研究主題
開發能培養生活進取能力的教育課程

教育課程開發的基本構念

為充實教育以因應社會變遷：

(1)開發新教科「生活創造科」。「生活創造科」學習內容是由「環境」、「國
　際理解」、「福祉」等領域所構成的。

(2)由低年級的「生活科」發展為「生活創造科」，強化「環境」、「國際理
　解」、「福祉」等領域內容。又將生活科的「自我理解」內容延伸至中、高
　年級，成為「生活創造科」的另一領域。

(3)試編學生能從容學習的教育課程，精選既有的教科、領域內容，以挪出「生
　活創造科」的時間，並確實習得基礎、基本的事項。

(三)主題與學生實際生活，轉化為能力的切合程度？

　　強調統整課程應以生活化主題、議題或問題做為主題，應強化學生生活實用能力，體驗實際生活。統整課程著重以能力活化知識，主題若能盡量顧及 Gardner（1993）主張之語文智慧、音樂智慧、邏輯—數學智慧、空間智慧、肢體—運作智慧、人際智慧、內省智慧等七種人類智能將更佳。

(四)主題對增進學生自我了解與理解鄉土民情、社區文化、國際觀的程度？

　　統整課程強調生活化外，亦應著重學生的自我了解，與社區文化、社會環境、國際潮流結合。統整主題宜透過活動協助學生自我覺察、自我省思、自我了解，亦宜結合學科內涵與鄉土或社區文化、民情風俗、社區活動、社區慶典、時事新聞、社會事件、國際動態、世界發展或其他情境，方能立足社區、國家、世界。

(五)主題引發學生自主學習、探究主題行動的程度？

　　Tchudi 和 Lafer（1996）認為傳統教學學生以獲得課程目標為主，重點在學習課本的「標準」知識，傾向於被動學習。然而實施統整課程時，學生為主動探索者、知識建構者，不僅以課程目標為主，更強調將知識轉化為能力，因此，選擇主題應顧及引發學生自主學習的程度。

(六)主題活動得到行政、家長或社區支援的程度？

　　統整課程所推動之活動僅賴學校教師之力，難以竟全功，必須獲得學校行政體系之協助、家長的充分參與、社區的強力支援方能順利推展。欲獲得行政、家長或社區支援，事前若能擬定完整計畫，討論支援時間、項目、內涵、地點或配合事宜，將能獲得更多協助與支援。

㈦實施時機是否能配合時令節慶、民俗活動、學校或社區活動？

　　實施統整課程應顧及學校條件、社區特性、家長期望、學生需要等相關因素，結合全體教師和社區資源，發展學校本位課程。發展課程不應一味外加，而應考慮與現有的活動或節慶結合，充分配合時令節慶、民俗活動、學校或社區活動，方能避免師生教學額外負擔，更能提高學生的學習興趣。

　　如由李坤崇、歐慧敏指導與修改，郭佳真、黃怡婷、張智欣、鄭如芬等老師設計的統整課程主題「四草紅樹林之旅」，假設國中一年級學生暑期引導家人進行「四草紅樹林之旅」的情境，為了讓學生成為「紅樹林通」，做個成功的導遊。此主題頗切合學校教育目標，便於實施科際整合，能與學生實際生活結合，能增進學生了解鄉土民情與社區文化，能激發學生自主學習，利於得到學校行政、家長支援，且能增進親子關係，乃一相當周圓的統整課程。

三、研擬主題課程目標與設計統整架構

　　依據前述七項規準選擇適切主題後，先腦力激盪、分析與主題相關的概念活動或學科內涵，再釐定統整主題之課程目標，最後彙整設計統整架構。

　　例如決定「四草紅樹林之旅」為統整主題後，由有興趣教師共同剖析、腦力激盪與主題相關的概念活動或學科內涵，提出課程目標與統整課程架構初稿，再與學生共同研討，決定十項統整課程目標，統整八個學科的課程架構。

　　「四草紅樹林之旅」之課程目標如下：

㈠深入了解紅樹林的生態。

㈡運用上網蒐集資料的技巧，解決其他課程的問題。

㈢運用標放法的概念估算大量的數值。

㈣運用比與比例式的概念，解決日常生活的問題。

㈤增進對「書信」的了解，並表達自己的想法。

㈥深入了解各種媒材的特點，並加以表現。

㈦增進親子活動，培養良好休閒活動。

㈧參與分組合作學習，增進溝通與人際互動能力。

㈨自行整理、美化學習檔案。

㈩反省與分享統整課程活動心得。

「四草紅樹林之旅」之統整課程架構，如下之圖 2-7。

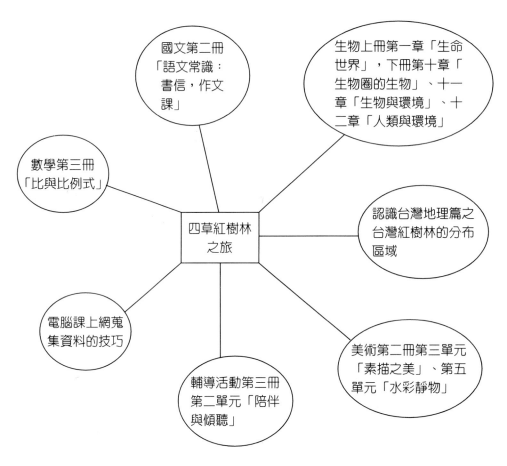

圖 2-7　「四草紅樹林之旅」統整課程架構

四、發展教學活動

　　教學活動乃落實統整課程的關鍵，教師依據統整課程目標與架構，詳細規畫教學活動。每項課程目標或架構內學科或概念，可規畫一項或幾項教學活動，以達成預期學習目標。規畫每項教學活動宜考慮下列因素：

(一)活動的先後順序為何？

　　統整課程為一系列化、組織化的課程，各項教學活動應配合課程發展需要或配合學科的教學時間來釐清先後順序，前面活動應為後面活動的基礎或準備活動，無前後順序者，應以引發學生興趣者為先。

(二)活動是否需要富吸引力的名稱？

　　生動活潑的教學活動是學生的最愛，若活動能以富吸引力的名稱命名，讓學生感受到創意、有趣或新鮮，藉此激發學生學習興趣。以往隨便取個生硬呆板的活動名稱，通常亦讓學生厭煩，減弱學習興趣。

(三)活動的學習目標為何？

　　教師研擬教學活動的學習目標應呼應統整主題的目標，明確指出活動的目標，讓師生在明確目標引導下共同學習，此活動目標應較統整主題目標具體化、明確化，方能利於實施教學評量。

(四)活動是否必須運用學習單？若需要時如何設計？

　　教學活動未必每項活動均必須運用學習單，在下列狀況宜提供學生學習單：(1)學生尚無自己彙整學習結果的充分經驗。(2)學習歷程必須提供具體的引導，學生方能按部就班學習。(3)學習內容必須輔以明確之補充說明，口述學生不易理解。(4)學生必須在學習單逐一作答。(5)學習單與評量結合，教師將評量結果評定於學習單上。(6)學習結果應系統累積、

整理。然若係著重學習歷程、實作技能、學習態度者，如實驗操作歷程、種植植物觀察成長歷程、每天運動三十分鐘、一次跑完三百公尺、愛護小動物、積極主動學習等，則不一定運用學習單，評量時宜用評量表或檢核表。

(五)活動所統整的學科或概念為何？

為充分呼應所統整的課程架構，若每項教學活動均能指出所統整的學科或概念名稱，且學科能明確說明出版社名稱、冊別、單元名稱，將易於讓參與者或運用者了解各項活動與統整課程架構的關係。

(六)活動所統整的能力為何？

統整課程強調將知識轉化為能力，每項教學活動除闡述統整學科或概念外，更應指出所統整的能力，因 Gardner（1993）的「多元智慧理論」較九年一貫課程總綱闡述的十項基本能力更具系統化、明確化，因此，建議設計統整課程時，兼顧Gardner（1993）主張之語文、音樂、邏輯—數學、空間、肢體—運作、人際、內省等七種能力。

(七)活動進行方式？

教學活動採學生獨自學習、小組合作學習或全班學習方式，必須於設計教學活動時納入考慮。如學生蒐集資料可採獨自學習或小組合作學習方式，自行製作邀請卡可採獨自學習，講解重要概念可採全班教學。因國內學生合作學習機會較少，喪失頗多培養相互協助、團隊精神的契機，建議統整課程多用小組合作學習之方式。

(八)活動需要多久時間？宜何時實施較佳？

教學活動時間應盡量配合學校的作息時間與行事曆，國中每節課四十五分鐘，國小每節課四十分鐘，若一節課無法結束應考慮延長討論、發表、展示時間或納入相關活動擴增時間分為兩節，或與其他活動合併

為整節之活動。活動實施時機可視學科活動或概念發展之活動而異，學科活動宜配合課表於學科所屬教學時間實施，概念活動如親子關係、互助合作衍生之親子郊遊、班級啦啦隊比賽，前者可用課餘時間，後者可用導師時間或學校週會時間。實施九年一貫課程後，概念活動更可利用彈性教學時間，課表可突破傳統之課表，每週固定一天或一個半天排實施統整課程時間，或每天固定兩節排統整課程時間。未實施九年一貫課程前，或可善用非隔週休二日之週六上午，將統整課程排於此時間。

(九)活動宜在何地實施？

統整課程實施地點不應限於教室，配合戶外教學將更能激發學生學習興趣。實施戶外教學應顧及學生安全、天候、季節、學校規定等因素，若能透過班級親師會邀請熱心家長協助將更佳。

分析上述因素後，可彙整如表 2-3 之「四草紅樹林之旅」主要活動架構與內涵。

「四草紅樹林之旅」設計下列十項活動：(1)網路上身。(2)非常速配。(3)觀察高手。(4)我猜我猜我猜猜猜。(5)暴走二人組。(6)愛的宣言。(7)設計天才。(8)四草印象。(9)化為永恆。(10)快樂分享。於國中一年級下學期實施，活動節數共十三節（一節四十五分），加課餘時間。詳細之活動架構與內涵見表 2-3，此外若能設計嚴謹的「教學流程」，將更能周密地規畫統整課程，此部分詳見第四章之實例。

五、規畫教學評量

簡茂發、李琪明、陳碧祥（民 84）強調「測驗與教學結合」乃近百年來心理與教育測驗的主要發展趨勢。Linn 和 Gronlund（1995）指出教學評量的發展趨勢為：逐漸重視實作基礎評量（performance-based assessment）、積極運用電腦化測驗（computerized test）、改善教師評鑑方法、大眾逐漸關心測驗與評量、重視測驗與評量的正確使用、測驗是改

表 2-3 「四草紅樹林之旅」主要活動架構與內涵

順序	名稱	目標	學習單	統整學科、概念	多元能力	時間	地點
1	網路追緝令	1.上網路蒐集紅樹林的資料 2.了解紅樹林與環境的關係	網路上身	1.電腦課上網蒐集資料的技巧 2.生物上冊第一章「生命世界」 3.生物下冊第十二章「人類與環境」	1.肢體—運作：實際操作電腦，尋找網路中有關紅樹林的資料 2.人際：幫助其他同學，並分享找到資料 3.語文：閱讀網路資料 4.內省：判斷哪些是自己所需要的資料	一節課	電腦教室
2	調查戶口	了解台灣紅樹林的分布區域	非常速配	1.認識台灣地理篇	1.空間：能對紅樹林產生正確的心像 2.邏輯—數學：靈活運用已有的知識	一節課	教室
3	四草走透透	1.能分辨各種動植物 2.能記錄並畫出所看到的生物	觀察高手	1.生物下冊第十章「生物圈的生物」 2.美術第二冊第三單元「素描之美」	1.肢體：實際觀察紅樹林的自然生態環境 2.空間：將自己所看到的景象，以圖案表達出來	暑假中及一節課	四草教室
4	由小窺大	將估算族群大小的觀念應用到實際的例子	我猜我猜我猜猜猜	1.生物下冊十一章「生物與環境」 2.數學第三冊「比與比例式」	1.邏輯—數學：用已有的知識推理 2.邏輯—數學：用比例的概念解實際的例子	一節課（配合數學進度）	教室
5	超級比一比	用比例式的觀念，計算地圖上兩點間的距離	暴走二人組	數學第三冊「比與比例式」	1.內省：判斷哪些是自己所需要的資料 2.數學：用比例式的概念算出距離	一節課（配合數學進度）	教室
6	限時快遞	1.了解語文常識「書信」的意義 2.用簡短文字表達主要意念	愛的宣言	國文第二冊語文常識下—「書信」	語文：用文字表達對環境保護的體認	一節課（配合國文語文常識進度）	教室

（承上表）

順序	名稱	目　標	學習單	統整學科、概念	多元能力	時間	地點
7	心情小札	1.回顧學習歷程 2.分析自己的收穫與缺失 3.報告心得感想	四草印象	國文作文課	1.語文：用文字表達自己的感受 2.內省：發表自己的心得和感想	二節作文課	教室
8	環保小天使	1.了解、運用素描的特點和技巧 2.了解、運用水彩靜物的特點和技巧 3.鑑賞利用不同媒材呈現的蓮花作品	設計天才	1.美術第二冊第三單元「素描之美」 2.美術第二冊第五單元「水彩靜物」	1.空間：鑑賞藝術品優點 2.肢體—運作：能用媒材表現實際的影像 3.人際：用作品與人溝通，並分享別人作品	二節美術課及暑假中	美術教室
9	漂亮一點	能自行整理、美化自己的學習檔案	化為永恆	美術課	1.邏輯—數學：有條不紊整理自己的學習檔案 2.肢體—運作：美化學習檔案	一節課	教室
10	歡喜豐收	1.自評其學習態度 2.分析作品優劣 3.欣賞他人優點 4.分組合作學習	快樂分享	輔導活動第三冊第二單元「陪伴與傾聽」	1.內省：了解自己的學習狀況 2.人際：與他人分享自己的作品	兩節課	教室

註：此活動乃李坤崇、歐慧敏指導，郭佳真、黃怡嫃、張智欣、鄭如芬等教師設計

革教育、提升學生能力的主要工具。評量不僅是預測學生未來發展、評定學習成果，更要協助學生在教學歷程獲得最好的學習，教學與評量之統合乃未來評量的發展趨勢（李坤崇，民 87、民 88；簡茂發、李琪明、陳碧祥，民 84；高浦勝義，1998；Kubiszyn & Borich, 1987；Linn & Gronlund, 1995）。因此，設計統整課程時應一併規畫教學評量。為深入闡述統整課程之教學評量，另闢一節說明，請見本章第五節「統整課程的評量」。

六、檢核統整課程設計

教師設計統整課程初稿後，應詳細檢核、修正缺失再實施，以免無法達成既定目標或實施過程窒礙難行。檢核應包括下列六大項（每大項細分各小項）：

(一)選擇統整課程主題的適切性

1. 主題切合學校教育目標或年度目標的程度？
2. 主題於科際整合或概念活動整合的程度與適切性？
3. 主題與學生實際生活，轉化為能力的切合程度？
4. 主題對增進學生自我了解與理解鄉土民情、社區文化、國際觀的程度？
5. 主題引發學生自主學習、探究主題行動的程度？
6. 主題活動得到行政、家長或社區支援的程度？
7. 實施時機是否能配合時令節慶、民俗活動、學校或社區活動？

(二)統整課程各項活動的適切性

1. 各項活動呼應統整主題目標適切程度？
2. 各項活動安排順序的適切程度？
3. 活動內容激起學生學習興趣的程度？
4. 活動指導語引導學生學習的具體、明確程度？

5.活動內容引導學生充分參與、自由發揮創意的程度？

6.各項活動學習單設計內涵的適切程度？

7.各項活動學習單納入評量的適切程度？

8.各項活動所採進行方式的適切程度？

9.整體或各項活動內容分量的適切程度？

㈢活動時間、地點、人力的適切性

1.每項活動時間足夠程度？

2.學生思考問題時間的足夠程度？

3.實施活動時機適切程度？與學校行事曆的契合程度？

4.每項活動的物品準備充分程度？

5.活動地點是否有雨天替代計畫？

6.活動人數、地點、空間的適切程度？

7.活動所需專業人員的專業程度？

8.活動所需人手的足夠程度？尤以校外活動人手的足夠程度？

㈣學生反應的適切性

1.學生展現主動積極、快樂興奮學習態度的程度？

2.學生日常生活應用學習成果的程度？

3.學生反應與統整課程目標的契合程度？

㈤教師指導的適切性

1.教師讚賞、激勵學生學習的程度？

2.教師提供學生自主學習、積極成長的適切程度？

3.教師營造關懷、信任學習氣氛的程度？

㈥教學評量的適切性

1.評量內涵全人化、具體化的適切程度？

2.評量方式多元化、彈性化的適切程度？

3.評量標準多樣化、個別化的適切程度？

4.評量人員多元化、互動化的適切程度？

5.評量時機形成化、適時化的適切程度？

6.評量結果呈現多元化、全人化的適切程度？

7.評量結果解釋人性化、增強化的適切程度？

8.評定、登錄評量結果的簡單化程度？

上述六大項僅供參酌，教師檢核可針對學校狀況、實際需要適切調整，亦可設計成「統整課程設計評量表」逐一檢核，作為檢討、改善之依據。

第四節 統整課程架構與活動內涵實例

設計統整課程從腦力激盪各類主題，選擇適切主題，研擬主題課程目標與設計統整架構，發展教學活動，規劃教學評量，到檢核統整課程設計等六個步驟中，選擇適切主題乃整個設計之關鍵。師生選擇主題可從師生感興趣之主題。教科書之主題，結合當前發生事件，結合地方民俗活動與慶典，善用地方或社區的資源、文化遺產，配合時令、節慶，結合學校行事曆或重大活動等七個向度思考，本節僅介紹師生感興趣的「逗陣來露營」，配合課本的「沙田知性之旅」，配合時令節慶的「月亮傳奇」，結合學校校慶的「我們的校慶」，以及結合當前發生事件的「如何處理神戶災害」等五項統整課程架構與活動實例。另外，結合地方民俗活動與慶典的「府城少年十六歲」，善用地方或社區資源與文化遺產的「蓮鄉之旅」、「繞著赤崁跑」等實例，詳見第四章「統整課程教學與評量統合實例」。

壹、澄清湖饗宴—逗陣來露營

　　「澄清湖饗宴—逗陣來露營」乃由李坤崇、歐慧敏指導，成大教育所研究助理王佳麗、台南市金城國中余明龍、後甲國中蕭淑真、詹惠玲、涂雅卿等教師設計師生均感興趣之統整課程。統整課程目標有下列十二項：(1)藉由活動的推行，增進自己對生活的體驗。(2)運用上網蒐集資料的技巧，解決其他課程的問題。(3)運用童軍野外技能激發學生對露營的了解。(4)增進對植物的了解，讓學生了解植物的分類與特色。(4)增進對烹飪技能的認知，進而應用於實際生活。(6)熟練簡易急救及包紮之技能。(7)增進學生運用座標找出目標物的能力。(8)合作學習與自我認同，學習擴展自己的人際，並適切表達自己。(9)增強學習英語的興趣，培養聽說讀寫的簡易英文能力。(10)參與分組活動，增進溝通與人際互動能力。(11)自行整理、美化學習檔案。(12)反省與分享統整課程活動心得。統整課程架構圖，詳見圖 2-8。

　　「澄清湖饗宴—逗陣來露營」適用於國中二年級上學期，以五個班級為班群，預計進行十六節，加課餘時間「兩天一夜」。整個統整課程活動的內涵，詳見表 2-4 之「澄清湖饗宴—逗陣來露營」主要活動內涵。為順利實施此統整課程，事前審慎規畫之教學流程，詳見表 2-5 之「澄清湖饗宴—逗陣來露營」教學流程。

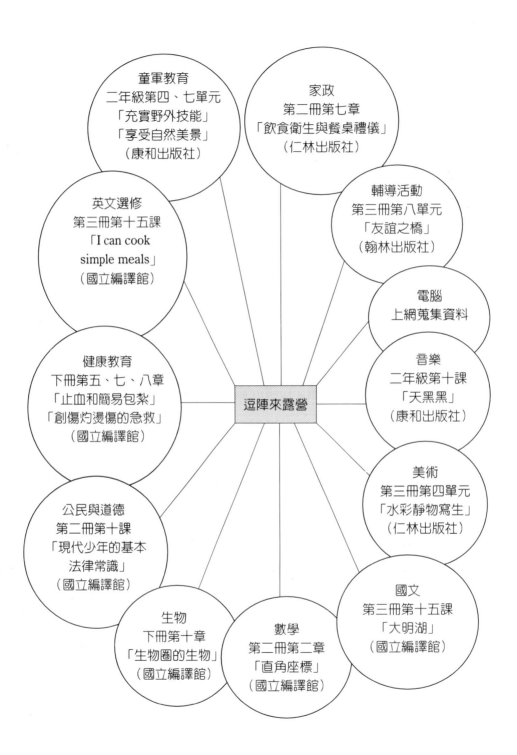

圖 2-8 「澄清湖饗宴──逗陣來露營」統整課程架構圖

表 2-4　「澄清湖饗宴─逗陣來露營」主要活動內涵

順序	名稱	目標	學習活動（學習單）	統整課程	多元能力	週別節數	班群狀況	地點
1	野營技巧	運用童軍野外技能，激發學生對露營的了解，並提升其樂趣，進而充實露營生活的方法。	逗陣來露營	童軍教育二年級第七單元「充實野外技能」	1.語文 2.肢體─運作 3.人際	第八週二節 第九週二節	五班分開	教室操場
2	網中人	上網路蒐集有關露營的資料。	補破網		1.語文 2.內省	第九週二節	個別上網	電腦教室或家
3	我們之間	運用小隊編組法，從遊戲中認識夥伴，增進情誼。	第一類接觸	輔導活動第三冊第八單元「友誼之橋」	1.語文 2.肢體─運作	第十週一節	五班分開	教室
4	小護士	熟練止血、包紮等急救技巧，俾便於自救救人。	SOS	健康教育下冊第五、七、八章「止血和簡易包紮」「創傷、灼傷和窒息的急救」「中毒的急救」	1.語文 2.肢體─運作 3.人際	第十週一節	五班分開	室外
5	旗幟飄飄	設計小隊徽、小隊旗圖案，凝聚小隊精神。	做個藝術大師	美術第三冊第四單元「水彩靜物寫生」	1.肢體 2.人際 3.內省	第十一週一節	五班分開	美術教室
6	神廚	學習烹飪基本技巧並設計菜單，俾使露營時運用。	美食餐廳	家政第二冊第六、七單元「飲食衛生與餐桌禮儀」，「做個快樂的小廚師」	1.肢體─運作 2.人際 3.內省	第十一週二節	五班分開	烹飪教室

（承上表）

順序	名稱	目標	學習活動（學習單）	統整課程	多元能力	週別節數	班群狀況	地點
7	飲食男女	增進有關烹飪活動的英語會話能力。	Can you cook?	英語選修第三冊第15課「I can cook simple meals.」	語文	第十二週一節	五班分開	教室
8	黃金傳奇	運用座標知識找出目標物。	尋寶秘笈	數學第二冊第二章「直角座標」	1. 肢體—運作 2. 邏輯—數學 3. 空間	第十二週一節	五班分開	校園
9	草木皆兵	學習植物分類並辨識生活圈的植物。	一葉書	生物下冊第十章「生物圈的生物」	1. 語文 2. 肢體—運作 3. 內省	第十三週一節	五班分開	校園
10	初試啼聲	演唱民謠歌曲融入團康活動中，增進露營生活情趣。	黃鶯出谷	音樂二年級「天黑黑」	1. 語文 2. 肢體—運作	第十三週一節	五班分開	音樂教室
11	人的眼屎	介紹法律基本常識，導正青少年偏差行為，有效防範犯罪。	少年ㄟ，安啦？	公民與道德第二冊第十課「現代少年的基本法律常識」	1. 語文 2. 肢體—運作 3. 人際 4. 內省	第十四週一節	五班分開	教室或圖書館
12	湖光山色	運用露營知識技能，實地舉行露營活動，體驗野外生活的樂趣，增進對自然生態環境的保護。	澄清湖饗宴	國文第三冊第十五課「大明湖」實務操作	1. 語文 2. 肢體—運作 3. 人際 4. 內省 5. 空間	週休假日二天一夜	五班合上	澄清湖

表 2-5 「澄清湖饗宴—逗陣來露營」教學流程

目標	學習活動	支援活動	時間	資料或評量
	1. 引起動機 (1)播放中國童子軍全國第七次大露營錄影帶。 (2)教師口頭補充說明。 ~~第一節結束~~	向童軍團部借用露營錄影帶，播放給學生觀賞。	45'	九成以上專心聽講。
(三)	2. 指導搭架帳蓬（小隊帳及炊事帳）、營釘釘法、營繩結打法。 ~~第二節結束~~	向團部借小隊八人帳及炊事帳，每班各五頂，在操場指導搭架法，課餘由小隊借用練習。	45'	每一小隊都能正確搭架。
(三)	3. 繩結教學 (1)以「小隊長教學法」指導小隊隊員分別精熟「方回結、十字結、剪立結、繫木結、雙套結、槓桿結」之其中一項，然後在「小隊活動時間」時，在各小隊角互相作結繩的「教」與「學」。	1. 每一隊員攜帶一條童軍繩。 2. 教練協助指導每一隊員學會一種結繩法。 3. 小隊員以自己精熟的結繩法教會其餘的小隊友。 4. 教師巡視行間指導學生。	45' (25')	每一隊員都能熟練一種結繩法並能成功地教導隊友學會。
	(2)比賽：分發每小隊童軍棍、童軍繩，舉行製作小隊旗桿比賽。 (3)教師講評。 ~~第三節結束~~	分發學習單 1. 每一小隊發給八支童軍棍，十五條童軍繩。 2. 教師說明製作要領及競賽規則後，實施小隊旗桿架設比賽。	(15') (5')	能專注參加比賽，並遵守競賽規則。
	4. 教師指導學生做「露營計畫」 (1)以小隊討論法研討下列題綱： A.何時辦露營較適當？ B.附近有哪些優良營地？ C.追蹤旅行要注意哪些技巧？ D.自然研究時如何採集標本？ E.烹飪時應注意哪些要領？ F.露營活動流程如何編排設計？ G.露營時如何防範意外發生？	1. 分發討論題綱給每位學生，要求記錄討論結果。	45' (20')	能專注參加討論，並就其中一則題綱發表看法。

（承上表）

目標	學習活動	支援活動	時間	資料或評量
(二) (三) (六)	(2)討論後，分組代表報告心得分享。小隊繳交討論記錄。 (3)教師講評，提示上網蒐集露營活動有關資料。 ～～第四節結束～～	2.每一小隊派一位代表報告，師生分享心得。 3.調查學生分組上網有無困難，提示蒐集重點為露營常識、烹飪技巧、救護知能。	(20') (5')	小隊記錄詳實。
(二)	1.指導學生上網（分組）。 2.個別完成「補破網」學習單。 3.收回學習單。 4.各小隊展示成果或口頭報告心得。 ～～第五、六節結束～～	1.分發學習單。 2.複習上網步驟。 3.巡視行間指導學生。 4.小隊展示上網所印資料供參閱，口頭補充說明。	90'	綜合每一小隊的學習單，填答內容豐富。
(八)	1.以遊戲湊隊認識夥伴，並編組成小隊。 2.各小隊討論五分鐘創作隊名，並吼出隊聲。 3.以小隊全部夥伴的姓名或綽號，編出一段「澄清湖歷險記」。 4.找出別小隊中和自己興趣相同的夥伴至少五人，相互聚斂。 5.教師講評。 ～～第七節結束～～	1.分發遊戲卡片，找相同屬性的夥伴。 2.分發學習單評分。 3.收回學習單評分。	45'	能熱情參加團體遊戲，並完成學習單。
(六)	指派小隊休閒作業：小隊利用課餘時間，共同複習健康教育「止血和簡易包紮」、「創傷、灼燙傷和窒息的急救」單元，完成學習單作業。 ～～第八節結束～～	1.分發學習單，供各小隊員課餘時間複習用。 2.小隊合作學習參閱教材內完成學習單作業。 3.收回學習單評分。	45'	能正確填寫答案，並操作包紮法，經小隊教練認可。

（承上表）

目標	學習活動	支援活動	時間	資料或評量
(八) (十)	1. 教師說明「圖騰」的意義。 2. 指導小隊做小隊名稱討論、設計「小隊徽」、「小隊旗」的圖案，以激發小隊精神。 3. 收回學習單，展示各小隊設計成品，並請各小隊派代表說明設計圖案的意義。 4. 教師講評。 ～～第九節結束～～	1. 展示若干小隊徽圖案及小隊旗成品，供學生觀賞。 2. 分發學習單，供小隊討論時填寫。 3. 作品發表。 4. 收回學習單評分。	45'	小隊能經由討論共同設計出「小隊徽」及「小隊旗」。
(五)	1. 教師示範基本烹飪技巧，例如：煎、炒、炸、燜、紅燒、涼拌、烤、燉……等做法。 2. 指導學生依小隊分組實作至少五種技巧，以獲取實際經驗。 3. 教師介紹平時烹飪所用食物（魚、肉、菜、蛋……）營養素含量別，並指導菜單調配要領。 4. 指導小隊討論設計一餐八人份小隊菜單（四菜一湯），並寫在學習單上。 5. 展示學習單所設計菜單供其他小隊參考。 6. 教師講評。 ～～第十、十一節結束～～	1. 分發學習單。 2. 小隊隊員分工合作烹煮食物。 3. 展示食物模型或圖片供學生觀賞。 4. 小隊討論設計菜單，填寫在學習單上。 5. 收回學習單評分。	90'	每位學生都能寫出五種以上的烹飪技巧。 小隊員能參與討論，設計出小隊菜單。
(五) (九)	1. 教師指導學生認識常用烹飪材料及常見材料的英文名稱。 2. 教師指導學生以英語對話方式介紹有關烹飪活動的詞句。 3. 指導小隊派代表與其他小隊以英文會話方式交談烹飪活動。 4. 教師講評。 ～～第十二節結束～～	1. 分發學習單。 2. 教師鼓勵學生練習對話。 3. 小隊代表不必固定由一對一方式，會的可搶先回答。 4. 收回學習單。	45'	九成學生都能認識英文單字。 有意願參與對話。 各小隊間能踴躍以會話互動。

（承上表）

目標	學習活動	支援活動	時間	資料或評量
(七)	1. 教師指導學生認識直角座標。 2. 各小隊運用所學座標知識在校園中尋找教師事先預藏的物品。 3. 教師講評。 ～～第十三節結束～～	1. 教師預先在校園藏有物品代表寶藏。 2. 分發學習單。 3. 各小隊一份學習單指示尋寶。 4. 出發前提醒各小隊長競爭時的風度。 5. 收回學習單。	45'	各小隊都能正確找到寶藏。
(四)	1. 指派小隊休閒作業：小隊利用課餘時間，共同複習生物下冊「生物圈的生物」，學習有關植物的四種分類法。 2. 觀察並記錄校園植物類別，各舉述一種說明。 3. 教師指定各小隊代表報告。 4. 教師講評。 ～～第十四節結束～～	1. 分發學習單，供各小隊員利用休閒時間觀察校園植物記錄用。 2. 小隊長帶領隊員實地觀察討論（小隊活動方式）記錄，推派報告人。 3. 收回學習單。	45'	能參與小隊觀察植物活動，並詳實記錄。 能聆聽友隊報告內容。
(一) (士)	前置作業：小隊先編製「小隊歌」 1. 教師指導台灣民謠「天黑黑」引起動機，引導學生說出所知國內外民謠名稱。 2. 請會唱民謠的學生唱出他熟悉的民謠。 3. 以小隊為分組單位，進行小隊歌編製（可以套譜填詞）及演唱。 4. 進行小隊民謠接唱比賽。 5. 搭配「勁爆才藝秀」表演，以增加樂趣。 6. 教師講評。 ～～第十五節結束～～	1. 指派小隊先編製「小隊歌」練唱。 2. 分發學習單。 3. 友隊在演唱時，鼓勵給予節奏、掌聲或歡呼。 4. 勁爆才藝秀要掌握時效，節奏才能顯得緊湊。 5. 收回學習單。	45'	能合作唱出小隊歌及民謠。 能用心欣賞友隊演唱民謠並給予鼓勵。

（承上表）

目標	學習活動	支援活動	時間	資料或評量
(一)	1. 教師指派小隊休閒作業，共同討論下列題綱： (1)現代青少年較常觸犯法律的犯罪行為有：①竊盜罪②贓物罪③非法施打、吸用或持有麻醉藥品罪④吸用或持有毒品罪⑤傷害罪⑥搶奪罪⑦恐嚇取財罪⑧公共危險罪⑨妨害家庭罪⑩無照駕駛。 請參閱資料找出其法律條文內容及刑責、罰則。 (2)我們應如何有效防範犯罪？ 2. 收回學習單，評閱後再發回學生複習。 ～～第十六節結束～～	學習單屬行前作業，以小隊為單位，利用閒暇時間到圖書館或向學長借閱公民與道德第二冊第十課參閱後填答。	45'	九成能正確完成。
	澄清湖露營流程表 第一天 07：30-08：00　集合點名、出發（搭專車）赴營地 09：30-10：00　始業式、報告注意事項 10：00-11：30　領取帳篷、炊具，建設營地 11：30-13：30　領午餐（便當）、午休 13：30-14：00　集合、唱歌	行前作業： 複習國文第三冊第十五課「大明湖」。	兩天一夜	九成能正確完成。
	14：00-16：30　童軍技能競賽 1. 旗正飄飄　2. 神龍擺尾 3. 百發百中　4. 傷患搬運 5. 雙旗通訊　6. 愛的火花 7. 無具炊事　8. 才高八斗 9. 法律常識問答	分發童軍技能競賽評分表，優勝者頒發榮譽帶。 分發「少年ㄟ，安哪？」學習單供第九站使用。		能專注參加比賽，並遵守競賽規則。

（承上表）

目標	學習活動	支援活動	時間	資料或評量
	16：30-19：30　配給、晚炊、晚 　　　　　　　餐休息 19：30-21：00　營火晚會（每一小 　　　　　　　隊表演一個節目，雙數隊表演 　　　　　　　民謠演唱，單數隊表演唱跳或 　　　　　　　舞蹈） 21：00-21：20　小隊長會議、工作 　　　　　　　會報 22：30　　　　就寢	編排營火節目表。		
	第二天 06：00-07：00　起床、盥洗 07：00-07：30　配給、早餐（免 　　　　　　　炊） 07：30-08：00　晨檢 08：00-08：20　升旗、頒獎 08：20-08：30　遊戲 08：30-11：00　環湖方位旅行（以 　　　　　　　指北針配合信件指示實施方位旅 　　　　　　　行，並於沿途指定作業，詳見學 　　　　　　　習單所示） 11：00-11：20　討論、心得分享 11：20-14：00　炊事比賽（12：30 　　　　　　　起評分，每小隊四菜一湯） 14：00-15：00　山訓場闖關活動 　　1.空中障礙　　2.翻山越嶺 　　3.平衡木　　　4.親子廣場 　　5.空中滑行　　6.搖籃 　　7.仰臥前進　　8.天搖地動 　　9.過天橋　　　10.八仙過海 （闖關成功，發給活動獎章一枚）	分發各班導師晨檢評分 　表。 1.分發「澄清湖饗宴學 　習單」，供學生沿途 　活動中填寫。 2.收回學習單。		能熱情參加 團體遊戲。 能專注參加 比賽，並遵 守競賽規 則。

（承上表）

目標	學習活動	支援活動	時間	資料或評量
	15：00-15：10　講拔營、滅跡	分發活動獎章。		確實整理。
	15：10-16：10　拔營、歸還器材、 　　　　　　　整理營地			
	16：10-16：30　結業式、頒獎			
	16：30-17：30　賦歸、返校			
	17：30-18：00　點名、解散			
	（等候家長接回）			

貳、沙田知性之旅

　　「沙田知性之旅」乃係台南市勝利國小楊碧燕教師、崇學國小陳玉芬教師設計，李坤崇、歐慧敏指導完成的統整課程，旨在配合國小自然科學第六冊第一單元「指出位置來」、第五單元「水流的速度」而設計，統整課程目標有下列七項：⑴自行整理、美化學習檔案。⑵畫出主要的交通路線。⑶增進對水土保持的了解，培養關懷大地的情懷。⑷了解鄰近鄉鎮的特產。⑸增進親子活動，培養良好休閒活動。⑹參與分組合作學習，增進溝通與人際互動能力。⑺反省與分享統整課程活動心得。統整課程架構圖，詳見圖 2-9 之「沙田知性之旅」統整課程架構圖。

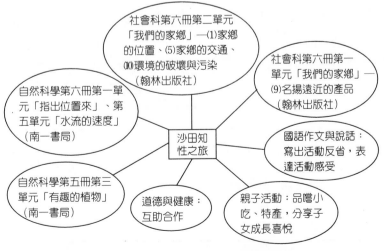

圖 2-9　「沙田知性之旅」統整課程架構圖

　　「沙田知性之旅」適用於國小三年級下學期，活動節數預計十節，加課餘時間。整個統整課程的活動內涵，詳見表2-6之「沙田知性之旅」主要活動內涵。

表 2-6　「沙田知性之旅」主要活動內涵

順序	名稱	目標	學習單	統整課程	多元能力	時間點	地點
1	進攻沙田	1.了解家鄉的位置 2.了解家鄉的主要交通 3.了解玉井的位置	位置篇	1.社會第二單元中之一、五「家鄉的位置和交通」 2.自然第一單元「指出位置來」	1.空間 2.肢體—運作	課餘時間	學校、玉井鄉
2	品嚐特產	1.介紹鄰近鄉鎮市的特產 2.蒐集特產的資料	特產篇	1.社會第一單元「名揚遠近的產品」	1.語言 2.肢體—運作 3.人際	一節課與課餘時間	沿途
3	大地呼喚	1.了解農塘的功用 2.能觀察土壤沖蝕的情形 3.了解水在不同坡面上的流速與破壞力 4.認識果樹和葉子的形狀	活動篇（活動1至4）	1.社會第二單元「環境的破壞與污染」 2.自然第五單元「水流的作用」 3.自然第五冊第三單元「有趣的植物」	1.肢體—運作 2.空間	四節課（配合自然、社會進度）	水土保持教室
4	沙田遊記	1.回顧「沙田水土保持之旅」學習歷程 2.分析自己作品優劣	分享篇	1.國語之作文	1.內省 2.語文	兩節課	教室

參，月亮傳奇

「月亮傳奇」係由台南市新興國中陳有進、蕭淑貞、吳錫鎔、吳素樂等教師設計，李坤崇、歐慧敏指導完成之統整課程，此課程乃配合「中秋節」時令的「月亮傳奇」。課程目標為下列十項：⑴了解月亮對中國文明之深切影響。⑵運用上網蒐集資料的技巧，解決其他課程的問題。⑶增進對「記承天夜遊」的了解，了解古人對月亮的浪漫情懷。⑷增進藝術的陶冶、培養氣質。⑸培養實事求是、追求真理的科學精神。⑹深入了解月餅的製作。⑺自我認同、學習擴展自己的人際，並適切地表達自己。⑻以分組合作學習增進溝通與人際互動能力。⑼自行整理美化學習檔案。⑽反省與分享統整課程活動心得。⑾自行整理美化學習檔案。統整課程架構圖，如圖 2-10 之「月亮傳奇」統整課程架構圖。

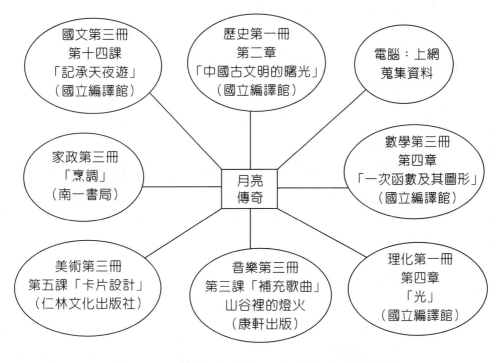

圖 2-10　「月亮傳奇」統整課程架構圖

　　「月亮傳奇」適用於國中二年級上學期，實施時以三個班級為班群。
活動節數預計十六節，加課餘時間。整個活動內涵詳見表 2-7 之「月亮
傳奇」主要活動內涵。

表 2-7　「月亮傳奇」主要活動內涵

順序	名稱	目標	學習活動 (學習單)	統整課程	多元能力	時間	地點
1	遠古傳說	了解月亮對中國文明之深切影響	古與今對月亮的遐思	歷史第一冊第二章「中國古文明的曙光」第二節第三節	1. 語文 2. 內省	第十週三節	教室
2	月夜遊	(1)增進對「記承天夜遊」的了解 (2)了解古人對月亮的浪漫情懷	古詩賞月	國文第三冊第十四課「記承天夜遊」	1. 語文	第十一週二節	教室
3	網上追追追	上網路蒐集有關「月亮」的資料	月球之旅	電腦	1. 人際 2. 語文 3. 肢體—運作	第十一週二節	電腦教室
4	高歌一曲	增進藝術的陶冶，培養氣質	月亮知我心	音樂第三冊第三單元「山谷裡的燈火」	1. 語文 2. 肢體—運作	第十一週一節	音樂教室
5	精品製作	1. 了解卡片設計的要點 2. 鑑賞利用不同媒材，呈現月娘卡作品	精心設計月娘卡	美術第三冊第五章「卡片設計」	1. 肢體—運作 2. 人際 3. 空間	第十二週二節	美術教室
6	月光剖析	了解「月光」之形成是因太陽光的折射，進而學習太陽光的傳播與折射	月的運動	理化第一冊第四章「光」	1. 空間 2. 思考	第十二週一節	教室

（承上表）

順序	名稱	目標	學習活動（學習單）	統整課程	多元能力	時間	地點
7	月光下的饗宴	學習數學一次函數及其圖形	購物樂	數學第三冊第四章「一次函數及其圖形」	1.邏輯—數學 2.空間	第十二週一節	教室
8	大飽口福	了解製作月餅所需材料及製作方法，並設計開發新口味	月餅製作	家政第三冊「烹調」	1.人際 2.肢體—運作 3.語文	第十三週二節	烹飪教室
9	漂亮一點	能自行整理，美化自己的學習檔案	「月亮傳奇」手冊	導師時間	1.邏輯—數學 2.肢體—運作	第十四週導師時間	教室
10	歡喜豐收	1.自評其學習態度 2.分析作品優劣 3.欣賞他人優點 4.分組合作學習	快樂分享	導師時間	1.內省 2.人際	第十五週導師時間	教室

肆、我們的校慶

　　「我們的校慶」乃由李坤崇、歐慧敏指導，南寧國中蔡淑媛、程錦茹、林美芳、郭信孝等教師、後甲國中顏曉君教師共同設計之結合學校校慶之統整課程。課程目標為下列十三項：(1)了解學校建校歷程，激發愛校情操。(2)運用上網蒐集資料的技巧，解決其他課程的問題。(3)藉著對「運動家風度」一文的學習，培養校運會中應具備的運動精神。(4)在生活情境中，正確使用英文說出時間、日期。(5)增強學習英語的興趣，培養聽、說、讀、寫的簡易英文能力。(6)運用數、量、形的概念，解決日常生活的問題。(7)了解校園植物的種類，進而培養維護校園景觀的精

神。(8)藉由吟唱校歌，深入了解歌詞的意義，以增進對學校的情感。(9)
深入了解各種媒材的特點，並藉由作品加以表現。(10)增進親子活動，培
養良好親子關係。(11)參與分組合作學習，增進互動與人際溝通能力。(12)
自行整理、美化學習檔案。(13)反省與分享統整課程活動心得。統整課程
架構圖，詳見圖 2-11 之「我們的校慶」統整課程架構圖。

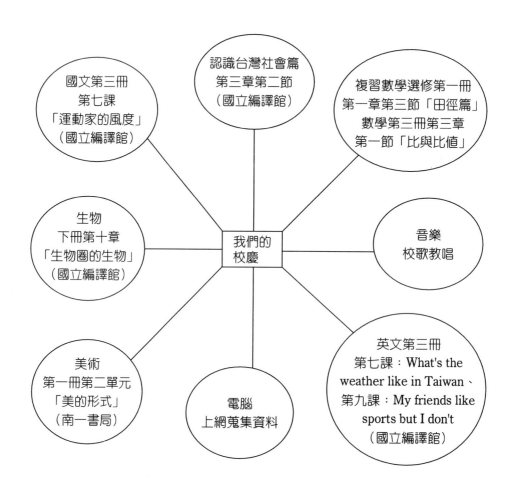

圖 2-11 「我們的校慶」統整課程架構圖

「我們的校慶」統整課程適用於國中二年級上學期，上課型態以分
班上課為主，輔以學生個別上網。活動時間預計十七節，加課餘時間，
整個活動內涵詳見表 2-8 之「我們的校慶」主要活動內涵。

表 2-8　「我們的校慶」主要活動內涵

順序	名稱	目標	學習活動（學習單）	統整課程	多元能力	週別節數	班群狀況	地點
1	校園采風	增進對「南寧國中」的了解，激發自己愛校精神	南寧小記者	國文課	1. 語文 2. 人際 3. 肢體—運作	一節加課餘時間	各班分組	校園
2	天羅地網	上網路蒐集學校的歷史沿革相關資料與現況	南寧的昨日、今日、明日	認識台灣社會篇第三章第二節「難忘的日子」	1. 肢體—運作 2. 人際 3. 語文 4. 內省	二節	個別上網	電腦教室
3	魔術方塊	運用數、量、形的概念，解決日常生活的問題	1. 操場有多大 2. Go! Go!	數學選修第一冊第一章第三節「田徑篇」數學第三冊第三章第一節「比與比值」	1. 邏輯—數學 2. 空間	二節加課餘時間	各班分開	教室田徑場
4	愛拚才會贏	由「運動家的風度」一文，了解運動的精義	1. 個人運動小檔案 2. 運動家的風度	國文第三冊第七課「運動家的風度」	1. 語文 2. 內省 3. 人際	二節	各班分開	教室
5	感恩的心	1. 了解校歌的內容意義及精神 2. 能正確且完整地唱出校歌	校歌大家唱	音樂課	1. 音樂 2. 語文 3. 內省	二節加課餘時間	各班分開	音樂教室家
6	心靈饗宴	1. 了解卡片設計的要點 2. 增強學習英語的興趣，將英文運用於日常生活之中	邀請卡	英文第三冊第七課「介紹日期與月份」	1. 肢體—運作 2. 語文 3. 空間	二節	各班分開	教室

（承上表）

順序	名稱	目標	學習活動（學習單）	統整課程	多元能力	週別節數	班群狀況	地點
7	小小畢卡索	1.鑑賞校園美景 2.利用不同的媒材，呈現校園風光	校園翦影	美術 第一冊第二單元「美的形式」	1.人際 2.肢體—運作 3.內省	二節加課餘時間	各班分開	美術教室家
8	超級比一比	藉認識校園的一花一木，培養愛護校園環境的情操	校園最ㄅㄧㄤ、的樹	生物 下冊第十章「生物圈的生物」	1.人際 2.空間 3.肢體—運作	一節	各班分開	校園
9	漂亮一下	1.增強學習英文的興趣，培養聽、說、寫的能力 2.利用英文適切地表達自己	「我們的校慶」手冊	導師時間	1.肢體—運作 2.空間	導師時間	各班分開	教室
10	歡喜豐收	1.自評其學習態度 2.分析作品優劣 3.欣賞他人優點 4.分組合作學習	快樂分享	導師時間	1.內省 2.人際	一節	各班分開	教室

伍、如何處理神戶災害

　　日本兵庫縣神戶市立本庄中學大前稔（1999）以平成七年神戶大地震為主題，規畫統整課程，大前稔規畫的課程目標為：(1)了解神戶的維護，有時候會帶來地震或水災的神戶自然狀態，特別是六甲山系的成因

與特徵。(2)知道過去侵襲神戶的災害，思考如何創造一個安全的城鎮。(3)了解因應災害的對策，思考如何創造一個安全的城鎮。統整架構圖，如圖 2-12 之「如何處理神戶災害」的統整架構圖。

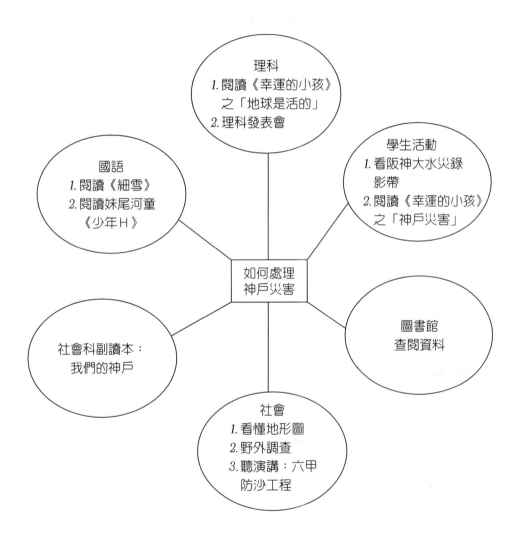

圖 2-12　「如何處理神戶災害」的統整架構圖

「如何處理神戶災害」統整課程適用於國中生，全部實施時間為十五小時，整個活動內容與目標詳見表 2-9 之「如何處理神戶災害」的學習內容與目標。

表 2-9 「如何處理神戶災害」的學習內容與目標

時數	學科	學習內容	目的·目標
1	理科	閱讀《幸運的小孩》中的「地球是活的」，每個班級各自設定課題。	1. 使學生們對地震發生的結構、六甲山的形成或特徵，產生興趣，且能關心。 2. 準備下一個小時以後的調查學習。
2 3	理科	在圖書室使用圖鑑等資料，在各班級進行調查學習。	1. 使學生準備下一個小時的發表。 2. 使學生將各自所調查的內容整理在投影片內。
4	理科	在理科教室使用投影片，進行發表會。	發表會的內容參照指導案。
5 6 7 8	社會	1. 地形圖的學習。 2. 讀懂地形圖。 3. 利用防災地圖。 4. 讀懂住吉川所形成的地形。	1. 使學生會使用地圖記號、縮尺、等高線。 2. 把區公所發行的土石流發生模擬地圖與各自所畫的地形圖比較。 3. 讀懂扇狀地、河床比兩岸高的河川，了解其成因。 4. 活用社會科副讀本「我們的神戶」。
9 10	國語	1. 閱讀谷崎潤一郎《細雪》中所記述阪神大水災的部分。 2. 認為難懂的部分就閱讀妹尾河童《少年 H》的水災部分。	1. 邊閱讀邊想像阪神大水災的情景。欣賞文豪的作品。 2. 在《細雪》中卷第四節中，有從本山村到住吉村的詳細記述，因為無法在一個小時內讀完，所以只摘錄一部分。 3. 在《少年 H》上卷有「水災」這一節。
11	學活	1. 觀看阪神大水災記錄錄影帶（建設省六甲防沙工程事務所·收藏品）。 2. 從《幸運的小孩》中閱讀神戶災害的歷史。	1. 了解在神戶所發生的土石流災害的厲害。 2. 了解在附近地區所發生的災害的慘狀。

（承上表）

時數	學科	學習內容	目的、目標
12 13 14	社會	野外調查（實際上是觀賞老師所攝影而準備好的錄影帶一個小時）。	1. 實地調查住吉川流域，看見災害的災情，災害對策設施，舊谷崎潤一郎邸等。 2. 介紹在昭和四十二年豪雨的時候，拯救下游城鎮的五助堰堤。 3. 拜訪在校內所殘留的災害痕跡（防沙水庫、陡坡工程、土石流危險溪流）。
15	學活 社會	聆聽建設省六甲防沙工程事務所的人員對災害對策的談話。	了解在我們的生活中，是被許多災害對策工程保護著，培養對今後的生活有幫助的態度。

第五節　統整課程的評量

　　統整課程的評量應兼顧形成性評量、診斷性評量與總結性評量，不僅著重學習、活動過程的形成性評量，重視剖析學習問題的診斷性評量，亦應注重學習狀況與成果的總結性評量。評量方法應採取多元化評量，運用檔案評量、遊戲化評量、評量表或檢核表，及其他評量方法，但不應舉行紙筆式的考試。呈現評量結果宜應對學生學習態度、意願、思考、表現、知識進行「質的描述」，對知識內涵進行適切的量化描述。教師規畫統整課程之教學評量時，應考量：評量內涵為何？評量方式為何？如何擬定評量標準？參與教學評量人員為何？何時實施評量？如何呈現評量結果？如何解釋評量結果？茲逐一討論之。

壹、統整課程評量內涵

　　以往實施教學評量多以知識爲主，然統整課程強調將知識轉化爲能力，著重培養學生自主學習能力與積極主動的學習態度；因此，統整課程的評量內涵除應兼顧認知、技能、情意等三個學習領域外，尚須兼顧學生的學習歷程、生活世界與社會行爲，並兼顧能力、努力兩個向度。「學習歷程」包括學生的學習方法、習慣，努力程度，求知歷程或解決問題能力。學生以往限於書本記憶而疏於應用，且家長過度保護剝奪學生成長機會，使得學生自我解決問題的能力欠佳，故統整課程應將學習歷程納入評量之中。「生活世界」乃學生日常行爲、待人處事能力，若評量忽略此部分，學生可能因而欠缺走入人群的待人處事能力，因此，宜將此方面學習納入評量。「社會行爲」乃學生人際關係的社會行爲或社交技巧，時下學生常拙於情感表達或社交技巧，若於統整課程評量納入此方面學習，將可強化學生的社會行爲。

　　高浦勝義（1991）針對問題解決能力發展狀況，不僅將認知、技能、情意三個向度分化出「知識、理解」、「思考、判斷」、「技能、表現（或技能）」、「關心、意願、態度」四項內涵，更強調學生的自我能力。「知識、理解」及「技能、表現（或技能）」乃評析學生在問題解決活動的過程，獲得或創造的事物、事態相互關係的認知成果或技能成果，如打字技能、讀書、計算、精細的機械操作等的發展狀況。「思考、判斷」乃評估學生進行問題解決活動時，顯現的高層次思考或認知能力，主要是評量記錄觀察力（感覺事物、事態或知識、想起、確認的能力），推理力（分類、比較、關聯、解釋、應用等能力），以及解決社會、人際關係各項問題的能力。高浦勝義（1991）將「自我教育能力」分爲下列四項能力：⑴對學習的意願，⑵學習的方式，⑶基礎、基本的知識與技能，或問題解決、問題探討的學習方法，⑷生活方式（意志、態度）。

高浦勝義（1998）將四項內涵再整合成「關心、意願、態度」、「思考、判斷」、「知識、理解、技能」三項內涵，見表 2-10 之「第○學年 ○○○學習指導案之評量內容」；他強調「關心、意願、態度」、「思考、判斷」、「知識、理解、技能」乃促使學生在解決問題過程「更加個性化」，充分激發學生潛能，發揮個別差異。

表 2-10　　第○學年○○○學習指導案之評量內容

評量的觀點	學習內容
從關心、意願、態度方面，來記述兒童的姿態	有關關心、意願、態度的內容
從思考、判斷方面，來記述兒童的姿態	有關思考、判斷的內容
從知識、理解、技能方面，來記述兒童的姿態	有關知識、理解、技能的內容

引自：高浦勝義，1998，232 頁。

綜合 Bloom、Englhart、Furst、Hill 和 Krathwohl（1956）對教學目標分類，分成認知領域（cognitive domain）、動作技能領域（psychomotor domain）、情意領域（affective domain）之分類，高浦勝義（1991）在問題解決能力發展的「知識、理解」、「思考、判斷」、「技能、表現（或技能）」、「關心、意願、態度」四項內涵，高浦勝義（1998）將四項內涵整合成「關心、意願、態度」、「思考、判斷」、「知識、理解、技能」三項內涵，或許可將統整課程評量內涵分成知識理解、思考批判、技能表現、意願態度等四項，茲說明於下：

㈠「知識理解」乃教學目標認知領域之知識、理解層次，評量學生在統整課程所獲得的知識與理解的教學內涵。

㈡「思考批判」乃教學目標認知領域之應用、分析、綜合、評鑑等四個層次，評量學生思考統整課程各項問題，審慎判斷、批判各項問題或決定的能力。

㈢「技能表現」乃教學目標技能領域與生活世界、社會行為的行為
表現，評量學生於統整課程所獲得的各項技能，及表現於日常生活待人
處事、人際互動、社會技巧與大自然互動的行為。

㈣「意願態度」乃教學目標情意領域與學習歷程顯現的關心、興趣、
努力、進步、意願與態度，評量學生於統整課程關心課程主題、自動學
習意願、自主學習態度，以及努力與進步程度的狀況。

教師實施統整課程時，可針對學生學習事實，見到的具體技能或表
現，從「知識理解、思考批判、技能表現、意願態度」四項內涵分類來
評量，此分類或仍有待改善，僅拋磚引玉，期盼各界提供更寶貴意見。

貳、統整課程評量方式

傳統評量幾乎均為紙筆測驗，且評分、排等第或決定領獎類別均以
紙筆測驗之分數作為唯一依據，然因多元化評量的發展漸趨成熟，已可
做到相當客觀、公平；以往紙筆測驗僅以文字表達能力的單一標準來衡
量所有學生，對不擅長文字表達者實不公平；以往紙筆測驗僅看學生表
現結果與能力表現，未顧及學習歷程與未考量努力程度，較多元化評量
更無法達到立足點的平等（李坤崇，民88）。因此，實施統整課程評量
宜採多元化、彈性化的評量方式。教師評量統整課程學習成效，宜彈性
運用各種評量方式來適切評量學生，李坤崇（民87）指出欲落實多元
化、彈性化，可朝下列幾點努力：⑴善用行為、技能檢核表。⑵多用情
意、態度評量表。⑶系統運用教室觀察記錄。⑷善用檔案評量。⑸鼓勵
撰寫參觀報告。⑹多撰寫專題報告。⑺善用發表活動。⑻多用遊戲化評
量。⑼納入情意或情緒評量。各種評量方法中，較常用於統整課程評量
者為：檔案評量、遊戲化評量、口語評量，以及評量表或檢核表，茲扼
要敘述之。

一、檔案評量

多元化評量中，以檔案評量最適宜用於統整課程，因檔案評量乃教師依據教學目標與計畫，請學生持續一段時間主動蒐集、組織與省思學習成果的檔案，以評定其努力、進步、成長情形（李坤崇，民88）。檔案評量旨在突破以班級為單位，改以學生個人為單位，請每個學生均設計與製作個人學習檔案，就特定主題連續蒐集資料，經綜合統整呈現，以系統地展現學生個人學習教學的歷程與成果。可見，學生完成一份統整課程予以彙整後即成為一份完整的學習檔案，而用檔案評量來評量學習檔案乃最佳之策略。

檔案評量具有目標化、歷程化、組織化、多元化、個別化、內省化、整合化等特質，與統整課程系統化、組織化的學習歷程頗為吻合，且教師若善加輔以檢核表、評量表運用，可發揮下列優點：⑴兼顧歷程與結果的評量。⑵獲得更真實的評量學習結果。⑶呈現多元資料激發創意。⑷動態歷程激發學習興趣。⑸兼顧認知、技能與情意的整體學習評量。⑹培養主動積極的學習精神。⑺培養自我負責的價值觀。⑻增進自我反省能力。⑼增進各類人員的溝通。⑽增進師生關係。⑾增強學生溝通表達與組織能力。實施檔案評量宜遵循下列六項步驟（李坤崇，民88）：

㈠界定檔案評量的目的

於統整課程運用檔案評量，評量目的應呼應統整課程之課程目標，通常檔案評量依課程目標在於記錄學生學習統整課程過程的努力和成長，以增進學生自我成長與自我反省能力、診斷學生的學習類型與問題，及評鑑學生統整課程的學習成果。因此，統整課程檔案評量目的約可分為增進學生成長，診斷、回饋與溝通，評鑑等三項。

(二)決定檔案評量的類型

界定檔案評量目的後，宜決定檔案評量的類型，若統整課程評量重點在呈現結果應選取「成果檔案」；若重點係了解學習過程或診斷學習問題應選「過程檔案」；若重點在檔案內涵與評量的標準化，或進行班級間、學區間的比較應選取「評量檔案」。另外，檔案內容數量的多寡，亦應提醒學生事先準備適切的資料夾、資料簿。

(三)訂定檔案實作規準

檔案評量的表現或作品與其他評量一樣，均反映出學生達成教學目標的程度。教師應將統整課程之課程目標擬用檔案評量來達成者，轉化為更明確實作規準，此實作規準乃教師課程目標的具體化，本質乃課程的行為目標。實作規準定義重要的表現或學生需要達成的學習目標，缺乏明確的實作規準，統整課程教學將茫然未知，表現或作品內涵將失去方向。因此，明確界定檔案實作規準乃統整課程檔案評量成功與否的關鍵。

(四)轉換檔案實作規準為檔案項目

教師將檔案實作規準轉換為檔案項目，可直接將規準換為檔案項目，亦可將一項規準細分成數個項目；然檔案項目多寡應顧及學生能力、程度，所需時間、經費，家長或學校行政的配合度。有些規準無法用檔案資料方式呈現者，應採實作活動取代書面的檔案，或將實作活動照相、錄影呈現於檔案中。

檔案項目宜與資料呈現方式相配合，學習過程可留下正式記錄者，可採「學習成果記錄」方式，如作業、圖表、測驗卷、檢核表、評定量表、作品或書面報告。實作活動或學習過程難以留下正式記錄者，可採「複製品」方式，如活動錄影帶、訪談錄音帶、照片、討論記錄或錄音帶。學習過程或成果有賴他人證明者，可採「他人證明」方式，如同儕意見、家長意見、教師意見或其他有關人員意見，參加活動證明或參觀

入場券。專門為檔案製作的書面資料，可採「檔案製作品」，如檔案目錄、檔案反省、檔案心得或檔案註解。

　　省思與檔案註解乃引導學生自我成長、自我負責的重要工具，教師宜盡量納入檔案項目中。省思乃學生對統整課程學習或平日學習的省思，每週或每月省思一次、格式化或開放式省思等兩項必須視學生年齡、語文程度與省思經驗來決定。統整課程之檔案省思乃學生對統整課程各項資料所做的省思，如：(1)我做了什麼？為什麼？(2)我為何納入此作品？(3)我從此作品學到了什麼？(4)我最滿意或不滿意的作品為何？為什麼？(5)做完整個檔案我學到了什麼？(6)我未來的努力方向是什麼？檔案註解乃學生對其檔案內容與目的所做的說明，教師宜引導學生說明統整課程學習與檔案製作過程，將能深入了解學生思維或診斷學生學習問題。

(五)擬定評量標準

　　檔案評量較傳統紙筆測驗的評量難以客觀化、較花時間，然為力求客觀與省時，教師應事先擬定評量標準，若檔案評量目的在「增進學生成長」或「診斷、回饋與溝通」，僅須描述學生在每個檔案項目的表現，即足以提供必要訊息給學生本人、其他任課教師、下一年級教師或家長，不一定需要再提供檔案評量的分數或等級。若檔案評量目的在「評鑑」，教師欲鑑定學生的進步、努力與成就情形，並判斷教學是否成功，除描述學生在每個檔案項目的表現，尚必須提供檔案評量的分數或等級，甚至為學生排等第。

　　評定評量結果，可呈現「整體檔案」或「分項檔案」的結果，評量內涵可包括「能力」、「努力」兩個向度，結果表示可採「文字描述」、「截斷點」、「等級」或「計分」等方式。

　　呈現「整體檔案」結果可得一檔案的整體概括狀況，優點在於評量快速、省時省力，但較難以發揮診斷功能，如寫作的評量僅呈現整個寫作檔案的文字敘述、截斷點、等級或分數。呈現「分項檔案」結果可得檔案每個項目的結果，優點是可診斷學生在每個檔案項目的優缺點或進

步情形，但缺點則爲費時費力，評閱速度較慢，如寫作的評量呈現下列八項分項結果：(1)組織段落分明，清晰易解。(2)善用佳句，句型富變化。(3)詞彙豐富、優美，銜接順暢。(4)善用語氣、語調強化主題。(5)用字有趣、準確、自然表達主題。(6)用字正確，很少錯別字。(7)標點符號運用適切。(8)學生的努力程度。

　　統整課程檔案評量內涵不應僅局限於學生「能力」評量，因天生資質或環境文化刺激差異，有些學生原屬高能力群，亦有些屬低能力群，必須輔以「努力」方能激發不同能力層的學生用心製作檔案。

　　「文字描述」必須具體明確，且清晰告知學生檔案優劣，有少數教師對學生檔案評定爲「重做」或「檔案不知所云」，此文字敘述過於籠統且負向，應可改爲更明確的文字敘述，如「參考某某同學的檔案，再做一次會更好」，「檔案的重點若放在……可能更好」。「截斷點」係教師評量前決定以某個等級或分數作爲精熟與否的截斷點，若學生優於此截斷點則視爲通過、接受或滿意，若劣於此截斷點則視爲不通過、不接受或不滿意。因教學乃持續協助學生成長歷程，運用截斷點重點不在決定通過、接受或滿意與否，而在截斷後的補救教學或加深加廣教學計畫。「等級」係教師將檔案結果分爲數個等級，如很好、不錯、加油、改進、補做或補交等五個等級，或優、良、加油等三個等級，然各等級間的區分應相當明確，方不致混淆。「計分」係教師將檔案結果以分數呈現，計分前教師應審慎思維各個項目的重要性予以加權計分，且視需要與學生製作檔案的基本分，增強學生製作檔案的興趣。

　　進行統整課程之檔案評量時，教師不是唯一的評分者，爲提供學生自我評量機會，鼓勵家長參與子女評量，激發同儕合作學習，應可納入學生本人、家長、同儕參與評量。尤其應納入學生自我評量，鼓勵學生對自己完成的檔案以自我觀點來檢討、評量，鼓勵學生表達製作檔案的構想與歷程、檢討檔案優缺點，讓學生充分省思製作檔案前後的學習表現或成果。

　　有些教師於學生製作完統整課程學習檔案後，才將評量標準告知學

生，或請哪些人員參與評量，使得學生準備與製作檔案無法與評量充分結合，故教師應將檔案評量標準或邀請哪些人員參與評量，於製作檔案前告知學生，讓學生得以充分準備。

㈥製作使用說明與製作檔案

依據檔案項目設計學習單與擬定統整課程之檔案評量標準後，為提高檔案評量的信度、效度，教師宜審慎製作「檔案使用說明」，讓學生、教師或有關人員清晰了解檔案製作過程與評量方式、標準。「檔案使用說明」包括「給學生或有關人員的檔案整體說明」、「給教師的檔案使用與評量說明」，前者應包括檔案內容、評量標準、注意事項或完成期限，若已完成整個檔案的學習單亦應發予學生，讓學生或有關人員得以了解檔案全貌；後者應包括學習目標（評量規準）、使用與評量方法、評量標準、評等或計分方式、參考答案、補救教學、補充說明或注意事項等九項。

檔案必須與教學充分結合，以達成教師設定的教學目標，因此，學生製作檔案時，教師應可從下列幾項來提高檔案品質：(1)定期與學生討論檔案內容，提供立即回饋。(2)協助學生擬定檔案目標與設計重點。(3)定期檢核學生檔案資料蒐集情形。(4)定期與家長或有關人員就檔案內容，溝通學生學習情形，研擬協助或增強策略。(5)提高家長或有關人員參與意願，激勵學生製作檔案動機。

檔案評量通常會增加教師工作負擔，建議教師適度納入優秀小組長或具教育理念且熱心的家長來協助初評，教師再實施複評。然對評量者應施以適切之訓練，訓練應循下列步驟：(1)告知檔案製作目標與評量重點，(2)共同討論評量標準，(3)評量者對檔案範本進行評量，(4)與評量者討論評量結果的差異與原因，(5)再分別就不同範本練習計分、比較評量結果並討論改善，(6)重複練習直到評量者與教師評量結果幾乎一致。若教師能遴選夠多的小組長或家長參與評量，且評量目的在於「評鑑」學習結果時，建議每項檔案由兩人以上直接評量。

二、遊戲化評量

統整課程為求將知識轉化為能力,將學習與生活結合,通常採取較活潑生動的教學,若教學生動而評量卻仍採傳統呆板方式,將更易讓學生視評量為畏途。突破僵化呆板傳統評量模式的遊戲化評量,正符合追求人性化、生動化、適切化的統整課程教學趨勢。

適切的遊戲化評量可發揮「提高參與興趣」、「提供真實情境評量」、「兼顧認知、技能、情意的活潑生動評量過程」、「引導合作學習的機會」、「增進學生間的間接學習」五項優點,漸受教師喜愛與運用。參酌李坤崇(民88)之設計遊戲化評量十項原則,提出下列設計統整課程遊戲化評量應遵循之原則:

(一)遊戲不可與統整課程目標脫節

遊戲化評量較其他評量方式容易出現與統整課程目標脫節的現象,教師設計時偶爾為提高遊戲效果而未能與課程目標環環相扣。若遊戲與課程目標脫節,將只是純粹遊戲,無法發揮統整課程評量功能,教師設計遊戲化評量時,應指出與統整課程目標、評量的關係,以避免與教學目標分離。

(二)以安全為最重要原則

遊戲化評量較其他評量易出現因活動場地、器材設備、同學玩耍、活動本身而產生的危險狀況,教師應以遊戲的安全為最重要原則,必須在無安全顧慮的情境下進行遊戲,針對可能出現的危險狀況進行模擬與防治,若仍有安全顧慮必須更換活動內容或方式。設計遊戲教師應多徵詢其他教師、主任、校長對活動安全性的意見與評估,待確認安全方實施遊戲化評量。

㈢擬定嚴謹實施計畫，執行確實與預留人力，用心檢討

　　教師實施遊戲化評量前應擬定完整的實施計畫，計畫內容應至少包括實施目的、評量範圍、評量日期與時間、評量方法、成績計算方式、工作分配、活動位置圖、危機處理以及經費等十項，待簽請校長核定後方可實施。遊戲進行時，宜盡量按照計畫實施，並預留一、二個支援人員處理意外事件，讓原先負責工作者不必分心處理其他意外事件，讓活動得以順利進行。遊戲化評量後，宜召開檢討會議，針對缺失提出改善之道，並做成記錄，彙整成一份遊戲化評量資料檔，作為往後實施之參考。

㈣因年齡不同選用適合的活動

　　不同年齡學生的體能、身心發展互異，教師設計遊戲化評量應顧及年級差異，如國小低年級學生可能較適宜大肌肉活動，高年級學生可用小肌肉活動。年齡愈低學生，可規畫動態、活潑生動的活動，年齡較高學生，可規畫靜態、邏輯思考的活動。設計教師宜善用同理心，設身處地地站在遊戲化評量對象的角度，來設計屬於該年齡層的活動，而非設計教師喜歡的活動。

㈤學校、家庭、學生之溝通與分工合作

　　遊戲化評量因活動內容、型態不同，可能涉及的學校、家庭或學生互異，教師設計時，應考慮活動牽涉人員，並事前做好溝通或分工的工作。具體的作法乃事前應發予家長「遊戲化評量通知單」，讓家長了解評量方式改變，俾協助學生調整因應評量策略；活動應公開徵求願意協助之家長，通知單宜附家長意見表，徵詢家長意見，且通知單宜同時徵求願意協助之家長，通告協助時間、地點，及報名方式與報名對象。教師運用此評量，利用學校場地或設備，且可能需要安全協助或維護，必須知會學校主任、校長，並盡可能尋求必要的協助或支持。若全學年所有班級均參與遊戲化評量，應列出教師分工表，如活動設計組、器材組、

場地組、總務組、聯絡組或安全組，讓全年級教師共同參與、分工合作。

(六) 說明以室內或書面資料為主，輔以戶外或口頭說明

遊戲化評量的關鍵乃學生是否了解遊戲規則、程序與注意事項，然學生參與遊戲化評量通常會興高采烈，致無心聽教師講解遊戲規則、程序與注意事項，使得遊戲化評量易出現亂成一團、甚至危機四伏的窘境。教師講解若能於教室以書面資料講解，學生較易於了解，若無法於室內講解，於戶外講解時仍宜輔以書面資料為佳。有些教師較希望用口頭說明，不願意將口頭說明形諸文字，使得說明效果大打折扣。若將口頭說明形諸文字，撰寫「遊戲化評量說明單」，內容包括活動項目與名稱、活動順序、活動起迄時間、活動評量方式或其他注意事項，不僅讓學生不會因嘈雜漏聽而不知如何進行遊戲，亦可留下說明資料作為往後辦理遊戲化評量的參考。

(七) 活動單設計力求美觀大方

教師通常限於經費，將遊戲化評量的活動單盡量濃縮減少頁數，但將造成學生閱讀吃力，評量者評閱不易的現象。活動單應以美觀大方易於閱讀、評量為原則，且活動說明、評量的位置盡量統一在學習單的固定位置。活動單宜盡量一項活動一頁，若為節省篇幅，應以線條或符號明顯區隔，學生較不會遺漏活動。活動單不宜太呆板、僵化，應適度利用插圖美化，尤其是國小低年級學生更需活潑生動的插圖，然插圖不可喧賓奪主，佔太大版面，讓學生誤以為是考插圖。

(八) 協助活動或評量者的行前講習

遊戲化評量必須仰賴其他教師、家長或小組長，協助活動進行或評量學生表現，因此事前的講習相當重要。教師應發予協助活動者「活動說明單」，內容包括活動名稱、地點、時間、活動安全性，或其他注意事項。教師亦應發予協助評量者「活動評量說明單」，包括評量活動名

稱、地點、活動標準答案或操作程序、評分標準、評分位置，或其他注意事項。若協助活動者即為評量者，此兩項說明單可以合併為一，然仍須集合協助活動或評量者，輔以口頭說明與針對協助者疑惑一一解答。

㈨教師或協助者宜事前模擬遊戲

為求周詳，教師或協助者宜事前模擬遊戲過程，走玩一趟，了解可能問題或危險性，作為修改活動或納入活動說明單的依據。通常事前模擬遊戲所發現的問題，在正式遊戲時均會出現，故設計遊戲化評量教師應克服困難，做好事前模擬、切實檢討改善工作，將可能問題降到最低。

㈩循序漸進、累積經驗、自我增強

遊戲化評量乃國內教師較缺乏的評量經驗，教師必須循序漸進，由小活動到大活動，由小規模遊戲到大規模遊戲，由一班擴及到全學年，切勿好高騖遠。教師剛開始實施統整課程之遊戲化評量，設計欠周詳、活動出狀況、其他教師或家長質疑未盡完善乃正常現象，教師可將其視為遭遇挫折乃累積經驗、出現問題乃完美動力，從挫折中不斷成長、從問題中追求完美，終將破繭而出。

三、評量表或檢核表

評量表（或稱評定量表）係指一組用來作為判斷依據的行為或特質，及能指出學生在每種屬性中不同程度的量表，可用以評量學生學習態度、策略與興趣，或人格、情意發展狀況。評量表之外觀與運用方法與檢核表頗類似，二者主要差異在於判斷的「形式」，評定行為或特質時，依各項出現頻率或程度評定「等級」，檢核表則評定各項行為或特質「是否」出現。評定量表、檢核表可兼採「教室或家庭觀察」，以評量學生用之日常生活的實踐情形。教師應依據統整課程教學單元目標與實際需要，設計「日常生活觀察記錄表」、「社會行為觀察記錄表」，以系統

記錄學生將統整課程學習成果用於日常生活、社會行為的狀況。

李坤崇（民 88）認為教師運用評量表時，常見個人偏見、月暈效應、邏輯謬誤等三種缺失，設計評量表時有效運用下列原則：

(一)評定特質應有教育意義

評定量表必須符合教學目標與擬評量的學習結果，教師編製統整課程評量表時，應先詳細列舉統整課程學習結果，再以行為術語具體敘述學習結果，次選擇與評析哪些特質最適於評量具體學習結果，最後將敘述格式稍加修改以符合評定量表之形式。

(二)確認評量的學習結果應呼應評量目的

評量成敗關鍵在於是否納入應該評定的重要學習結果，釐清統整課程學習結果將有助於決定評量的優先順序，區別學習結果的實作水準，減少對不相干因素的依賴。當多元學習成果乃評量目的時，分別呈現所評定每一項學習成果，將可增加形成性回饋的價值，以適時提供統整課程學習結果的回饋給學生。

(三)評定特質應可直接觀察，無法充分者應予略去

欲實施直接觀察應符合兩要件：(1)為方便教師直接觀察，特質應被限制在那些發生在學校的情況。(2)觀察者能清晰觀察的特質。如參與教室討論的發言次數或發言內容、上課課堂違規行為的次數、實驗操作過程的標準動作，或國語或英語發音的清晰性與正確性等行為，均能容易、直接觀察。編製評量表應盡可能限於可直接觀察的評定特質，對無法充分觀察的特質應予略去，不宜勉強評定。

(四)清楚定義量表特質、觀點

許多評定誤差導引於使用模糊的特質和不適當的定義，因量表各點位置所代表的意義或程度不夠清晰明確，致使評定結果易流於主觀，且

一致性較低。評定量表各點所代表的意義或程度，必須清楚明確地規範，若能輔以量化資料更佳。如一位教師依據國小自然科學第十一冊第一單元種子的構造和發芽，編製「種子發芽是否需要土壤實驗」評量檢核表，評定「培養皿中綠豆幼芽生長情形」，以優、良、加油三等級來表示結果，本來定義三等級的標準為「優：強壯，良：中等，加油：沒發芽、腐爛、枯萎」，經修改重新定義等級以綠豆幼牙的高度為標準，「優：5公分以上，良：0至4公分，加油：沒發芽、腐爛、枯萎」。

(五)選擇最適合的評量內涵與目標的評量程序

評量實作最常見的兩種評量程序為整體（holistic）、解析（analytic）的評量程序。整體評量程序針對每項實作予一單一評定或分數，量表通常分成四到六點，依據評分的具體標準，就實作品質實施整體判斷。解析評定程序必須辨別實作的不同向度或特質，依不同向度或特質分別評定結果。解析評定程序較整體評定程序具有診斷價值，因其可深入了解不同向度或特質的各項優劣，作為提供改善策略的依據，而非僅獲得一籠統的結果。

(六)評定等級最好在三至七個，且宜讓評定者適切註解

評定量表分成幾個等級應視評定特質與評量目標而定，若評量結果只做粗略判斷，等級數目可以較少，若欲做較精確判斷，等級數目應較多，而等級數目應在三至七個等級之間。若等級僅為兩項將成為是非、對錯之檢核，若超過七個等級，將造成評分過程較費時費力，因此，除非特殊狀況不宜將評量等級分成七項以上。另外，評量各個項目的等級之後或整個評定量表最後，宜留「評語」或「備註」，讓評定者註解以補充說明量化評定的不足。

㈦若實作評量為長期結果，應整合數個觀察者的結果

多名教師共同對學生行為評量結果的穩定性，高於任何一位教師的單獨評量，多人評量可抵銷教師個人的偏見，尤其學習是長期持續的結果，評量應整合不同教師的評量結果，方能更精確呈現學生的學習結果。中小學教學除小學採包班制外，國中、高中職則採分科教學，教師與學生互動時間較少，相對觀察時間減少，欲評量學生學習結果應採多人聯合評量方式。

檢核表係依據教學或評量目標先將學生應有、可觀察的具體特質、行為或技能，依照先後發生順序或其他邏輯規則逐一詳細分項，並以簡短、明確的行為或技能描述語句來條列出行為或技能標準，後請檢核者（包括教師、家長或學生）就學生的實際狀況依序勾選，以逐一評定學生行為或技能是否符合標準。檢核表不僅具診斷性，亦可重複再使用，以評估學生的進步情形。它提供學生行為的詳細記錄，讓學生充分了解自己的行為或技能現況，並診斷有待改善之處。同一份檢核表可用於不同學生，或相同學生在一段時間過後再使用。若運用同一份檢核表每隔一段時間重複評量，可評估學生隨時間進步的訊息。

檢核表的主要缺失乃教師面對各個行為標準只有兩種選擇，有或無、對或錯、通過或不通過，而沒有提供中間範圍。然而頗多行為或技能難以二分，而係程度高低，使得教師難以從兩種選擇中抉擇。檢核表另一項缺失乃教師難以客觀檢核與呈現結果，雖然各個行為標準力求明確，且前述三種呈現結果方式可供教師參酌，但由於教師主觀的認定寬嚴不一，使得檢核客觀性遭受質疑。

為減少檢核過程較主觀的缺失，檢核表記錄各項特質與動作時宜注意下列四項：(1)明確辨認、敘述擬評定行為的每一項具體動作。(2)能明確界定共同錯誤的動作，宜加列在圖表上。(3)依出現順序或相近行為排列擬評定的正確動作或可能錯誤動作。(4)設計簡易的記錄，利於記錄動作發生之順序、檢核各項動作。(5)檢核者宜兼顧教師、家長、學生，引

導家長與學生共同參與評量，不僅可激發家長責任感，更可促使學生自我尊重與自我負責。(6)宜有詳細「使用說明」方能適切檢核，空有檢核表而無使用說明，檢核者可能誤用或濫用，(7)若有必要宜辦理「使用研習」，協助教師適切善用檢核表。

四、口語評量

　　統整課程引導學生將學習結果用之於日常生活，而日常生活的人際溝通以口語表達最為直接便利，因此，統整課程評量宜納入「口語評量」，常用的口語評量乃「口試」（oral examination）、「問問題」（questions）。「口試」較常用於統整課程之總結性評量，如國語可用演講、辯論、口頭報告、經驗分享故事接龍來評量，數學採放聲思考、解題經驗分享、日常應用心得分享、口頭報告、表演等方式來評量。「問問題」較常用於統整課程形成性評量，教師於教學過程以問題問學生乃常見的師生互動模式，只是較少教師將問問題納入教學評量，將其視為教學評量的一部分。

　　Airasian（1996）認為「問問題」可發揮下列功能：(1)提高參與感。(2)加深思考過程。(3)增強同儕互動與學習。(4)提供立即增強。(5)利於掌握教學進度。(6)提供診斷資料作為施予補救教學之參考。李坤崇（民88）強調適切「口試」可發揮下列優點：(1)評估學生概念的完整性。(2)較紙筆測驗更能評量學生的認知與情意。(3)適於評量較高層次的學習結果。(4)立即診斷學生的學習問題。(5)增進學生語言表達能力與組織能力。(6)改善學生的學習方法與態度。(7)較不受作弊影響。問問題或口試雖具有其優點，然亦具有下列缺失：(1)難以建立適切的評分標準，影響測驗的信度。(2)難以區分語言表達能力與真正學習結果，對語言表達能力較差學生不利。(3)評分者的主觀意識易造成評分結果的偏差。(4)口試時間耗時且需較多人員，不符經濟效益。為發揮優點減少缺失，李坤崇（民88）認為口語評量應遵循下列原則：(1)口語表達須與教學目標相關，呼

應統整課程目標。(2)避免廣泛、模糊的題目。(3)使用直接、簡單的問題。(4)允許學生充足時間回答。(5)候答態度應和藹，避免給學生壓力。(6)審慎衡量運用時機。(7)事前建立公正客觀的口試評量標準。(8)先讓學生了解口試程序與評量標準。(9)同時請兩位以上受過訓練的優秀人員擔任口試主試。

參、統整課程評量標準

評量標準較常見者為常模參照、標準參照、自我參照。常模參照係以全體學生為比較對象，目的在比較學生間各項能力或學習成果的差異。標準參照係以教師於教學前所擬定的精熟標準或目標為比較標準，目的在了解學生是否達到精熟標準或預期目標。自我參照係以學生自己的能力、努力或以往學習成果為比較標準，目的在了解學生的進步或成長狀況。教師實施統整課程採取之評量標準，可兼含常模參照、標準參照、自我參照，視統整課程目標、評量內涵與學生學習狀況，選取適切之評量標準。國內以往較常運用常模參照，往後可多用標準參照與自我參照，尤其是對學習狀況欠佳學生，宜善用自我參照，激勵學生「努力」學習，積極鼓勵學生由漸進式進步歷程，逐步恢復信心，強化正向自我概念。

肆、統整課程評量人員

統整課程以學生為學習主體，同儕激發學習動力，教師引導學生學習，家長參與子女學習的機會隨之增加，評量時亦宜兼顧上述人員。因學生的家庭行為評量有賴家長的支援，同學的互動行為可經同儕評量，同學的自省可善用自我評量，因此，評量應兼採教師評量、家長評量、學生自評、同儕互評或小組長評量。李坤崇（民87、民88）強調參與教

學評量人員除多元化外，更需互動化，只有經由教師、家長、學生、同
儕之充分溝通與討論，才能更清楚了解學生的學習統整課程的歷程與結
果，挖掘學生學習問題與及時施予補救教學。尤其是實施九年一貫課程、
推動小班教學精神或開放教育，若無家長、同儕或小組長參與，遊戲化
評量、檔案評量或其他多元評量將因教師負擔沈重而難以實施。

　　統整課程為引導學生自主學習，教師宜系統、長期善用「自我評
量」，讓學生「自動自發」反省自己學習活動過程或事物，再繼續思考
未來必須努力的活動或方向，由學生本身來做自我評量，不僅能激發學
生自我解決問題能力，更能實現因自我評量而自我成長（高浦勝義，
1998）。日本千葉市打瀨小學（1998）、愛知縣緒川小學（1999）的學
習通知單均納入學生自我評量，不僅引導學生自我省思學習結果，更強
調學生以具體事例來闡述自己的優點。李坤崇（民88）分析愛知縣緒川
小學平成九、十年的學習通知單，發現：平成十年的通知單較平成九年
加入「橫斷學習狀況」、「自己的評價」，可見，學生自我評量漸受重
視與採用。

伍、評量時機

　　教學評量於教學前實施安置性評量，教學歷程實施形成性評量或診
斷性評量，教學後實施總結性評量。統整課程之評量不僅著重學習、活
動過程的形成性評量，重視剖析學習問題的診斷性評量，亦應注重學習
狀況與成果的總結性評量。就統整課程的實施歷程，通常以形成性評量
為主，總結性、診斷性評量為輔，教師通常會善用教學歷程的評量，採
取邊實施統整課程邊評量的模式，尤其是實際生活與應用能力的檢核，
學習方法與學習態度的評量。因應邊教邊評量模式，宜揚棄將學習單與
評量單分開之概念，教師設計學習單應納入評量構想，將評量隱含於學
習單之中，方能發揮教學與評量統合化的效果。

陸、評量結果呈現與解釋

　　高浦勝義（1998）認為「綜合學習評量」不宜以各科考試成績所得的數據做評量，必須針對學生在學習或活動過程、報告書或作品、發表或討論中所看得到的學習狀況或成果，表現良好部分增強，並對學習的意願或態度、進步的情形等適當的評量；且強調在學生學習結果通知單中，不做價值等級判斷，僅記錄所看到的實際狀況。因此，呈現統整課程的評量結果，應以質化描述為主，必要的量化為輔，但應避免以紙筆考試對統整課程學習結果進行量化描述；呈現統整課程四項評量內涵的學習結果，宜對思考批判、技能表現、意願態度、知識理解之內涵進行「質的描述」，對知識理解內涵進行適切的量化描述。然因，現今國內家長「分數至上」觀念難以立即消除，或許採漸進、選擇模式較易實施，漸進係由質、量兼顧到質的描述歷程，選擇係提供等級、分數供教師參酌選擇納入質化描述。

一、由質量兼顧到質化為主的呈現

　　高浦勝義（1998）強調「不採用以考試成績來做綜合學習的量化描述」，以此觀念引伸到統整課程，統整課程評量不宜舉行紙筆式的考試，更不應以此考試對學習結果予以量化。然若於學習過程採取設計嚴謹的評量表與檢核表、遊戲化評量、口語評量、檔案評量，或其他異於紙筆式考試的多元評量方式，所獲得的量化結果，則可作為描述統整課程學習成果的數據。

　　國內家長斤斤計較分數，分數至上邏輯欲立即導正或有困難，若能於實施統整課程初期，兼採量化、質化描述呈現結果，逐年實施逐漸降低量化描述之次數與比例，逐年增加質化描述之內涵與比例，或為循序

漸進之作法。然量化描述必須經嚴謹的規畫設計，遵循多元評量的編製原則，方能提供具客觀的量化數據。

　　高浦勝義（1998）設計教學觀察者評量「綜合學習」學習成果的評量單，特別強調「師生互動狀況」、「學生發言、作品等質的評量（記述）」，及「事後建議」，詳見表 2-11。

表 2-11　綜合學習「教學觀察者」評量單

評量資料——教學觀察者用——（樣本）　　　No. _____					
（___月___日___時　___年___班___組　被觀察兒童_____）					
教師與兒童互相作用的狀況			觀察兒童的發言、作品等質的評量（記述）		
教師的援助活動	時間	觀察兒童的活動	關心意願態度	思考表現	注意
事後的建議：					

引自：高浦勝義，1998，255 頁。

二、鼓勵學生長處與提出改善建議

　　高浦勝義（1998）認為日本最近教育改革廢除各學科量化描述，積極採取在學習通知單「事實及所見」欄或「行動記錄」欄中，敘述學生優點與努力改善建議的作法。日本千葉市打瀨小學（1998）平成九年的學習通知單中均特闢一頁「家長、學生、教師的話」，請學生先定「自己的目標」，再寫出「努力過的事」，此部分引導學生自訂目標，並激勵學生努力歷程，而非結果的觀念，頗能鼓勵學生努力；家長的話係請家長寫些子女的優良具體表現，給予子女增強；教師的話雖為綜合評語，但仍要求教師多予學生鼓勵與增強。因此，統整課程應積極針對學生優點予以增強、鼓勵，對學生缺點以提出具體努力改善的建議來取代批評指責或謾罵。

　　以往教師通常訂定統一「客觀」標準解釋學生評量結果，此種客觀建基於「齊頭式平等」並非真正客觀，唯有在解釋時納入少數族群或弱勢團體的基本限制，考量其起點行為與努力歷程，方能真正落實「立足點平等」的客觀解釋，此「立足點平等」乃對人性關懷、肯定人類能力個別差異的事實（李坤崇，民88）。有些教師解釋評量結果時，偏向悲觀化、負向化、責備化，使得學生遭受甚多挫折，因此，統整課程評量之結果解釋宜人性化、增強化。教師解釋統整課程評量結果時，可從下列幾項努力：⑴多鼓勵、多支持：少數教師未看學生從零分開始的努力歷程，僅指責學生未滿一百分的部分，致學生飽嘗挫折與責備，故教師宜予學生應有的掌聲、鼓勵與支持。⑵提供評分標準、範例：多元化評量遭人詬病最深者為評分主觀，教師若能於設計統整課程評量工具時，輔以評分標準與範例，將能降低評量的主觀性。⑶評分重視評量歷程，莫只看評量結果：有些教師以全有或全無的方式記分，雖然節省閱卷時間，卻未給予學生應得的部分分數，基於分數是學生信心的來源，教師評量統整課程學習成效應重視評量歷程。⑷善用報告或作品發表、展示，

以增強學生：有些學生拙於紙筆測驗，卻善於口頭回答、蒐集、整理與製作作品，若評量改採作品發表、展示或口頭報告、發表等方式，將能激發成就感，增加學習興趣。(5)欣賞富創造力的答案，莫以標準抹殺：學生偶爾會出現頗具創造力之答案，然若教師以既定標準評分而不給分，當壓抑學生創造力，教師評分若發現具創造性或爭議性之答案，宜審慎思維或請學生詳細說明，再決定給分多少，方能激發學生創造力。(6)結果為教學的起點，而非終點：極少數教師將評量結果視為竹筍炒肉絲的終點，而未施予補救教學，乃誤將評量視為教學終點；「評量結果乃補救教學起點，非責罵訓誡終點」，優秀教師認為於補救教學前，會先同理學生考試不理想的悲傷心情，再激勵其奮發圖強，後施以適切之補救教學（李坤崇，民 87、民 88）。

三、著重呈現意願態度、技能表現、努力與進步狀況

呈現統整課程評量結果不應限於知識理解的認知結果，應兼顧技能表現、意願態度、思考批判的結果。以往評量結果著重低層次認知的知識理解，忽略高層次的思考批判，亦引導學生、家長忽視高層次的認知學習。統整課程欲發揮增強學生自主學習、活用知識能力，善用合作學習增進互助合作，強化師生參與與互動的功能，不僅宜強調技能表現、意願態度的學習，均應將此兩項學習成果呈現於評量結果。高浦勝義（1998）設計教師評量「綜合學習」學習成果的評量單中，評量學生的「關心、意願、態度」、「思考、表現」、「注意」三項內涵，並評量其他內涵，詳見表 2-12。

表 2-12   綜合學習「教師」評量單

評量資料——教學者用——（樣本）   No. _____   月___日___時

評價 兒童姓名	行　動　觀　察			其他（作品卡片等）的評量結果
	關心、意願、態度	思考、表現	注意	
1				
2				
3				
4				
5				
6				
7				
35				
36				
37				
38				
39				
40				

事後的教學自評：

1.如同教學案所寫的順利進行的地方。情形：

2.沒有和教學案一樣來進行教學，煩惱的地方。情形：

引自：高浦勝義，1998，255 頁。

多數教師呈現評量結果時，僅呈現團體相對位置的常模參照分數或呈現及格與否的標準參照分數，而忽略自我比較的努力分數；僅呈現學業成績未提供人格成長、亦未適時提供學習進步或惡化狀況，致學生頻遭挫折或喪失立即補救時機；因此，統整課程呈現評量結果宜多元化、全人化。教師呈現評量結果應兼採自我比較、常模參照或標準參照之多元方式，如批閱學習結果，可打「甲60或丁95」，甲、丁指全班學習結果的高低位置，60、95指學生的努力分數；亦可用「○＋或△－」，本書常用「能力」等級以符號「○、√、△、？、×」表示「很好、不錯、加油、改進、補做（交）」，「努力」程度以符號「＋、－」表示「進步、退步」。呈現之結果不應過於籠統，應力求具體明確，如以往教師評量作文或短文常給學生一籠統等級或評語，若能從下列八項評量將頗爲具體：(1)內容要切合主題；(2)組織段落分明，清晰易解；(3)用字有趣、準確、自然表達主題；(4)用字正確，很少錯別字；(5)標點符號運用適切；(6)詞彙豐富、優美，銜接順暢；(7)善用佳句，句型富變化；(8)善用語氣、語調強化主題。然爲顧及教師評量負擔，可將八項簡化爲三項：(1)內容要切合主題；(2)段落分明，善用佳句、佳詞；(3)用字、標點符號正確。

四、將統整課程評量結果納入學習通知單

統整課程逐漸成爲學生每學期的學習重點，然在學校發予家長之學習通知單中，卻少見將統整課程學習結果納入學習通知單者。日本愛知縣緒川小學（1998, 1999）的平成九年、平成十年學習通知單，均將綜合學習主題納入通知單中，尤其是平成十年通知單第三頁爲記錄學生「橫斷的學習狀況」，第四頁爲記錄綜合學習主題的學習狀況、創造活動狀況，此種開闢兩頁敘述綜合學習主題學習結果的作法，可供推展統整課程借鏡。李坤崇（民 88）規畫之「○○縣（市）○○國小○○學年度第○學期教學評量通知單」（見實例2-2），將統整課程之「主題探索名稱、重點」納入教學評量通知單之中。

實例 2-2

○○縣（市）○○國小○○學年度第○學期
教學評量通知單

班級： 年 班 姓名： ．

◆評等意義與符號：「很好」打「○」，「不錯」打「✓」，「加油」打「△」，
「改進」打「?」「須輔導」打「×」。

◆若「努力或進步」在評等符號右上角打「＋」，「不努力或退步」則打「－」

學科表現		學期中		學期末		生活行為表現		學期中		學期末	
		評	補充	評	補充			評	補充	評	補充
國	寫字					學	專心學習				
	發表					習	分組合作				
	閱讀					態	創意思考				
語	創作					度	主動學習				
數	理解						帶齊學用品				
	計算能力					日	會舉手發言				
學	解決問題能力					常	整理抽屜				
社	知識理解					行	打掃環境				
	生活實踐					為	用餐				
會	積極蒐集資料						作業繳交				
自	知識理解					團	注意禮貌				
	實驗操作觀察					體	同學相處和睦				
然	科學態度					行	遵守團體約定				
音	韻律					為	熱心參與團體活動				
	節奏感					師	聽父母的話				
樂	欣賞					長	幫忙做家事				
美	創作構思					互	尊敬師長				
	善用工具或色彩					動	幫忙教師處理班務				
	欣賞					肯	喜歡自己				
勞	創意					定	發現自己的優點				
體	運動技能					自	不怕困難的事				
	運動態度					己	自動做好該做的事				
育	安全知識					省思或鼓勵：學期中			學期末		
英	正確發音					學					
	簡單會話					生					
語	學習興趣					教	整體表現（努力情形）				
主題探索名稱、重點		自評等級	複評等級	自評等級	複評等級						
						師					
						家					
						長					

| 應出席日數 | 學期中 | | 學期末 | | 缺席日數 | 學期中 | | 學期末 | |

校長： 教務主任： 級任導師： 家長簽名：

3

學習評量單
意涵與設計

　　國內自台北縣市、高雄市、台南市大力推動開放教育，教育部推展小班教學精神後，學習單（worksheet）漸受重視，甚至逐漸取代習作，成為教育界的新寵。然而，教師只是為了要有學習單而做學習單的盲目作法，衍生出有些學習單抄寫的程度不下於習作，有些學習單讓家長雞飛狗跳、疲於奔命，且有些家長質疑學習單的評量客觀性。為釐清學習單之疑慮，並結合評量，發展出「學習評量單」，擬先從學習評量單的意涵、類型、設計原則、困境與突破之道等四方面闡述，再以學習評量單待商榷實例說明之。

第一節　學習評量單的意涵

　　學習評量單乃綜合學習單、評量單而成，兼具教學與評量功能，茲從學習評量單的意義、功能來說明。

壹、學習評量單的意義

　　學習單乃教師為達成教學目標，顧及學生與家長需要、能力、態度與資源，激發學生自主學習而設計的作業單。此作業單可為作業紙或多媒體素材，常用的多媒體素材為：依據作業紙繳交錄影帶、錄音帶、幻燈片、磁片。學生依據自己的能力、資源、興趣或速度來完成學習單中的任務，必要時家長可施予引導或協助。李咏吟（民87）認為學習單以精熟學習（mastery learning）為理論依據，旨在加強學生自主學習的比重，教師可依班級個別學生的需要而設計，也可由同年級同科目教師成立編輯小組共同設計。

　　設計學習單應遵循多元化、個別化、適性化的教學精神，規畫生動活潑、親身體驗的學習內涵，引導學生由做中學、由被動化為主動，讓

學生得以適性發展、激發潛能；不應停留於抄寫、記憶、被動、消極的學習，方能區隔傳統習作，發揮學習單功效。李咏吟（民87，260頁）指出，學習單與編序教學設計紙，兩者的差異在於後者的教材設計完全根據行為制約原則，注重細部的循序漸進、重複、增強等策略的運用，然而學習單則不一定遵守行為制約原則，除可擔任完全的教學任務外，尚可作為補救教學的工具。

以往設計學習單較忽略評量向度，致引發不客觀、不公平的疑慮，乃企圖結合評量發展出「學習評量單」，將評量納入學習單中，每張學習單均納入嚴謹的評量設計，促使學習單的評量更客觀、公正。學習評量單中學生若以文字表達，通常為作業紙方式，若以非文字表達，如繳交錄影帶、錄音帶、幻燈片、磁片，直接口語表達，或實際實作，則通常為一張檢核單或評量單，以評定非文字表達的學習成果。

貳、學習評量單的功能

教師若能適切應用一份設計良好的學習評量單，可發揮下列教學、評量功能：

一、有效達成教學目標

學習評量單的最主要任務乃在達成教學目標，不論是認知、技能、情意，學習評量單均可經由適切設計來引導學生學習，並予以適切評量。欲了解與評量認知領域教學目標，通常可用紙張式學習評量單，若欲了解技能、情意領域教學目標，可請學生繳交多媒體素材或實際操作來了解學習結果，輔以評量單或檢核單來評量。

二、實施補救教學工具

　　學習單雖不一定遵循行為制約原則，然若依據行為制約原則，可設計出一系列由淺而深、循序漸進的學習單，教師可運用此系列學習單進行教學或用之補救教學。八十八年四月參觀日本打瀨小學、緒川小學時，發現學校將依據行為制約原則設計的學習單，打瀨小學一年級到六年級國語、數學學習單各約兩、三百張，置於走廊角落，學生可自我挑戰、自主學習，教師亦可作為補救教學的利器，讓必須實施補救教學學生自主學習，或由小組長協助引導學習。

三、促使學習多元化

　　學習單的內涵可要求學生闡述教科書內容，到圖書館蒐集資料，上網蒐集資訊，觀察植物或動物成長做成記錄，實際運用儀器完成實驗，向同學問候，訪問家人，看電影寫心得，郊遊踏青寫感想，或其他學習方式。學習方式不限靜態的學習，可融入更多活潑化、生動化、生活化的動態學習，教師教學法可運用創造思考教學、價值澄清教學、討論教學或其他生動的教學方式，讓學生學習更多元化、趣味化。

四、促進學習能力化

　　教育部八十七年公布的「國民教育階段九年一貫課程總綱綱要」強調：國民教育階段的課程設計應以學生為主體，以生活經驗為重心，培養現代國民所需的基本能力。學習單強調學生由做中學，提供多元化的學習方式，避免以往著重記憶背誦，積極協助學生將記憶轉化為應用，將知識活化為能力。

五、引導學習自主化

學習單除學習多元化外,更重要者乃擺脫以往「老師講學生聽」的被動學習方式、揚棄奉教師指令學習的消極學習方式,學生可依據學習單內要求,以自己的想法、表達、做法來完成,學生擁有較多做學習單時間的選擇權,擁有更多創作的空間,擁有更自主的呈現作業方式,學生在此環境下當可充分激發自主學習的精神。學習單引導學生學習自主化,正與「國民教育階段九年一貫課程總綱綱要」中強調「學校應視環境需要,配合綜合活動;並以課程統整之精神,設計課外活動,利用課餘時間,輔導學生積極參與各項社團及服務社區,以培養學生自我學習之習慣與知能」相呼應;亦契合十項基本能力之「主動探索與研究」、「獨立思考與解決問題」兩項能力。

六、促進學習體驗化

學習單重視學生第一手經驗,引導學生親近自然與善用生活環境,此種學習方式較傳統坐在教室學習、用眼睛閱讀與用腦記憶的方式更為生動。教師設計學習單,強調學生親身體驗、學習的歷程,較以往重視學習結果的理念更為實際,因此,學習單應可發揮「由體驗中學習、由體驗中成長」的功能。

七、適應學習個別化

學習單提供學生更多自主學習的機會,不啻讓學生的個性得以發揮,亦可適應學生學習的個別差異。傳統大班級教學的授課方式,裝訂成冊的制式習作,較難以順應學生個別差異;學習單可獨力完成、可分組合作完成、可全班共同完成、更可親子共同完成,學習單可視學生需要適

時增加或減少學習單分量或內涵，較能適應學生個別化的學習需求。

八、增進教學評量統合化

　　國內教師製作學習單通常未深入思維評量的方法、方式或位置，評量時往往在學習單上打個「√」或「×」，此整體評量的方式讓學生不知錯在何處，因此，教學評量單期望於設計學習單時，規畫評量的位置、評量的幾個重要內涵，及評量結果的符號或敘述，甚至評量等級或打分數均應納入考慮，充分將教學、評量予以整合，每張學習評量單的評量結果可視為一次小考、段考，讓評量結果更客觀。

九、提高評量過程客觀化

　　學習評量單將教學評量統合時，宜仔細評析評量的幾個重要內涵，及評量結果的符號或敘述，如將短文分成內容切合主題、有創意，段落分明，善用佳句、佳詞，用字標點符號正確等三項，而非僅是整體的符號或敘述。評量若能兼顧「能力」、「努力」兩個向度，且在學習單的「評量」欄內進行評量，「能力」等級以符號「○、√、△、？、×」表示「很好、不錯、加油、改進、補做（交）」，「努力」程度以符號「＋、－」表示「進步、退步」（能力、努力之符號與評語之評量標準詳見表3-1），兼顧「能力」、「努力」指標之評量較以往僅用「√」或「×」的方式更為周詳。評量前若再針對能力等級、努力程度設定計分標準，評量後可得一量化分數，雖未能完全客觀，但可較以往學習單更為具體化、客觀化。

表 3-1 能力、努力符號與評語之評量標準

符號	評語	代表意思
能力指標：答案的正確或內容的完整		
○	很好	答案完全正確或完全符合老師的要求，而且比其他同學有創意或做得更好。
√	不錯	答案完全正確或完全符合老師之要求。
△	加油	答案部分正確或有一部分沒有符合老師的要求。
?	改進	答案內容完全錯誤或完全不符合老師之要求。
×	補做（交）	未作答或未交。
努力指標：努力、進步程度		
＋	進步	代表你比以前用心或進步。 （「＋」號愈多代表愈用心、愈進步）
－	退步	代表你比以前不用心或退步。 （「－」號愈多代表愈不用心、愈退步）

第二節　學習評量單的類型

鄧運林（民 86，476-477 頁）提出學習單依參與者差異，可分為獨立學習學習單、合作學習學習單、親子互動學習單三類；依學習內容不同，可分為各科學習單元學習單、主題學習單、學習者中心學習單三類；依學習時間不同，可分為經常性的學習單、特定時令事件的學習單兩類；依學習方式差異，可分為實驗、探索式學習單，調查、檢證式學習單，創造、設計式學習單，練習、發表式學習單四類。惜上述分類僅點出重點，未深入敘述，僅依據參與者、學習方式差異之分類，予以進一步闡述於下：

壹、參與者的類型

依據參與者分類，乃視參加人數、性質而劃分，大致可分成下列三

種類型：

一、「獨立學習」學習評量單

「獨立學習」學習評量單係指學生個人獨力完成，非由小組合作、數人合作或親子合作完成者，旨在了解、評量個別學生的學習成果。

例如：露營前請學生上網去查詢資訊回答下列問題：(1)假設你和你的家人想利用週休二日出外露營，你會選擇澄清湖哪一個營區？為什麼？(2)假設你和你的夥伴正在準備搭帳篷，不久，小明突然「中暑昏倒」，你要如何做緊急處理？露營中可能出現下列問題將如何處理：(1)若有同學在比賽時，不小心發生意外而受傷流血了，你會如何替他止血呢？(2)如果野炊時，你不小心發生嚴重的灼燙傷，你會如何處理？（寫出處理的五個步驟）(3)累了一天，總算要搭營睡覺了！但是台灣毒蛇好多，在搭營時，你會做什麼防毒措施？如果有同學慘遭毒蛇偷襲，你該如何處理？評量可從正確性、完整性、用字遣詞適切性三向度來衡量（評量指標與符號見表3-1）。

又如：請學生上網查出一般人常飲用的酒類四種，填於表3-2。評量係針對每項酒類，項目包括主要原料、酒精濃度之正確性、完整性（評量指標與符號見表3-1）。

表 3-2　一般人常飲用的四種酒類名稱、原料與濃度

名稱	主原料	酒精濃度	評量
1.			
2.			
3.			
4.			

二、「合作學習」學習評量單

「合作學習」學習評量單乃指數個學生或小組共同完成，旨在引導學生分工合作，激發團隊精神，了解與評量學生經由合作學習的成果。評量應著重合作學習的整體成果，再參酌個人分工與努力成果。現今國內大部分之學習評量單均屬「獨立學習」類型，較少出現「合作學習」學習評量單，因此，為提高國人團隊合作精神，建議逐漸增強此部分之比例。

例如：露營時，可提出下列兩項小隊作業：⑴小隊組員運用剪立結、方回結、十字結、平結、繫木結、童軍木棍、童軍繩製作小隊旗桿一座。⑵小隊組員運用休息時間以自然物、繩子製作營地工程，如：營門、毛巾架、曬衣架、鞋架、臉盆架、公布欄、工具架、劈柴場、餐桌椅、高架灶台……等，至少五種。⑶小隊組員發揮想像空間，運用水彩、彩色筆或蠟筆來設計，最能代表你們小隊精神的「隊旗」與「隊徽」。⑷小隊才藝競賽或故事接龍比賽。此小隊評量宜整隊給分、個別努力或表現加分，加分由教師權衡之；評量可從達成目標程度、美觀、團隊精神三向度來衡量（評量指標與符號見表 3-1）。

又如：如果你是歌星阿雅，你會如何為你的主打歌「溜冰進行曲」，編排出簡單、好記、又引人注目的舞蹈呢？請你跟你的組員合作，利用學過的「土風舞基本舞步」來編舞，並加上自製的節奏樂器來為「溜冰進行曲」伴奏。此部分評量可包括整隊的團隊合作、流暢性、創意與節奏感四個項目，亦可包含個別表現或努力，由教師依教學狀況權衡之（評量指標與符號見表 3-1）。

三、「親子合作」學習評量單

「親子合作」學習評量單係指家長與子女共同完成的學習內涵，非

由個人獨力完成，或小組合作、數人合作者。旨在增進親子互動，引導家長重視教育，提高家長教育專業知能。評量以學生學習成果為主，必須盡量排除家長協助部分，尤其是對家長教育程度較低學生應從寬計分，並多予鼓勵增強。

　　例如：由家人利用春假時間，陪同訪查台南市寺廟，訪查下列重點：⑴寺廟的興建歷史：創建年代、翻修時間、創建人。⑵寺廟的建築：方位、神殿、建材、藝術造型等。⑶奉祀的神明：神明的名稱、來歷、神奇故事等。⑷廟中各種器物的名稱和功能。⑸主要的宗教活動：神明的誕辰、定期的廟會活動。

　　又如：請學生和媽媽一起上街買一些東西，準備在祭祖拜拜時使用。請問，清明祭祖時你們要買哪些物品？請至少寫四種「清明祭祖的物品」，填在下面表格（表3-3），評量針對每項物品衡量（評量指標與符號見表3-1）。

表 3-3　返鄉祭祖祭品與特色

	祭品名稱	祭品內容或特色	
	春捲（潤餅）	用春捲皮將碎蛋、蔬菜、碎肉和花生糖粉等食物包起來一起品嚐。	評量
1.			
2.			
3.			
4.			

貳、學習方式的類型

　　依據學習方式與內涵，大致可分成下列四種類型：

一、實驗探索式學習評量單

「實驗探索式」學習評量單旨在引導學生由實驗、操作、探索等親身體驗歷程，運用「做中學」的原則，以增強運用科技與資訊的能力，激發主動探索和研究的精神，培養獨立思考與解決問題的能力，並將知識活化為能力，讓學生體驗學習樂趣。此學習方式較傳統抄寫型的習作，更能提高學生的學習興趣，更能強化學生自主學習。

例如：教師設計「護蛋活動」，讓學生練習當一週（週一至週五）的爸媽，學生的任務有二：(1)找一顆新鮮的蛋，讓自己成為蛋的父母，並設法保護它的完整。(2)仔細體會護蛋的經驗，並完成下列的行動日記（表 3-4）。

表 3-4 「護蛋活動」行動日記——請每天將心得經驗寫下來

日　期	護　蛋　記　事	評量
第一天		
第二天		
第三天		
第四天		
第五天		
註：以下列「護蛋成功率」作為評量等級的依據，記錄詳細者酌予加分。		

護蛋結果	完整沒破	第四天破	第三天破	第二天破	第一天破
評量符號	很好〔○〕	不錯〔√〕	加油〔△〕	改進〔?〕	補救〔×〕

譬如：閱「冰」大典活動，請學生與其組員共同討論三樣要製作的冰品，利用家政課製作完成後請你為它命名，再請其他組同學來品嚐分

享，並記錄其評語後寫下心得，後填寫下列表格（表3-5）。評量以他組評語、我的心得為準，兩者均敘述完整，且納入省思者評為「很好〔○〕」，兩者敘述完整者評為「不錯〔√〕」，部分敘述不完整者評為「加油〔△〕」，他組評語或我的心得兩者缺一者評為「改進〔？〕」，均未做者評為「補救〔×〕」。

表 3-5　閱「冰」大典體驗與分享表

冰品名稱	他組評語	我的心得	評量

又如：探討人口問題實施「超載地球活動」，學生從報章雜誌資料，覺察人口過多帶來的危機，請學生將報章雜誌資料剪下或影印貼在學習單上，並寫下感想。亦可請學生運用所有方法（上網、翻閱圖書、請教他人或其他方式）了解台南市目前有多少人口，台南市的人口在過去四十年來有什麼樣的變化。請將台南市民國四十年到八十五年（每五年為一個階段）的人口總數查出來，完成下表（表3-6）（評量指標與符號見表3-1）。

表 3-6　台南市民國 40 年到 85 年人口的變化表

年代	40 年	45 年	50 年	55 年	60 年	65 年	70 年	75 年	80 年	85 年	評量
台南市人口數（人）											
近似值（萬人）											

◎近似值：將台南市人口以萬人為單位，用四捨五入法，求近似值。

　例：125823 人，記為 12 萬人。

二、「調查檢證式」學習評量單

「調查檢證式」學習評量單旨在引導學生經由實地調查、訪問、驗證的歷程，彙整歷程發展成完整報告或記錄，不僅可增進學生人際互動能力，增強表達、溝通和分享的知能，亦可培養主動積極的求知態度，規畫、組織、統整的能力。

例如：為了讓學生訪問親戚朋友吃冰的感覺，辦理「SNG 大連線——小小記者」活動，活動內涵為：如果現在你是某家有線電視台外派 SNG 連線記者，請你訪問幾位親戚朋友「吃冰的滋味」，並將訪問結果整理成約五百字，題材不拘的專題報導。評量重點為創意十足與立場客觀，用字、標點符號正確，段落分明、清晰易懂，報導詳實等四項。

如：教師設計「回到過去～～穿越時光隧道」活動，讓學生了解台灣四十幾年前的社會狀況，請學生利用課餘時間，於下次上課前就訪問表（表 3-7），請教父母或較年長的長輩「在十二～十五歲那時候的生活情況」，然後填寫表格，若有相關照片，亦請一併黏貼於後。評量重點為訪問資料正確性與完整性。整理完訪問表，請學生就個人問卷結果與活動感想，在小組做三分鐘以內的簡要報告。報告時，請利用音樂（如：⑴向前行，⑵農村曲，⑶思想起，⑷燒肉粽，⑸孤女的願望。）營造懷舊氣氛。評量重點為主題掌握、儀態端莊、音樂適切（評量指標與符號見表 3-1）。

三、「創造設計式」學習評量單

「創造設計式」學習評量單旨在引導學生發揮自己想像力、創造力與設計、規畫能力，培養其欣賞、表現、審美及創作能力，以及激發其主動探索和研究的精神。教師運用此種學習評量單，通常提供一主題，讓學生運用所有資源得以盡情發揮。

表 3-7　台灣生活訪問表

比較項目　　　　　　　人員	自己或弟妹	父母長輩	評量
1.最常吃的零食或食物			
2.添新衣的時機			
3.衣服的來源（新購、二手或其他）			
4.吃豐盛大餐的時機			
5.電視機數量			
6.電話數量			
7.機車或汽車數量			
8.最喜歡之休閒活動			

　　例如：母親節將屆，教師設計「感恩之旅──母親節賀卡」，請學生製作一張賀卡，寫一篇五十到一百字的短文，祝媽咪「母親節」快樂。評量重點有下列六項：(1)賀卡稱呼、署名、敬辭正確。(2)短文要切合主題，有創意。(3)段落分明，善用佳句佳辭。(4)用字、標點符號正確。(5)設計符合主題，有創意。(6)構圖、用色美觀大方（評量指標與符號見表3-1）。

　　譬如：教師讓學生設計「個人檔案」，請學生利用各種媒材，自行設計來表現，格式不拘，期能激發學生創造力。評量重點為創意、掌握重點、條理分明、美工設計四項（評量指標與符號見表3-1）。

　　又如：教師請學生閱讀「五柳先生傳」後，將他隱居的「田野風光」呈現出來。學生可用任何媒材（例如：用水彩、國畫、油畫、素描或相片）來完成這項工作。若學習單不夠大，可自行找媒材來進行，但是完成後，必須將此學習單貼於媒材的背面。評量重點為掌握主題，形體比例適當，色彩調和、舒適，表現出高度學習興趣四項（評量指標與符號見表3-1）。

四、「練習發表式」學習評量單

　　「練習發表式」學習評量單旨在藉由學生練習、發表、表演的歷程，來增進自我了解與發展個人潛能，培養表達、溝通和分享的知能，增進規畫、組織與實踐的知能，以及培養欣賞、表現、審美及創作能力。教師運用此種學習評量單，應引導學生事前充分準備與練習，對較易怯場學生先予適切輔導與增強，若係分組合作學習亦宜鼓勵多溝通練習，方不至於衍生過多挫折。

　　例如：教師請學生以「王冕的少年時代第五、六段的內容」為設計戲劇藍本，分組演出戲劇，每組五人，演出時間以三分鐘為限，演出前先完成下列的規畫表（見表3-8），規畫後演出。評量重點為下列六項：⑴規畫時間、地點、道具適切性。⑵劇本。⑶演出技巧。⑷使用道具。⑸全體配合度。⑹時間的掌握（評量指標與符號見表3-1）。

表 3-8　「大家來演戲」分組表演規畫表

項　　目	說　　　　明
戲劇名稱	
表演時間	
表演地點	
使用道具	
劇　　本	（空白部分如果不夠使用，可寫於稿紙上再黏貼於學習單背後）

　　又如：教師設計露營經驗分享活動，讓學生表達對露營經驗的心得、感受，教師事前告知學生：「每個人有『兩分鐘的時間』，通常正式演講一分鐘約一百八十個字，可以事先練習看看。」並發予學習評量單，內容綱要適可引導學生準備演講。學習評量單分成兩部分，一為演講內涵與組織，包括三項：(1)內容符合主題，且清晰、簡要。(2)組織分明，善用佳句、佳詞。(3)內容生動有趣，富創意。另一為演講技巧，包括六項：(1)以姿勢或肢體語言來強調重點。(2)以聲量或速度變化、停頓來強化重點。(3)發音、咬字清晰。(4)儀態端莊大方，態度相當誠懇。(5)眼神注視聽眾，展露自信笑容。(6)精確掌握時間（每多或少於三十秒扣一分）（評量指標與符號見表 3-1）。

第三節　學習評量單的設計原則

　　鄧運林（民 86，477 頁）指出學習單設計流程包括下列八個步驟：(1)分析素材掌握教學目標與重點。(2)蒐集資料充分準備。(3)擬定要目具體明列。(4)應用策略，妥擬初稿。(5)試編及修定。(6)定稿施用。(7)效果評估。(8)檢討再出發。鄧運林（民 86）僅述及學習單部分，未詳述評量部分，因此，因應學習評量單納入評量，將步驟稍加修改如下：(1)剖析教學目標、統整課程主題或學科內涵，擬定學習評量單目標。(2)依據目標蒐集與主題或學科相關資訊。(3)設計呼應學習評量單目標的學習活動。(4)就學習活動需要，研擬學習評量單初稿，並規畫評量事宜。(5)與學生或有關教師研討學習評量單初稿，修正學習評量單。(6)確定學習評量單內涵，運用美工讓其更美觀、提高學生學習興趣。(7)實施學習評量單於教學情境，並實施教學評量。(8)評析學習評量單實施優劣，修正作為往後運用或參考。

　　除了解設計的程序步驟外，更重要者乃如何掌握編製原則，避免一般教師常犯錯誤。因此，彙整數年來與國中、國小教師共同研討、成長

的經驗，發現教師若能於設計學習評量單時，顧及下列原則將可讓其充分發揮功能。

壹、內容目標化、延伸化

幾個推動小班教學精神或開放教育的縣市，有少數教師將習作視為傳統停滯的表徵，將學習單視為教改進步的象徵，為學習單而學習單，將所有作業均掛上學習單的名銜，甚至將抄抄寫寫的作業均以學習單呈現。為避免上述現象，教師應了解學習評量單內容、應呼應教學目標、檢核達成教學目標的程度，內容可延伸課本學習內容，將其加深、加廣或熟練學習內涵；亦可因應活動需求，研擬超越課本內容與生活結合的內容。

貳、呈現必要化、趣味化

學習單不是追求時髦的產物，而是達成教學目標的一種有效工具，但並非唯一的工具。每項學習活動不一定需要學習評量單，學習評量單乃輔助教學與評量。若因此增加學生過多負擔，將減低學生學習興趣。若一項活動無學習評量單，宜設計檢核單或評量單來評量學習活動成果，方能充分整合教學、評量。檢核單用於行為、技能檢核，評量單用於態度、情意評量，教師應依據教學目標，顧及評量簡便性來設計。若設計學習評量單，應力求生動有趣，提高學生學習興趣，避免枯燥乏味。

參、認知高層化、實作化

學習評量單內涵應著重高層次的認知學習與評量，學習內容不宜僅停留於記憶或抄寫階段，尤其應避免直接抄自課本。認知的獲得宜著重從思考、省思、實作歷程獲得，如抄錄孔廟正門的對聯，並解釋其意義；如應用童軍課程所學剪立結、方回結、十字結、平結、繫木結等繩結與童軍木棍製作小隊旗桿一座；如上網或從圖書資料整理赤崁樓的資料，製作一份赤崁樓簡介。評量亦應著重高層次認知評量，注重應用、分析、綜合、評鑑之評量，避免停留於知識、理解之評量。

肆、過程安全化、環保化

運用學習評量單時，宜注意學生安全，並顧及環保生態。安全方面，設計學習單應以安全第一，避免讓學生學習暴露於高危險情境，如到河裡採集樣本而無師長、家人陪同，觀察凶猛動物而無安全措施，實驗操作卻未提供招致危險的注意事項。環保生態方面，應顧及學生學習過程可能對環保生態的破壞，如採集動植物樣本肆無忌憚，觀察動植物未加珍惜，實驗操作儀器隨意棄置，可能引發安全問題或破壞環保生態者，應於學習單之注意事項說明。

伍、題材生活化、主題化

學習應以學生學習為主體，配合生活情境，促使學習與生活結合。因此，學習評量單題材必須與生活相結合，莫僅是純粹文字練習或測驗，

題材可與各種節日結合，如中秋節、元宵節、春節、端午節、聖誕節、
教師節、兒童節、父親節或母親節；可與學校活動結合，如學校校慶、
迎新會、畢業典禮、運動會、園遊會、親子活動、露營、郊遊或城鄉交
流活動；可與學校鄰近名勝古蹟、觀光景點結合，如孔廟、赤崁樓、延
平郡王祠、億載金城、安平港、紅毛港或高雄港；可與社區活動結合，
如廟宇慶典、宗親大會、社區整潔、社區治安或社區親子活動；亦可與
師生感興趣的主題結合，如人際關係、師生互動、異性交往、生涯規畫
或認識自己。題材若能與節日、學校活動、學校鄰近名勝古蹟與觀光景
點、社區活動、師生感興趣主題相結合，必能充分與生活相融合。另外，
為避免單一學習評量單內容過於凌亂，每張以一個小主題為原則，避免
過於複雜以致扼殺學習樂趣。若係一系列學習評量單，最好環繞一大主
題，譬如孔廟之旅、歡喜慶元宵、中秋傳奇、逗陣來露營。

陸、人物系統化、兒童化

　　主題式統整課程之所有學習評量單，主題中述及人物應具系統化、
整體化，宜以學生熟悉故事之系列人物為主題，例如小叮噹、小丸子、
蠟筆小新、灌籃高手、足球英雄、名偵探柯南等故事之系列人物為主，
若以小叮噹故事則系列人物應為小叮噹、大雄、宜靜、阿福或技安。學
習評量單的人物宜兒童化、故事化，由八十八年麥當勞推出的 Hello Kitty
貓系列產品，可知兒童化、故事化的人物頗能吸引國中、國小學生注意，
教師宜掌握此原則，並避免以成人人物作為學習評量單之主要人物。

柒、插圖生動化、輔助化

　　由於升學主義籠罩全台，頗多學生看到白紙黑字，便心生排斥，有

人笑稱「白色恐懼症」。為提高學生學習興趣，學習評量單主體概念設計完後，應注意其裝飾包裝，在學習評量單上稍做美工，避免過於呆板乏味。美工插圖宜力求生動活潑與配色協調，且美工插圖宜謹守輔助角色，不宜喧賓奪主，曾見及小小一張 A4 的學習評量單插了四個圖片，不僅讓版面過於擁擠，且易讓學生分心，模糊了學習重點。

捌、指導語明確化、具體化

教師設計學習評量單時，因假定學生理應了解、且課堂上可輔助說明，以致指導語陳述過於簡略。若學生難以直接從學習評量單上了解教師要求、期望，將不知道自己該做什麼、該怎麼做，則在此情境的評量結果將無法正確反映學習成果。教師設計學習評量單，不僅應詳述學習活動，更應重視活動的指導語。指導語必須明確、逐步引導學生，宜具體闡述要求學生回答什麼、做什麼、運用何種資源，不宜模糊不清或相互衝突，如教師於指導語中說明請學生談談對某事的感想，卻要求學生寫下感想，明顯產生說、寫之衝突。指導語具體明確的程度應由學生評斷，不應由教師來裁量。衡量的作法是，教師將學習評量單交給學生，學生自行閱讀指導語，教師不做任何補充說明，學生立即知道教師要求其做什麼、怎麼做時，指導語則頗為具體明確。因此，設計學習評量單後，可請小組長試做，請其他教師提供意見或最好教學檔案累積經驗逐步改善。

玖、各類題型命題理論化、省思化

學習評量單可能出現各種填充題、選擇題、簡答題、論文題，教師運用各類題型命題時，應遵守測驗命題理論與原則，避免常犯錯誤。綜

合李坤崇（民88）、陳英豪、吳裕益（民80）、郭生玉（民77）、Airasian（1996）、Linn & Gronlund（1995）等觀點，一般測驗類型的命題原則為：(1)避免使用曖昧不明和易使人混淆的言詞或語句架構。(2)敘述扼要、直接切入重點。(3)使用字彙宜適合學生。(4)試題答案必須是公認的正確答案，避免爭議性。(5)表達清楚，讓學生易於了解其任務或工作。(6)每個試題必須獨立存在，內容不宜相互重疊。(7)不要提供正確答案的線索。

　　教師設計學習評量單，較常犯的錯誤類型為填充題題型，此類型命題原則有八項（李坤崇，民 88；陳英豪、吳裕益，民 80；郭生玉，民 77；Airasian, 1996；Linn & Gronlund, 1995）：(1)試題答案應簡潔、具體、明確。(2)填充式答案以一個為原則，空格不可太多。(3)問題不應直接抄自教科書或參考書。(4)編寫試題「直接問句」較「不完全敘述句」優先。(5)答案必須是問題之重要概念，而非零碎知識。(6)答案空格應一致，且盡量將空格留在句子末端。(7)避免提供作答之線索。(8)答案若是數字應指出要求之精確程度和單位名稱。下面三個不佳題目，乃一般教師命題最常見的空格太多、題意不清、空格未盡量留在句子末端三項錯誤。

不佳題目 1：（李坤崇，民 88）
　　（開羅）會議中確定，（日本）應將自中國強佔的領土如（東北）、（台灣）、（澎湖）歸還中國。

較佳題目 1：
　　宣布日本應將自中國強佔的領土如東北、台灣、澎湖等地歸還中國的是什麼會議？（開羅會議）

不佳題目 2：（李坤崇，民 88）
　　從前台灣有（山前）和（山後）之分，是以（阿里山）山脈為界。

較佳題目 2：
　　從前台灣有山前和山後之分，是以什麼為分界依據？（阿里山）

不佳題目3：

　　由廟旁兩塊石碑所記的年代，來推估天后宮的歷史有＿＿＿＿＿＿年。

較佳題目3：

　　由天后宮廟旁兩塊石碑所記的年代來推估，此廟歷史有多少年？＿＿＿＿

　　學習評量單旨在激發學生高層次思考能力，若運用選擇題應謹慎命題方法與策略，方不至於讓學習停留於記憶、背誦、抄寫階段，如「不佳題目4」或許改為填充題、簡答題均較選擇題為佳；「不佳題目5」、「不佳題目6」、「不佳題目7」或許直接改為簡答題或論文題較佳。可見，若未能編擬激發高層次思考的選擇題，宜改以其他題目類型。

不佳題目4：

　　天后宮中主要信奉的神明是？

　　1.玄天上帝　　2.玉皇大帝　　3.註生娘娘　　4.媽祖

不佳題目5：

　　天后宮和旗后的居民有什麼關係呢？（可複選）

　　1.是居民信仰的中心

　　2.是聚落發展的中心

　　3.周圍地區是聚落最主要的精華區

　　4.和旗后的主要產業活動有關

不佳題目6：

　　在此古老街道中你可以看到哪些特色？

　　1.街道筆直　　　　2.街道曲折

　　3.房屋古舊　　　　4.房屋新潮

　　5.西洋式建築　　　6.中國式建築

不佳題目7：

　　想想看街道為何要這樣彎彎曲曲呢？

　　1.為了美觀　　　　2.為了防止冷風吹入

　　3.為了防禦盜賊　　4.為了守望相助

　　學習評量單若運用論文題，編製宜遵循下列原則（余民寧，民86；李坤崇，民88；陳英豪、吳裕益，民80；郭生玉，民77；Airasian, 1996；Kubiszyn & Borich, 1987；Linn & Gronlund, 1995）：(1)問題應為擬測量的重要學習結果：如「病毒性肝炎分為哪兩型？」若改為「請比較兩型病毒性肝炎的傳染途徑、症狀與如何預防？」或許更能掌握重要學習結果。(2)明確界定欲測量的行為：如「為什麼有些生物會瀕臨滅絕？」若改為「生物會瀕臨滅絕有四種主要原因，請分別舉出一個日常生活的實例來說明。」或許更為具體呈現欲測量重點。(3)用更清晰、明確、具體的詞彙來敘述：如「單子葉植物是什麼？」若改為「請說明你如何從子葉、葉脈、花瓣來辨別『單子葉植物』，並舉出五種屬於此種植物的名稱。」更能具體指陳評量重點。(4)以多題短答的限制反應問題取代少題長答的申論題：雖然多題短答的限制反應問題較佳，但仍不應太多、太細，而喪失論文題的功能與特性。

　　學習評量單各類題型命題後，宜先自我檢核有無違反命題原則，再請相關教師檢核提出寶貴意見，逐一修正後，再確定各項類型題目，因此，教師命題後的省思乃設計學習評量單不可或缺的重要步驟。

拾、作業多樣化、選擇化

　　曾有一位台南安南區教師設計學習單，在週四要求家長假日帶子女參觀「成大雕塑展」，下週一交回學習單，此家長致電教育局抱怨說：「週六、日要下海捕魚，無法帶子女參觀，而且我不知道成大在哪裡。」此學習單除凸顯教師未予家長充分準備時間外，更顯示單一學習單難以適合各類家長狀況。因此，學習單未必適合所有家長，具地域性或花時間者，必須提出多樣學習單供家長、學生選擇，鼓勵學生依自己的興趣與現況自行抉擇，如學習單活動呈現參觀成大雕塑展、參觀社區名勝古蹟或寺廟、觀察社區民眾的假日活動等三項，供家長、學生選擇。

拾壹、家長參與輔助化、選擇化

　　有些家長抱怨子女的學習單變成家長的作業，教師動不動在學習單內要求家長幫忙子女做什麼，使得家長疲於奔命。教師設計學習評量單時，宜鼓勵家長參與，但不宜硬性規定，指導語宜引導學生獨立作答，若遇困難再尋求家長協助。家長扮演輔助、支持、鼓勵角色，而非主角，喧賓奪主。學習評量單若必須家長配合，完成期限至少半個月的時間，免得讓家長疲於奔命。曾有一位教師為了讓學生用各種不同顏色的豆子，拼出美麗的圖案，請學生家長幫子女準備各種不同的豆子。此舉將造成全體學生家長全力找各種不同顏色豆子，且必然剩下很多豆子引發處理問題，若能改為分組準備各種不同顏色豆子或許較佳。因此，個別攜帶小物品，若能以全班力量整體準備，則不應讓每位學生均準備，以減輕家長負擔。

拾貳、教學與評量統合化、評量簡易化

　　教學、評量統合乃教育趨勢，因而，建議教師採取將評量納入學習單的「學習評量單」設計，一方面符合教育趨勢，更可減少紙張、節省經費。然而，有些教師設計的評量項目過多，甚至一張 A4 紙的學習評量單有十多項評量項目，此舉將造成教師工作負擔遽增；亦有些教師一張學習評量單僅一項評量項目，此與傳統籠統呈現評量結果的缺失相同。因此，建議一張 A4 紙的學習評量單的評量項目在二至六項間較佳，然教師可視需要增加，唯項目過多應引導小組長參與初評，以減輕教師負擔。

拾參、評量標準系統化、增強化

　　經與台南市、高雄市國中、國小數百位教師討論評量標準系統化後，逐漸發展出兼含「能力」、「努力」兩個向度的評量模式，「能力」向度以「正確程度、努力程度或創意」區分成「很好（○）、不錯（√）、加油（△）、改進（？）、補做（×）」五個等級。「努力」向度以符號「＋、－」表示「進步、退步」，「＋」號愈多代表愈用心、愈進步；「－」號愈多代表愈不用心、愈退步（詳細內容詳見表3-1）。評量標準系統化有助於簡化師生互動、親師溝通，避免變更頻繁所產生紊亂的現象。有些教師解釋評量結果時，偏向悲觀化、負向化、責備化，使得學生遭受甚多挫折，評量結果解釋的增強化、人性化將有助於學生建立正向自我觀念，強化自信心。若教師因應家長要求必須將評量等級轉化為分數，建議下列三項給分原則：(1)配置基本分，一方面提高全班得分以增強鼓勵學生，另一方面鼓勵學生交學習評量單，避免以往交與不交的結果均零分的現象。(2)補做做對給分，以往學生某項目做錯更正後仍為零分，為鼓勵學生更正錯誤，若做對則給分，然仍應低於「改進」等級之分數。(3)欣賞富創造力的答案，莫以標準抹殺，學生偶爾會出現頗具創造力之答案，然若教師以既定標準評分而不給分，常壓抑學生創造力，教師評分若發現具創造性或爭議性之答案，宜審慎思維或請學生詳細說明，再決定給分多少，方能激發學生創造力。

第四節　學習評量單的困境與突破之道

　　適切運用學習評量單可讓教學更活潑、更生動，可讓學生將知識轉化為能力，促使學生由消極被動學習轉為主動積極學習；然而，現階段

推動學習評量單仍有其困境，先闡述困境，再說明突破的策略。

壹、學習評量單之困境

國內現階段推動統整課程運用學習評量單，可能遭遇下列困境：

一、教師設計費時費力

國內現階段教師教學、辦活動、兼任行政的工作負擔頗為沈重，尤其是國小教師更重於國中教師。以往教師在師資養成階段在教材運用較強，但在教材設計較弱，教師設計學習評量單通常花費較多時間。教師負擔已相當沈重，若再加上設計學習評量單，將使得雪上加霜，此困境與心態若未突破，將難以推動學習評量單。

二、教師教學方法難立即調整

傳統教師教學採「老師講學生聽」模式，秉持「教得多學得多」信念，然而學習評量單則重在引導學生親身體驗，由做中學歷程自主學習、自我成長，教師必須採取「學生做老師看」模式，抱持「教得少學得多」信念。教師能否調整教學方法與信念，乃推動學習評量單的關鍵。

三、規畫不當，教師評量負擔沈重

學習評量單將教學、評量統合乃教育趨勢，然若規畫不當，設計太多項評量項目，未適切引導小組長或義工家長協助，將造成教師批閱的負擔。有些教師仍希望回到傳統一張學習評量單僅評一項整體等級或分數的方式，然此整體籠統呈現方式，難以明確告知學生孰優孰劣，學生

無法明確了解其努力向度與該改善部分，因此，評量工作負擔乃推動學習評量單之困境。

四、設計不當，徒增學生學習負擔

推動教育改革，期望以生動化、生活化、趣味化的學習評量單取代呆板化、機械化、抄寫化的習作或練習。若教師設計的學習評量單無法達到生動化、生活化、趣味化目標，甚至較習作或練習更呆板化、機械化，則是違反規畫學習評量單本意，因此教師是否具備設計、規畫優良學習評量單的能力、經驗，是否能充分掌握教育本質，乃推動學習評量單重要因素。

五、家長與行政未支援，經費負擔沈重

教師設計學習評量單後，必須印刷予學生使用，印刷時必然遭遇「經費從哪裡來？」的問題。有些教師經由班級親師會募集家長資源解決經費問題，有些教師經由學校行政支持得以運用學校資源或設備，然有些教師只有默默承擔經費，久而久之漸無法負擔。可見，家長、行政若未支援，教師將難獨自承擔經費壓力。

六、家長傳統觀念有待溝通

有些推動學習單縣市之家長質疑評分的公正客觀性，因而規畫了學習評量單。然因家長對分數均斤斤計較，使得原本僅須評閱等級的學習評量單，亦必須暫時納入計分的概念。家長分數至上、抱持文字表達假象平等、對教師評分質疑的傳統觀念與心態，對推動學習評量單乃相當大的困擾。

貳、突破學習評量單困境之道

針對上述六項困境，提出下列突破困境之策略如下：

一、發揮團隊精神，相互支援與分享

教師獨自設計所有學習評量單，當然會產生負擔過重的現象，然若能發揮團隊精神，組織班群共同設計，整合同學年教師或同科教師分工合作，或聯合幾個學校組織分科或分學年度團隊，將可充分相互支援、共同分享，減少教師設計負擔。

二、提供範例供設計參考

教師雖大多數在師資養成階段未接受研發、設計教材之教育，然因教師素質均極為優秀，只要能將設計學習評量單之原理原則告知教師，並提供適切範例給教師參考，教師定可激發潛能，提高研擬、設計教材能力。此由幾次帶領台南市、高雄市國中、國小教師學校本位課程產出型研習，及統整課程與多元評量產出型研習的經驗，發現教師幾乎在實作前均憂心忡忡、面有難色，當其依據範例逐一設計後，逐漸展露歡顏，到最後頗自信地交出設計成果，此可充分證明教師的潛能。

三、善用小組長、家長義工減輕評量負擔

學習評量單與以往習作相比，確實會增加教師評量的負擔，但教育工作者必須堅持理想逐漸克服執行困境，而非因執行困難放棄理想。基於此信念必須找出減少教師評量負擔的策略，最具體的作法乃善用小組

長、義工家長的支援，有些教師因幾位小組長出錯而放棄，有些教師因幾位家長不配合而灰心，此舉正抹殺多數能勝任的小組長，封殺多數願意支援的家長。或許推動小組長、義工家長支援初期，必須讓其有摸索、學習、成長的機會，讓其從失敗中發展，從挫折中成長，相信只要包容、接納、關懷、鼓勵、增強，將能讓更多小組長得以成長，讓更多義工家長從協助中學習。

四、學習評量單取代習作，而非外加

有些教師運用學習評量單同時繼續要求學生做習作、練習，不僅使得學生的學習負擔更加沈重，亦造成教師的多重負擔。為減少學生、教師負擔，應以生動化、生活化、趣味化的學習評量單取代呆板化、機械化、抄寫化的習作或練習，而非外加。然有些教師質疑家長既然買了習作或練習簿為何不用，教師面對此質疑應以更大耐心與家長溝通，教育改革乃漸進歷程，由學習評量單取代有些較呆板、抄寫不合學生的習作乃時勢所趨。若教師採取「取代」作法難獲家長認同，則宜請校長、主任運用家長集會廣為宣導、溝通。

五、雙向溝通獲得家長支持

人類對改變經常會衍生未知、茫然的壓力，家長亦會因教育改革而陣腳大亂，因此充分溝通絕對是必要的措施。教師應讓家長了解「改變不一定能改善，但不改變將永難改善」，先共同探討現階段教育瓶頸，共同研討改變的必要性與可行性，後共同針對問題提出解決策略。溝通歷程是雙向溝通、平行溝通，而非單向告知，上對下的溝通。唯有教師以教育專業素養、抱持專業信心，誠心與家長共同面對改革、共同面對問題、共同解決問題，方能贏得家長的支持。

六、教育行政機關的政策宣導與資源補助

教育行政機關乃學校校長、主任、教師的後盾，學校站在第一線推動學習評量單，難免遭遇經費不足、負擔過重、人力不夠、家長質疑、社會疑慮等困境，若教育行政機關能予以支持、增強，將可讓學校人員放心衝刺。然而，如果教育行政機關未能支持學校，甚至家長、社會對學校質疑，將使學校無所適從。因此，教育行政機關落實政策宣導，提供必要的資源及給予不斷支持增強，乃克服實施學習評量單困境的關鍵。

雖然提出上述突破困境之道，但整個關鍵核心在於教師的專業素養、專業信心、教育改革理念與心態，只要此三者提升，則相關問題將逐一迎刃而解。

第五節　學習評量單待商榷實例

自八十五年至八十八年九月與南部地區頗多國中、國小教師共同研討、一起成長，發現教師具有極為優秀之資質與潛能，均能依據教學目標設計非常理想的統整課程與學習評量單。幾十次研習歷程，體認只要讓教師了解理論內涵，分析實作歷程，提供參考範例，教師都能圓滿達成目標，有超水準的研習成果。因此，相信以教師的優秀資質、主動學習能力與積極學習態度，必能在教育改革趨勢，順應而為，提升教育的專業形象，再創個人生涯學習的顛峰。

帶領統整課程與多元評量產出型研習過程，教師設計非常多很好的學習單，不克逐一列舉。為節省篇幅，僅將極少數國中、國小美中不足的實例呈現，並提出個人建議，供擬編製學習評量單教師借鏡。因有尚待改善之處，故不呈現原作者，謹對上述教師的努力表示由衷謝意。

下面呈現十五個學習評量單待商榷的實例中，在「認知高層化、實

作化」方面，實例十五之概念理解或可置於紙筆測驗。在「題材生活化、主題化」方面，實例一未以生活爲主題。在「人物系統化、兒童化」方面，實例一缺乏人物串連。在「插圖生動化、輔助化」方面，實例二去除外框，實例四之圖形太小。在「指導語明確化、具體化」方面，實例四、實例五、實例七、實例十、實例十一、實例十二、實例十四均宜更具體說明如何完成學習評量單，或更精簡。在「各類題型命題理論化、省思化」方面，實例三、實例十五違反填充題命題原則。在「作業多樣化、選擇化」方面，實例十二宜讓學生有想像空間，實例十二、實例十三宜讓學生有其他選擇。在「家長參與輔助化、選擇化」方面，實例二要求會增加家長負擔，實例六宜顧及現代家庭頗爲複雜，以家人代替父母或許較佳。在「教學與評量統合化、評量簡易化」方面，實例九、實例十原先均未納入評量規畫。在「評量標準系統化、增強化」方面，實例八在評量規畫上未能系統化。

實例一

數學學習單

　　小朋友，在數學第四冊、第五冊裡，我們已經學過連續加法和乘法，現在讓你再運用你的方法，來解答下列的問題。

1. 一天有 24 小時，那麼一星期（七天）有幾小時？

2. 每隻玩具熊賣 200 元，買 5 隻共要多少元？

3. 故事書一本有 306 頁，問 8 本故事書共有多少頁？

4. 每一件夾克 450 元，買 6 件夾克共要多少元？

5. 一年有 365 天，問 5 年共是幾天？

＊＊＊＊＊＊＊＊＊＊＊＊＊＊＊＊＊＊＊＊＊＊＊＊＊＊＊＊＊＊
建議：

　　以一生活事件或故事為主軸，將五個題目串連。例如：

1. 大雄和宜靜去逛百貨公司，大雄問宜靜一個問題：「一天有 24 小時，那麼一星期（七天）有幾小時？」請你幫宜靜作答。

2. 大雄去買 5 隻玩具熊，每隻 200 元，大雄要付給櫃台小姐多少元？

實例二

單元名稱：自然一下：大家來種豆　　　年　　班

活動內容：美麗的小豆豆　　　　　　　姓名：

　　「紅豆，綠豆，黃豆，黑豆……」哇！好多好多豆豆喔！這些奇妙的豆豆，顏色都不一樣，真有趣。嗯，拿它們來黏在紙上，拼出美麗的圖案，一定很特別。讓我們請爸媽一起來幫忙做做看！

第一步：先想一想，作什麼圖案比較好？

第二步：準備各種豆子，白膠，鉛筆，橡皮擦。

第三步：開始動手了！

我做的主題是：

老師的話	請爸爸媽媽幫小朋友準備各種不同的豆子，愈多愈能有變化，顏色也會更漂亮喔！	評量	
評量等第	○很好	√不錯	△加油	×再努力

＊＊＊＊＊＊＊＊＊＊＊＊＊＊＊＊＊＊＊＊＊＊＊＊＊＊＊

建議：

1. 請爸爸媽媽幫小朋友準備各種不同的豆子，若改為「教師徵詢數位小朋友各帶幾種豆子」，或可減輕家長負擔。

2. 似乎可去除外框。

實例三

單元名稱：自然一下：大家來種豆　　　年　　班
活動內容：小豆豆長大了　　　　　　　姓名：

　　小朋友，你是不是已經學會種豆了？讓我們來試試看，比一比，種哪一種豆最容易發芽？種哪一種豆子長得最快？最後，再將得冠軍的豆子照相或畫畫它的樣子吧！

我種了（　）種豆子。

我種了（　）豆、（　）豆、（　）豆、（　）豆和（　）豆。

結果發現（　）豆最快發芽。

經過兩星期，（　）豆苗長得最快、最高。

這棵豆苗長得最高、最快，我會把它的樣子畫下來。

老師的話	1.請用五種常見的豆來做看看。 2.要連續觀察兩星期，可別忘了澆水喔！	評量	

評量等第	○很好	√不錯	△加油	✕再努力

＊＊＊＊＊＊＊＊＊＊＊＊＊＊＊＊＊＊＊＊＊＊＊＊＊＊＊＊

建議「填充題」改為：

(1)我種了幾種豆子？（　）

(2)我種的豆子的名稱？（　）

(3)你發現哪一種豆子最快發芽？（　）

(4)你觀察兩星期後，哪一種豆苗長得最快？（　）

實例四

跳格子學習單

二年 班 號 姓名：

△小朋友，下面的樂器叫什麼名字。讓我們連連看！

（任意排列）

圖片 ☐ ☐ ☐ ☐ ☐ ☐ ☐ ☐

木魚 三角鐵 響板 鈴鼓 鈸 手搖鈴 響木 鋼琴　　　☐ 評量

△小朋友，請將聽到的樂器聲音以編號順序排列：

☐ ☐ ☐ ☐ ☐

三角鐵　手搖鈴　響木　鈴鼓　響板　　　☐ 評量

△小朋友，請將老師唱的音名，在地板的五線譜上站出正確的位置，並跟著唱。

ㄅ ㄇ ㄈ ㄙ ㄌ
ㄛ ㄝ ㄧ ㄛ ㄚ

☐ 評量

△給老師的話：

人數多，可分成數小組進行。

五線譜可事先用彩色膠帶黏貼於教室的地板上。

＊＊＊＊＊＊＊＊＊＊＊＊＊＊＊＊＊＊＊＊＊＊＊＊＊

建議：

1.圖片空間可能較小。

2.第二個題目以編號順序係指何種編號順序？宜說明之，如「以1. 2. 3. 4. 5.編號順序」。

實例五

第一單元　和樂相處

❦❦❦❦❦❦❦❦ 小華的一天 ❦❦❦❦❦❦❦❦

> 今天，小華碰到好多奇怪的事情和問題，請你幫他回答好嗎？

一、今天小華發現到怎麼男生都是站著尿尿，女生都是坐著尿，而且哥
　　哥姊姊長大後，身體好像都不一樣了。到底男孩和女孩長大後，會
　　有哪些不同的特徵呢？至少寫出三項。

	特徵一	特徵二	特徵三	特徵四	特徵五	評量
男孩						
女孩						

二、小華一到班上時，哇！好吵喔！有人在打架，有人受傷了，有人被
　　欺負，全班的秩序好差喔。小華心想，到底怎麼樣才能和別人愉快
　　相處？至少寫出三種方法。

評量

三、回到家後，小華開始盡他的責任，並享受他的權利。請問一下家裡
　　的每個人，都應有的權利及責任是什麼？

	爸爸	媽媽	我			評量
應有的權利						
應盡的責任						

＊＊＊＊＊＊＊＊＊＊＊＊＊＊＊＊＊＊＊＊＊＊＊＊＊

建議：

1. 「到底男孩和女孩長大後，會有哪些不同的特徵呢？至少寫出三項」
　　或可改為：「請至少寫出三項男孩和女孩長大後不同的特徵。」

2. 「請問一下家裡每個人，都應有……」宜改為「請訪問家裡二到五人，
　　然後寫下他們應有……」。

實例六

1 數到 10000 學習單

快樂 "GO SHOPPING"

三年　　班　　號　　姓名：

小朋友，利用父母空閒的時間，請爸爸或媽媽帶你到百貨公司或量販店去逛街或購物，並完成這張學習單：

請你把價錢在 2000 元～10000 元之間的物品，畫出三樣來著上顏色並寫出價錢。

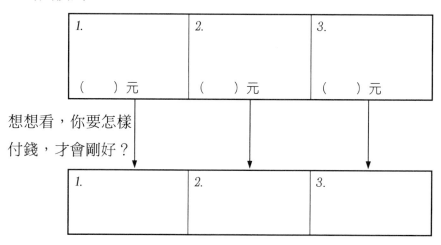

想想看，你要怎樣付錢，才會剛好？

請你依照大小順序，把三個數字填入（）中：

（　　　　）＞（　　　　）＞（　　　　）

好棒喔！恭喜你完成了這份學習單。

＊＊＊＊＊＊＊＊＊＊＊＊＊＊＊＊＊＊＊＊＊＊＊＊＊＊＊

建議：

1.「請爸爸或媽媽」帶去逛街或購物，立意甚佳，然恐會增加少部分父母負擔，或讓無父母者傷心，或許改為「請家人或朋友」帶去逛街或購物或許較佳。然對某些學校仍有困難時，教師可在教室布置模擬商店，作為教學之用。

2.「把三個數字填入（）中」或許改為「把上面三個數字填入（）中」較佳。

實例七

第一單元　學習單

❧❧❧❧❧ 好玩的拍子 ❧❧❧❧❧

音樂教室有好多會發出聲音的樂器喔！聽看看那是什麼聲音，依照老師的指示，把顏色塗上去。仔細聽，開始囉！

鋼琴	木魚	三角鐵	響　板	風　琴
○	○	○	○	○

小朋友，請你把下面的音符的「小節線」畫出來，並利用上面的樂器或是用你身上的部分，把強拍和弱拍打出來。方法愈多，你就愈厲害喔！

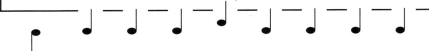

項目	評量
小節線 打拍子	

＊＊＊＊＊＊＊＊＊＊＊＊＊＊＊＊＊＊＊＊＊＊＊＊＊＊

建議：

　　最開始之指導語不太清楚。如「依照老師的指示，把顏色塗上去」，並未說明用什麼顏色。

實例八

「跳躍小精靈」

☆☆國小體育一下「跳動的精靈」學習單☆☆

　　小朋友，你想成為最靈巧的跳躍小精靈嗎？那麼你得先通過下列各個關卡！記住到任何一關，都必須很有禮貌地先向關主問好；每完成一項，記得讓老師或關主蓋通關章喔！

☆第一關：跳躍的音符

　　關主的話：你能配合音樂節拍，在原地做雙腳跳嗎？空手，但雙手還作擺動的樣子。

我的表現→	很好	不錯	加油	改善	補做	建議改為右邊格式	評量
關主蓋章							

☆第二關：躍過大小波（已將四個等級改為五個等級）

　　關主的話：你能在第幾次成功地躍過「大小波」？

我的表現→	很好（○）	不錯（✓）	加油（△）	改善（?）	補做（×）
結　　果	第一次	第二次	第三次	第四次	未做
關主蓋章					

☆第三關：挑戰 30 秒（已將四個等級改為五個等級）

　　關主的話：你能在 30 秒內，以原地跑跳的方式，跳出幾下的成績？

我的表現→	很好（○）	不錯（✓）	加油（△）	改善（?）	補做（×）
結　　果	31 次以上	21～30 次	11～20 次	1～10 次	0 次或未做
關主蓋章					

★恭喜你！已經完成通關遊戲。對自己的表現滿意嗎？想一想：怎麼作才能更好呢？

＊＊＊＊＊＊＊＊＊＊＊＊＊＊＊＊＊＊＊＊＊＊＊＊＊＊＊＊＊

建議：

1. 「第一關：跳躍的音符」之評量，由打勾方式改為打符號方式。

2. 「第二關：躍過大小波」、「第三關：挑戰30秒」，均已將四個等級改為五個等級。

3. 「第二關：躍過大小波」、「第三關：挑戰30秒」建議改為下列方式：

我的表現	很好（○）	不錯（√）	加油（△）	改善（？）	補做（×）	評量
標準	第一次	第二次	第三次	第四次	未做	

我的表現	很好（○）	不錯（√）	加油（△）	改善（？）	補做（×）	評量
標準	31次以上	21～30次	11～20次	0～10次	未做	

實例九

「舞蹈資訊蒐集」學習單

班級：　　　組別：　　　姓名：　　　　　座號：

☆☆國小體育六下「把舞蹈藝術融入生活」學習單☆☆

　　小朋友：藝術可以豐富、美化我們的人生。舞蹈表演藝術乃結合所有的藝術於一堂，是一種總體藝術的表現；希望大家能以實際的行動，把舞蹈藝術融入生活之中，讓生活更加多姿多采！

㈠請利用各種管道，取得舞蹈表演的相關資訊，並且整理、設計後呈現於虛線下方。注意！版面的編排要美觀、大方。如果資訊較多，可以先分別製作在同樣大小的底紙上，再以重疊浮貼的方式呈現。

㈡選擇近期的一項舞蹈表演活動前往觀賞，並記錄於下一頁。

- -

舞蹈資訊布告欄

線索：報章雜誌：簡報、影印。＿＿＿＿＿＿＿＿＿＿＿＿

　　　網路搜尋：抄錄或下載。＿＿＿＿＿＿＿＿＿＿＿＿

　　　文化中心或藝廊：藝術。＿＿＿＿＿＿＿＿＿＿＿＿

（註：已將評量由舞蹈資訊布告欄上方移至此）

＊＊＊＊＊＊＊＊＊＊＊＊＊＊＊＊＊＊＊＊＊＊＊＊＊＊＊

建議：

1.原本「舞蹈資訊布告欄」在學習單最上面，調整後移到說明之後。

2.原本無評量設計，加入評量部分如下：

項目	1.資料內容	2.蒐集方式	3.版面設計	4.舞蹈欣賞記錄
評量				

實例十

「舞蹈欣賞」學習單

班級：　　組別：　　姓名：　　　　座號：

項目	填寫答案	
一、演出單位	（舞團或學校）	
二、演出名稱		
三、演出時間		一至四 評量
四、演出地點		

五、我的心得或感想	評量
1. 舞蹈內容：	
2. 音樂：	
3. 燈光：	
4. 服裝道具：	
5. 其他：	

老師的話：

　　　　　　　　　　　　　　　　簽名：＿＿＿＿＿＿＿＿＿

家長的話：

　　　　　　　　　　　　　　　　簽名：＿＿＿＿＿＿＿＿＿

＊＊＊＊＊＊＊＊＊＊＊＊＊＊＊＊＊＊＊＊＊＊＊＊＊＊＊

建議：

1. 宜納入此學習單之指導語，便於引導學生學習。

2. 原本無評量規畫，已將評量納入評量項目右側，並予以表格化。

實例十一

英文科 My Family 學習單之說明

　　各位同學我們在英文第一冊第二、三課及第二冊第一課學習到如何介紹自己及家人。現在請你製作 My Family（我的家庭）作品。

◎活動流程：

1. 蒐集家庭成員照片。

2. 以八開圖畫紙製作作品及美工設計。

3. 用英文簡述你的家人，如：年齡、姓名、職業……等。

4. 請在八十八年五月七日交回，以便作第二次平常考查成績之一。

5. 你的作品將張貼在作品展示區，讓大家分享你的喜悅與溫情。

6. 我們會將你的作品拍成照片，貼在我的作品學習單上。

任課教師：○○○

＊＊＊＊＊＊＊＊＊＊＊＊＊＊＊＊＊＊＊＊＊＊＊＊＊＊＊＊＊＊

建議：

1. 此說明詳細告知學生製作學習單之流程與應注意事項頗佳。

2. 將作品張貼在作品展示區、並拍成照片，頗能增強學生。

3. 下一頁學習單中「我的作品」似乎讓學生以英文簡述家人，而「心情分享」部分，似乎讓學生以英文陳述心情。然與說明活動流程之 1「蒐集家庭成員照片」似無直接關係。建議：「學習單說明」應緊扣學習單，學習單內容應明確交代學生應做事宜。

英文科 My Family 學習單

班級：　　　　　姓名：　　　　　座號：

我的作品：My Family

評量	

（空白作品框）

心情分享：

評量	

（空白作品框）

實例十二

留聲機

班級： 姓名： 座號：

1. Excel 1：

同學們在飛往奧地利途中，十多個漫長小時裡，試著用已經學過的語句，結交幾個外國朋友；可利用隨身聽及錄音帶，留下你們的聲音寫真。

2. Excel 2：

將你們的交談稍作整理，寫出一篇他鄉生活的短文（約 100 字），記得附上照片喔！

範例：

My new friend

My friend's name is _____ . He / She is _____ years old. He/She lives in _____ . There are _____ people in his / her family. He / She has _____ brothers and _____ sisters.

My friend '_____' likes to play _____ after school. On Sundays he / she usually goes to _____ with his / her parents...

＊＊＊＊＊＊＊＊＊＊＊＊＊＊＊＊＊＊＊＊＊＊＊＊＊＊＊＊＊

建議：

1. 「Excel 1」、「Excel 2」應先強調學生「想像」飛往奧地利途中、在他鄉生活的情境。

2. 「Excel 1」中可用隨身聽及錄音帶，留下你們「部分」的聲音寫真。

3. 「Excel 2」學生若未前往奧地利，可能無法「附上照片」。或可用學生旅遊照片，或剪報方式替代。

實例十三

自我篇

　　　　班級：　　　　姓名：　　　　座號：

一、附上個人嬰幼兒時期的親子照片，並加以說明。

	評量
說明：	

二、回憶幼年時期與父母間最難忘的一件事。

	評量

三、結論：

　　在中生代末期，恐龍發生大滅絕，當時的鳥類和哺乳類卻能倖免於難，且逐漸繁盛，最後甚至取代了恐龍的生態位置，試說明其理由。

	評量
1.	*1.*
2.	*2.*

＊＊＊＊＊＊＊＊＊＊＊＊＊＊＊＊＊＊＊＊＊＊＊＊＊

建議：

　　第一項要求學生「附上個人嬰幼兒時期的親子照片」，可能有些學生無法找到照片。宜有補救措施，如從報章雜誌找嬰幼兒親子照片。

實例十四

國文科「草坡上」學習單

班級：　　　　姓名：　　　　　　座號：

　　在生活中常見有令人感動的畫面，諸如：母子相偎圖、動物嬉戲畫面……等，不論古今中外，皆讓人深深體悟愛正是共同語言之所在，愛可以給與人們無限力量，發揮潛在本能。請各位同學將蒐集照片剪下來，為它寫個生動的標題，並將內心的感觸用語言記錄之。

（剪貼）

評量

****

建議：

　　學習單之說明應力求精簡，直接切入主題，此說明可改為：請找出日常生活母子相偎圖、動物嬉戲畫面……等令人感動的畫面或照片，將它剪下來。先為它寫個生動的標題，再將內心的感觸用文字表達出來。

實例十五

數學「草坡上兒」學習章

班級：　　　　姓名：　　　　座號：

1. 草地上，有大雞小雞共 24 隻，其中 8 隻是大雞，則大雞與全部雞數的比是_____；大雞與小雞的比是_____；小雞佔全部雞數的_____。

2. 承上題，假設大雞每隻重 2 公斤，小雞每隻平均 400 公克，則全部大雞與全部小雞重量的比是_____，比值是_____。

3. 鍾先生家的草坡是長 90 公尺、寬 40 公尺的長方形，在地籍圖上的長是 15 公分，則此地籍圖的比例尺是_____，又地圖上的寬是_____公分。

4. 承上題，鍾先生家的草坡，長和寬的比_____，地籍圖上長和寬的比是_____。

5. 長方形的草坡與地籍圖上的圖形長和寬的比值是否相同？_____。是否可寫成比例式？_____。

＊＊＊＊＊＊＊＊＊＊＊＊＊＊＊＊＊＊＊＊＊＊＊＊＊＊＊

建議：

1. 此學習單採填充題形式，填充題之空格最好只有一個，且宜置於句子末端。

2. 學習單中第一、二項，偏重概念理解，與日常生活應用的關係較低，或許置於一般紙筆測驗中較適切。

4

統整課程教學與評量統合實例

　　記得八十五年開始撰寫「多元化教學評量」一書時，適值高雄市開始推動開放教育，基於擔任台南師院實習輔導處處長職責需要，乃協助高雄市國小發展「多元評量」，試圖將教學評量理論轉化為國中小具體可行的範例。八十七年五月台南市亦開始推動開放教育，雖已轉到成功大學教育研究所，仍應台南市教育局之邀共同參與「多元評量」實務範例之研發。然投入「多元評量」兩年研發後，深深感受到教學、評量不應截然劃分，乃自八十七年九月試著將研究觸角伸展到統整課程與教學，與歐慧敏老師試著將「教學與評量統合」，做出「統整課程教學與評量統合實例」初稿，於八十七年、八十八年在台南市、高雄市多次辦理「統整課程與多元評量產出型研習」，邊提出構想、邊徵詢教師意見、並立即修正，經歷十二次的修正，乃提出「繞著赤崁跑」、「蓮鄉之旅」。八十九年暑期與約一千二百名國中國小教師討論，發現學習評量單必須突破抄抄寫寫的階段，轉型為高層次認知、實作化與情意化，經歷僅三十次修正，試著設計出「鑼聲再響」的實例。

　　「統整課程教學與評量統合實例」研發過程，感謝台南市、高雄市國中、國小教師提供非常多寶貴意見，尤其感激勝利國小吳思穎教師更參與「繞著赤崁跑」的設計。研發與產出型研習過程，甚多教師均設計出嚴謹、完善的「統整課程教學與評量統合實例」。因此，本章提供「繞著赤崁跑」、「蓮鄉之旅」、「鑼聲再響」等三個實例，此或為截至再版前的最後修正版，然仍請各界不吝指正，將持續修改實例與國中、國小教師共同成長。此三個實例均採主題式跨領域統整課程，統整課程除此模式外，尚可採主題式領域內統整課程、主題式單科學科統整課程、能力統整課程、經驗統整課程、以及其他統整模式，限於時間未能發展出各種統整課程模式，尚祈拋磚引玉激發更多學者專家、實務教師，積極投入各種統整式實例之研發。

　　統整課程除教學外，最受重視者當屬評量，統整課程之評量應採多元評量，如檔案評量、遊戲化評量、口語評量、評量表或檢核表，但不應採紙筆測驗式考試。呈現統整課程的評量結果，應以質化描述為主，必要的量化為輔，但應避免以紙筆考試對統整課程學習結果進行量化描

述；呈現統整課程四項評量內涵的學習結果，宜對思考批判、技能表現、意願態度、知識理解之內涵進行「質的描述」，對知識理解內涵進行適切的量化描述。

本章呈現之三個實例，為顧及國內家長觀念與升學主義生態，減少家長抗拒或質疑，擬採取循序漸進、多樣選擇的模式，建議採取「文字敘述」、「評定等級」或「核算等級計分」的方式，但應以質化的「文字敘述」為主，另兩種方式為輔。此外，統整課程應積極針對學生優點予以增強、鼓勵，對學生缺點以提出具體努力改善的建議來取代批評指責或謾罵。

本章三個「統整課程教學與評量統合實例」均包括統整課程教學與評量計畫、給家長的話、學生學習手冊等三大部分。「統整課程教學與評量計畫」包括下列十五項：⑴課程主題、⑵統整課程架構、⑶課程目標、⑷適用年級、⑸活動節數、⑹主要活動與內涵、⑺準備活動、⑻教學流程、⑼統整課程教學評量之運用、⑽評量標準、⑾評等或計分方式、⑿參考答案、⒀補救教學、⒁注意事項、⒂參考資料。「給家長的話」除告知統整課程的目的、注意事項外，更調查家長意見。「學生學習手冊」包括給學生的話、評量注意事項、及所有學習評量單。

「繞著赤崁跑」以國小三年級學生一個班級為對象，以「赤崁樓」為主題，發展出結合社會、國語、數學、自然、美勞、道德與健康、美勞、親子活動、中區鄉土教材等學科或活動之統整課程，活動內涵納入多元能力，教學流程採詳案設計，最後一張「自我省思」學習單全部採文字敘述。

「蓮鄉之旅」以國中一年級至二年級學生三個班級為對象，採班群教學型態，以「白河蓮花」為主題，發展出結合國文、數學、生物、輔導活動、家政、美術、電腦等學科或活動之統整課程，活動內涵納入多元能力、並詳細敘述，教學流程採簡案設計，最後一張「快樂分享」學習單兼採等級、文字敘述之評量。

「鑼聲再響～～安平風華再現」以國中一年級學生三個班級為對象，採班群教學型態，以「安平人文古蹟」為主題，發展出結合數學、生物、

認識台灣（地理篇）、認識台灣（歷史篇）、認識台灣（社會篇）、公民與道德、健康教育、鄉土教學、音樂、童軍、電腦、設計網頁等學科或活動之統整課程，活動內涵強化十二項實作以及生動活潑的學習，教學流程採簡案設計，最後一張「快樂分享」學習單兼採等級、文字敘述之評量。

　　三個實例大同小異，教師實施時可針對教學目標、工作負擔、學校現況、學生或家長需要，參酌修改作為教材。

第一節　繞著「赤崁」跑～～「王牌導遊」

　　本實例由李坤崇、歐慧敏、吳思穎共同設計，分成統整課程教學與評量計畫、給家長的話、學生學習手冊等三大部分，逐一闡述之。

壹、統整課程教學與評量計畫

一、課程主題

　　繞著「赤崁」跑之王牌導遊。

二、統整課程架構

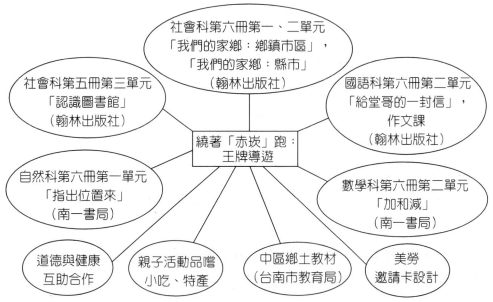

三、課程目標

㈠自行整理、美化學習檔案。

　㈠～1 能有條不紊地整理學習檔案。

　㈠～2 能美化學習檔案。

㈡運用各種方法蒐集交通資訊。

　㈡～1 能說出蒐集交通資訊的方法。

　㈡～2 能運用各種方法蒐集交通資訊。

㈢運用 1000 以內的加、減技巧於日常生活問題中。

　㈢～1 能正確應用 1000 內的加減於日常生活。

　㈢～2 能考慮自己的限制寫出最佳的選擇。

㈣強化運用圖書館的能力,善用圖書館蒐集資訊。

　㈣～1 能熟練圖書館蒐集資料方法。

　㈣～2 能蒐集圖書館的資源。

㈤增進對赤崁樓的了解,培養關懷鄉土的情懷。

　㈤～1 能寫出赤崁樓歷史、背景。

　㈤～2 能培養關懷鄉土的情懷。

　㈤～3 能設計卡片凸顯赤崁樓風光。

㈥深入了解府城小吃與特產。

　㈥～1 能寫出府城小吃及其口味。

　㈥～2 能寫出府城特產及其口味。

　㈥～3 能設計卡片凸顯府城小吃或特產。

㈦在生活情境中,能正確運用「位置」的訊息與人溝通。

　㈦～1 能寫出傳達「位置」要素,包括起點、方向、距離和參考點。

　㈦～2 能畫出正確「位置」。

　㈦～3 能說出或寫出物體的位置和相對關係。

㈧增進親子活動,培養良好休閒活動。

(八)～1 能與父母（或親友）共同參觀赤崁樓。

(八)～2 能與父母（或親友）共同品嚐小吃。

(八)～3 能與父母（或親友）共同蒐集特產資訊。

(八)～4 能與父母（或親友）分享成長喜悅。

(九)參與分組合作學習，增進溝通與人際互動能力。

(九)～1 能表現出與同學共同討論的適切技巧。

(九)～2 能表現出增進同學人際關係的適切技巧。

(九)～3 能表現出協助其他同學解決問題的行爲。

(十)反省與分享統整課程活動心得。

(十)～1 能寫出活動的心得。

(十)～2 能說出活動的心得。

(十)～3 能欣賞其他同學優點。

四、適用年級

三年級下學期。

五、活動節數

共十節（一節四十分），加課餘時間。

六、主要活動與內涵（詳見表 4-1）

表 4-1　繞著「赤崁」跑主要活動內涵

順序	活動名稱	目標	學習單	統整課程	多元能力	時間	地點
1	私家偵探	1. 了解家鄉位置 2. 了解家鄉主要交通 3. 善用各種方法蒐集資訊	地理篇交通工具篇	1. 社會第二單元「一、家鄉的位置」、「五、家鄉的交通」 2. 社會第一單元中之「一、大家來讀地圖」	空間	一節課與課餘時間	教室、家、台南市
2	精打細算	1. 運用1000以內的加減算術處理交通經費問題 2. 了解各種主要交通工具的價格	交通效率篇	1. 數學第一單元之「加和減」（1000以內） 2. 社會第二單元中之「五、家鄉的交通」	1. 邏輯—數學 2. 空間	一節課（配合數學進度）	教室
3	尋尋覓覓	1. 熟練資料蒐集方法 2. 蒐集赤崁樓資料	揭開面紗篇	1. 社會（三上）第三單元之「認識圖書館」 2. 社會（三下）第二單元之「九、家鄉的名勝古蹟」	1. 人際 2. 語文	一節課與課後一週內課餘時間	圖書館
4	指點迷津	1. 運用「位置」訊息與人溝通 2. 了解赤崁樓位置	赤崁樓位置篇	1. 自然第一單元之「指出位置來」 2. 鄉土教材之中區	1. 空間 2. 人際	自然一節後之課餘時間	教室家
5	口齒留香	1. 參觀赤崁樓古蹟 2. 品嚐台南赤崁樓附近小吃 3. 了解台南名產	揭開面紗篇、小吃篇、特產篇	1. 社會（三下）第二單元之「我的家鄉——縣市」之「五、家鄉的名勝古蹟」 2. 社會第一單元「九、名揚遠近的特產」 3. 親子活動之休閒探索	1. 人際 2. 空間 3. 肢體—運作	三月至五月假日	赤崁樓附近，台南市特產店

（承上表）

順序	活動名稱	目標	學習單	統整課程	多元能力	時間	地點
6	分享喜悅	1.介紹赤崁樓與府城小吃、特產 2.設計吸引人之邀請卡	邀請卡篇	1.國語三下第五課：「給堂哥一封信」 2.國語之作文 3.美勞之卡片設計	1.內省 2.人際 3.空間	兩節課	教室
7	回顧展望	1.回顧王牌導遊學習歷程 2.分析自己作品優劣 3.提出努力方向	分享篇	1.國語之作文	1.內省 2.語文	兩節課	教室
8	豐收時刻	1.整理與美化「王牌導遊」手冊（學習檔案） 2.分析自己作品優劣 3.欣賞他人優點 4.分組合作學習	演講篇 自我省思篇	1.上述所有課程之統整 2.國語之說話課 3.道德與健康之互助合作 4.親子活動，用班會、說話課、社會課邀家人分享	1.內省 2.空間 3.人際 4.語文	兩節課（日期與家長討論）	教室

七、準備活動

㈠詳讀與蒐集統整課程相關科目之教學指引、課本、習作與其他資料。

㈡蒐集赤崁樓與府城小吃資料。

㈢蒐集台南市地圖、古蹟資料。

㈣製作「王牌導遊」之十一份學習單，彙整成「王牌導遊」手冊：

　　1.地理篇。　　　2.交通工具篇。　3.交通效率篇。　4.揭開面紗篇。

　　5.赤崁樓位置篇。6.小吃篇。　　　7.特產篇。　　　8.邀請卡篇。

　　9.分享篇。　　　10.演講篇。　　　11.自我省思篇。

㈤第一次上課將「王牌導遊」手冊（含「給學生的話」）發予學生人手一冊，完成後請學生整理、美化後公開展示手冊。

㈥製作「給家長的話」，利用第一次上課時，請學生攜回請家長回饋後交回教師。

㈦製作「家長邀請函」，於最後一次「豐收時刻」前兩週請學生攜回，請家長填寫後，將「參與意願與意見表」交回教師。

㈧擬定評量標準，評等或計分方式。

㈨規畫補救教學方案。

㈩分成四人一組之數個小組，選取小組長協助下列學習單之初評：「地理篇」、「交通工具篇」、「交通效率篇」的一至三大題、「揭開面紗篇」的第二大題。

八、教學流程（詳見表 4-2）

表 4-2　繞著「赤崁」跑之教學流程

具體目標	教學活動	教學資源	時間	評量或補救
(一)～1	△引起動機 1.老師發予學生「給學生的話」，告知本學期將進行「王牌導遊」有趣活動，活動的流程與注意事項。 2.老師發下「給家長的話」，請學生攜回請家長填寫意見調查表。 3.老師發下「王牌導遊」手冊，請學生檢查手冊是否包括下列十一份學習單，若是有缺少的補發。 (1)地理篇。　(2)交通工具篇。 (3)交通效率篇。　(4)揭開面紗篇。 (5)赤崁樓位置篇。(6)小吃篇。 (7)特產篇。　(8)邀請卡篇。 (9)分享篇。　(10)演講篇。 (11)自我省思篇。	每人一份手冊 如左列的學習單	7' 3' 3'	1.全部學生拿到 2.九成以上學生感興趣 全部學生拿到 全部學生依指示檢查，全部齊備

（承上表）

具體目標	教學活動	教學資源	時間	評量或補救
(八)～1	4.發下「給家長的一封信」，說明後請學生於一週內交回回饋表。	給家長的一封信	3'	全部了解
(九)～1 (九)～2	5.介紹小組長與組員（四人一組），說明有問題可請問小組長。		2'	全部了解組別
(九)～3	△發展活動一：地理篇 　請學生翻開手冊「地理篇」，引導學生完成此學習單，後請小組長評量。	此學習單	10'	見評量標準，等級或計分
(二)～1	△發展活動二：交通工具篇 　請學生翻開手冊「交通工具篇」，引導學生思考如何完成此學習單。	此學習單	10'	不知如何完成者小組長協助
	△綜合活動： 　老師提醒學生於一週內完成此學習單，並予學生增強。 　　～～ 第一節結束 ～～		2'	九成以上學生專心聽講，有意願完成
	△引起動機（老師必須先完成數學第二單元，此節著重精熟） 　老師引導學生回顧上次活動，告知學生今天進行「精打細算」活動。		5'	九成以上專心聽講，感興趣
(三)～1 (三)～2	△發展活動 1.老師請學生翻開「交通效益篇」學習單，請學生先完成學習單。 2.分組討論，並由小組長初評，討論結束送由教師複評。 3.老師巡視，與各組協助。	此學習單	5' 25' 5'	全部完成 全部正確 見評量標準，等級或計分
	△綜合活動 　老師歸納各組優點給予增強。 　　～～ 第二節結束 ～～		5'	
(四)～1	△引起動機 　（此節課請學生直接到圖書館） 　老師引導學生討論赤崁樓的背景與周遭環境。		5'	至少四人發表意見

（承上表）

具體目標	教學活動	教學資源	時間	評量或補救
(四)～1	△發展活動一：揭開面紗 1. 老師複習「圖書館找資料之步驟」。 2. 老師說明找資料的步驟及該記錄下來的基本資料。	圖書館找資料步驟之長條紙	2' 3'	九成以上學生專心聽講 錯誤者請小老師協助
(四)～2	3. 老師示範一次完整的流程。 4. 請學生翻看手冊「揭開面紗」學習單。 5. 一邊尋找資料，一面完成上述學習單。 6. 教師走動巡視，並詢問學生找資料是否遇到任何問題，並予以適切回答。	此學習單	2' 3' 20'	全部努力蒐集 針對較弱學生予適切協助
(八)～1 (八)～2 (八)～3	△綜合活動 1. 老師請學生翻開「小吃篇」、「特產篇」學習單，請學生於四月底前完成。 2. 老師予學生增強，若學生完成學習單予收回，若未完成者請其利用課餘時間完成。 ～～ 第三節結束 ～～	此兩份學習單	2' 3'	全部知道完成時間，有意願完成 四月底前全部交回後，教師實施複評
	※第四節課請安排在自然第一單元「指出位置來」的最後一節課上※			
	△引起動機 老師說：「小朋友，你們記得上次『揭開面紗』活動嗎？現在我們繼續進行『指出位置來』活動，活動前我們先做一些練習。」 △發展活動一：描述位置	自然第一單元		九成以上學生專心聽講，感興趣
(七)～1	1. 老師說：「誰可以告訴老師，我們的學校在哪裡？」		2'	學生必須指出參考點

（承上表）

具體目標	教學活動	教學資源	時間	評量或補救
(七)～2	2.請學生發表意見並記錄在黑板上。		3'	至少兩人正確說
	3.請學生評論每一個意見或答案的完整性（學生已學過本單元）。		3'	出與評論
	4.老師綜合學生的觀念，提出描述位置應包含的要素。		2'	
	△發展活動二：方向和距離			
	1.老師說：「誰可以告訴老師，你早上如何從家裡到學校呢？」		2'	九成以上學生專心聽講
	2.請學生發表意見並記錄在黑板上。			至少兩人正確說
	3.請學生評論每一個意見或答案的完整性（學生已學過本單元）。		3'	出與評論
	4.老師綜合學生的觀念，提出方向表示的方法和距離測量的方法及時間與行走距離的關係。		2'	
(七)～3	△發展活動三：座標上位置在哪裡			
	1.老師說：「誰能在地圖上找出學校和你家的位置？」		2'	九成以上學生專心聽講
	2.請學生上台在黑板上的「台南市中區地圖」指出正確位置，並向大家報告。	南市中區地圖	6'	至少三人正確說出
	3.老師再強調描述位置參考點之重要。		2'	
	△綜合活動			
	1.老師請學生翻開「赤崁樓位置篇」學習單，請其於四月底前完成。	此學習單	2'	見評量標準，等級或計分
	2.說明此份學習單，並請學生利用今天所學習技巧，來完成這份學習單。		5'	
	3.學習單請於兩週後的自然課交出。		2'	四月底前全部交
	4.老師祝學生任務圓滿成功。		1'	回後，教師實
	～～ 第四節結束 ～～			施複評
	※第五、六節課請安排於五月初※			

（承上表）

具體目標	教學活動	教學資源	時間	評量或補救
(六)～1 (六)～2	△引起動機 　老師引導學生回想參觀赤崁樓、品嚐 　小吃或特產情形，給予增強鼓勵。		10'	九成以上學生專 心聽講，感興 趣
(六)～1 (六)～2 (六)～3 (五)～3	△發展活動 　老師請學生翻開「邀請卡篇」學習 　單，引導其完成邀請卡，巡視並予增 　強。 △綜合活動 　老師予學生增強，請學生有空回想參 　與「王牌導遊」過程，作為下次活動 　「回顧展望」之參考。 　　～～ 第五、六節結束 ～～	學習單	65' 5'	見評量標準，等 級或計分 九成以上學生專 心聽講，有意 願完成
(十)～1	△引起動機 　老師引導學生回想參與「王牌導遊」 　過程，給予增強鼓勵。 △發展活動 1. 老師請學生翻開「分享篇」學習單， 　引導其完成作文。 2. 教師巡視，並予學生增強。 △綜合活動 1. 老師請學生翻開「演講篇」學習單， 　引導其先預作準備演講。	 此學習單	10' 60' 10'	九成以上學生專 心聽講 見評量標準，等 級或計分 九成以上學生專 心聽講
(一)～2	2. 老師引導學生將學習手冊加以美化， 　便於下次活動展示。 3. 老師提醒學生下次活動，盡量邀請家 　人參加。 　　～～ 第七、八節結束 ～～			用心美化 1/5 家長參加
	※第九、十節課前，宜邀請家長參加， 　徵詢四或五位願擔任演講評分之家 　長，並事先分組完畢※			

（承上表）

具體目標	教學活動	教學資源	時間	評量或補救
	△引起動機	教室		
	1.老師感謝家長之參與。		10'	
	2.老師引導學生回想完成「王牌導遊」的喜悅與辛勞，引導學生自我鼓勵。			九成以上學生專心聽講
(十)~2	△發展活動一：分成四或五大組演講	四個場地		場地不相干擾
	1.老師請志願家長負責評分，每名家長評兩小組。		20'	見評量標準，等級或計分
	2.說明演講規則，每名學生2分鐘。	學習單		
	3.老師巡視予評分家長必要支援。			
	△發展活動二：觀摩、分享	教室		
(八)~4	1.老師請學生、家長觀摩每位學生之作品。		40'	全部用心觀摩
	2.老師走動徵詢家長對此次活動或教學之建議。	學習單		
	△綜合活動			
	1.老師請學生利用課後課餘時間，完成「自我省思篇」學習單。	學習單	10'	全部利用課餘自省
	2.老師請學生鼓勵、增強，感謝家長參與。			學生喜悅表情
	~~全部活動（第九、十節）結束~~			

九、「統整課程」教學評量之運用

(一)教師先講解學習檔案（王牌導遊手冊）製作重點、過程與注意事項，若學生無製作檔案之經驗，宜詳細說明，適時提供必要之協助，或提供範例供學生參考。

㈡本學習檔案於單元教學中實施之形成性評量，作為單元教學後之總結性評量，或診斷學生錯誤之依據，教師宜視教學目標與需要衡量之。

㈢教師直接於學習單之「評量」部分評定等級或打分數，本計畫之評量項目、標準、計分方式僅提供參考，教師可依教學需要調整之。

㈣請小組長協助下列學習單之初評：「地理篇」、「交通工具篇」、「交通效率篇」的一至三大題、「揭開面紗篇」的第二大題。初評後送交老師複評，其餘均由教師複評。

㈤教師評量後寫下「老師的話」，再由學生攜回讓家長寫下「家長的話」，最後由學生送交教師。優秀作品於最後兩節展示供同學觀摩，並予製作者獎勵。

十、評量標準

㈠教師從「能力」、「努力」兩個向度在學習單的「評量」欄內進行評量，「能力」以符號「○、√、△、？、×」表示「很好、不錯、加油、改進、補做（交）」。「努力」以符號「＋、－」表示「進步、退步」。

㈡各項符號與評語之評量標準如下頁，評量前必須告知學生符號所代表的意義。

㈢若評量等級亦可運用其他符號或評語，然仍須事先與學生溝通，且力求符號一致性。

符號	評語	代表意思
答案的正確或內容的完整		
○	很好	答案完全正確或完全符合老師的要求，而且比其他同學有創意或做得更好。
✓	不錯	答案完全正確或完全符合老師之要求。
△	加油	答案部分正確或有一部分沒有符合老師的要求。
？	改進	答案內容完全錯誤或完全不符合老師之要求。
×	補做（交）	未作答或未交。
努力的程度		
＋	進步	代表你比以前用心或進步。（「＋」號愈多代表愈用心、愈進步）
─	退步	代表你比以前不用心或退步。（「─」號愈多代表愈不用心、愈退步）

十一、評等或計分方式

㈠教師可依教學目標、工作負擔、學生或家長需要，採取「文字敘述」、「評定等級」或「核算等級計分」的方式。

㈡教師評定等級、計分後，仍宜視需要輔以文字深入說明，並予學生適切增強。

㈢若採「核算等級計分」方式，可依「學習檔案」的第一至第十份學習單逐一計分，每項學習單均以一百分計。可由教師評定等級後，由小組長核算分數。

㈣每個評量項目之計分，如下表：

學習單名稱	評量項目	很好 (○)	不錯 (✓)	加油 (△)	改進 (?)	補做 (×)	基本分
1. 地理篇	2	15	14	8	5	2	70
2. 交通工具篇*	一、二2項	10	14	8	5	2	45
	7	5	5	3	2	1	
3. 交通效率篇	一至三9項	5	5	3	2	1	40
	四3項	5	4	3	2	1	
4. 揭開面紗篇*	12	5	5	4	3	1	40
5. 赤崁樓位置篇	8	6	5	4	3	1	52
6. 小吃篇*	8	6	5	4	3	1	52
7. 特產篇*	6	10	9	6	2	1	40
8. 邀請卡篇	6	10	9	6	2	1	40
9. 分享篇	3	10	9	6	2	1	70
10. 演講篇	9	6	5	4	3	2	46

㈤努力向度:「＋」出現一次加1分,「－」出現一次減1分。

㈥標示「＊」部分,若學生多寫出幾項,可用「＋」酌予加分。

㈦若學習單全部未交則以「0」分計算。部分未做項目以0分計算;請學生補做後,補做部分給補做欄分數,補做完成期限由教師規定。

㈧整份統整課程可不呈現總平均分數,然若因家長強烈要求,可將上述十個項目加總除以十可以求得總平均分數。

㈨「自我省思篇」學習單以文字敘述進行質化評量,可不必予以量化。

十二、參考答案

視需要提供。

十三、補救教學

㈠對某學習單表現欠佳或未達其應有水準者,施予必要之補救教學。

㈡先呈現優秀作品供須補救教學者參考,再請小組長或義工家長協助指導,最後由教師教導。

十四、注意事項

㈠教學流程教師可針對學生實際需要加以調整。

㈡教師評分時，宜將學生的努力分數加以考量。

㈢每項學習活動不一定需要學習單，學習單乃輔助教學與評量。若因此增加學生過多負擔，將減低學生學習興趣。

㈣本統整課程可採班群教學，可由數班教師共同實施，部分可數班合上，部分可分班上課，亦可由學生分組或個別完成。

㈤本統整課程之評量結果，雖然建議採取「文字敘述」、「評定等級」或「核算等級計分」的方式，但應以質化的「文字敘述」為主，「評定等級」或「核算等級計分」為輔。呈現統整課程四項評量內涵的學習結果，宜對思考批判、技能表現、意願態度、知識理解之內涵進行「質的描述」，對知識理解內涵進行適切的量化描述。

十五、參考資料

㈠台南市政府（民87）。國民中學鄉土藝術。台南：台南市政府。

㈡李坤崇（民88）。台南市發展小班教學精神暨開放教育「統整課程與多元評量」種子教師國中產出型研習手冊：88.6.7～88.6.9。台南：後甲國中。

㈢南一書局（民87a）。國民小學自然三下教科用書。台南：南一書局。

㈣南一書局（民87b）。國民小學數學三下教科用書。台南：南一書局。

㈤翰林出版社（民86）。國民小學社會三上教科用書。台南：翰林出版社。

㈥翰林出版社（民87a）。國民小學國語三下教科用書。台南：翰林出版社。

㈦翰林出版社（民87b）。國民小學社會三下教科用書。台南：翰林出版社。

貳、給家長的話

親愛的家長：

　　又是一個新學期的開始，爲了讓我們的孩子可以更快樂地學習和成長，獲得更實用的知識與能力，特別用心設計了一個「繞著赤崁跑」的系列活動。爲了讓活動更完美，請協助下列兩項事項：

　　一、利用四月三十日前的假日空閒時間，陪孩子完成「揭開面紗篇」、「小吃篇」、「特產篇」等三份學習單的活動。

　　二、製作學習單過程，盡量讓孩子獨立完成，必要時才提供協助，以提高獨立自主的學習能力。

　　愛要付出、愛要學習、愛要成長，相信孩子在我們的愛與關懷下，一定可以讓他們喜歡學校、喜歡上學、樂意學習。

　　若您對於此次活動有任何寶貴的意見，歡迎提供給我們參考，謝謝您！

老師們敬上

（請沿線撕下，讓孩子帶回交給級任老師）

「繞著赤崁跑」家長意見調查表

一、對活動設計的滿意度？

　　□非常滿意　　□滿意　　□不滿意　　□非常不滿意

二、對活動的建議

三、可提供的協助

四、其他

學生姓名：＿＿＿＿＿＿＿＿＿　　　家長簽名：＿＿＿＿＿＿＿＿

參、學生學習手冊

繞著「赤崁」跑——「王牌導遊」手冊

各位小朋友：

　　住在台南的婷婷有個住在台北市的妙妙阿姨，因爲表姐芳芳上社會課提到「赤崁樓」，妙妙阿姨想在暑假帶表姐芳芳、表弟安安到台南婷婷家做客，順便一遊赤崁樓。婷婷想爲他們設計一趟溫馨、難忘的赤崁樓之旅。如果你是婷婷，你事先應該做好哪些準備工作，做個「王牌導遊」呢？你只要完成「王牌導遊」手冊，一定是個最好的導遊。

　　爲了當個「王牌導遊」，而且學得愉快、學得充實，請注意下列事項：

一、你將完成下列十一份學習單，請檢查迴紋針所夾的手冊是否包括下面學習單，如果有缺少請向老師補領。

  1.地理篇   2.交通工具篇   3.交通效率篇   4.揭開面紗篇

  5.赤崁樓位置篇   6.小吃篇   7.特產篇   8.邀請卡篇

  9.分享篇   10.演講篇   11.自我省思篇

二、在所有學習單中，「評量」下面或右邊的空格不用填寫，那是給老師或小組長填寫的。

三、請按照老師的進度做完學習單，若遭遇問題，先問小組長，再問老師，我們都樂意幫你解決問題。

四、「揭開面紗篇」、「小吃篇」、「特產篇」等三份學習單，請父母在四月三十日以前，利用假日空閒時間帶你去參觀「赤崁樓」，品嚐附近的小吃，以及了解台南特產。記得馬上告訴父母，早一點安排時間。如果父母沒空，可找親戚朋友幫忙，如果還有問題，可以來找老師幫忙。

五、老師發的「給家長的話」，記得給家長看後，將下面的「家長意見調查表」於一週內交給老師。

祝大家學得快樂！

繞著「赤崁」跑——「王牌導遊」評量注意事項

各位小朋友：

一、這次有趣的「王牌導遊」活動，老師除了看你答案的正確或內容的
　　完整外，還要看你的努力或進步的情形，請大家努力、用心做。

二、老師會用一些「新的符號」來代表你學習單的表現，請大家看一看
　　下面的符號表：

符號	評語	代表意思
答案的正確或內容的完整		
○	很好	答案完全正確或完全符合老師的要求，而且比其他同學有創意或做得更好。
√	不錯	答案完全正確或完全符合老師之要求。
△	加油	答案部分正確或有一部分沒有符合老師的要求。
?	改進	答案內容完全錯誤或完全不符合老師之要求。
×	補做（交）	未作答或未交。
努力的程度		
＋	進步	代表你比以前用心或進步。（「＋」號愈多代表愈用心、愈進步）
－	退步	代表你比以前不用心或退步。（「－」號愈多代表愈不用心、愈退步）

三、如果對「新的符號」有不了解的地方，記得來問老師喔！

「王牌導遊」~~地理篇

年　　　班　　　座號：　　　　姓名：

　　小朋友：你是不是可以幫婷婷先在地圖上找出妙妙阿姨家與自己家所在城市的位置呢？

　　1.請在地圖上將台北市的位置塗上紅色；台南市的位置塗上藍色。

　　2.請寫出與台北市相鄰的縣市名稱：

　　3.請寫出與台南市相鄰的縣市名稱：

評量事項（小朋友不必填寫等級）	評量		評量
1.台北市、台南市位置		2.台北市、台南市相鄰縣市位置	

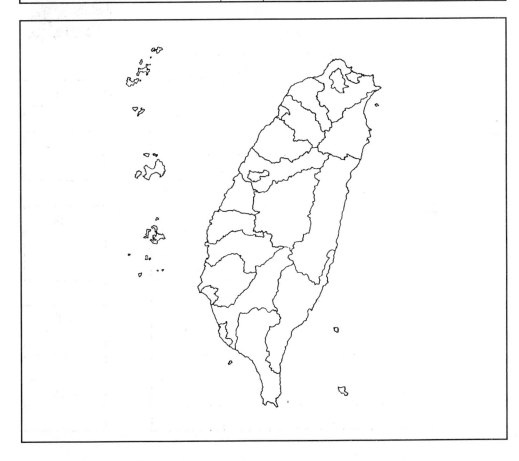

「王牌導游」~~交通工具篇

年　　　班　　　座號：　　　　姓名：

小朋友：

　　妙妙阿姨由台北到台南或由台南回台北，最常用的交通工具是火車、飛機、汽車，請你回答下列問題：

一、你了解三種交通工具的車別嗎（全班討論後，填在下面的表格）？

二、你會用什麼方法去了解各種車別價錢？（除了打 104 問交通公司電話，以電話詢問外），還有哪些方法？（全班討論）

三、請小朋友回家完成下面的表格。

交通工具	車別	價錢		單程時間	詢問電話	評量
		全票	半票			
火車	自強號					
飛機	遠東公司					
汽車	國光號					
其他						

「王牌導遊」~~交通效率篇

年　　　班　　　座號：　　　　姓名：

小朋友：現在請你從「王牌導游」~~交通工具篇的調查表資料，繼續完成下列任務

一、如果買一張全票，台北到台南哪一種交通工具價錢最貴？哪一種交通工具價錢最便宜？相差多少錢？

	最貴	最便宜	相差
評量			

二、如果買一張半票，台北到台南哪一種交通工具價錢最貴？哪一種交通工具價錢最便宜？相差多少錢？

	最貴	最便宜	相差
評量			

三、妙妙阿姨一家人需要買一張全票、兩張半票，請你幫他算一算，他們搭乘不同的交通工具各需付多少錢？

火車	共付多少錢	飛機	共付多少錢	汽車	共付多少錢
自強號					
評量		評量		評量	

四、如果你是妙妙阿姨的話，你會選擇搭乘哪一種交通工具，為什麼？

	切合主題	理由充分	敘述流暢
評量			

「王牌導遊」~~揭開面紗篇

年　　　　　班　　　　　座號：　　　　　姓名：

　　小朋友：你想對赤崁樓有所了解，一定要拜訪我們知識的大寶庫——圖書館。你可以在圖書館中找到三本或多本有介紹赤崁樓的書籍，然後記錄下它的書名、作者、年代、出版社的名稱，及所找到資料的正確頁碼。並嘗試回答下列問題：（你可以把資料影印，剪貼成專輯，放在你的學習檔案哦！）

一、所找到的書：

編號	書名	作者	年代	出版社	頁碼	評量
1						
2						
3						

二、赤崁樓小檔案：（下面資料，若父母有空，請父母帶你參觀記錄完成。）

　　1.赤崁樓是哪一國人蓋的？（　　　　　　　）　評量
　　2.在明代漢人稱赤崁樓為什麼？（　　　　　　）　評量
　　3.赤崁樓中有很多樓閣建築，現在你去赤崁樓還可以看到哪些樓閣建築？　評量
　　　（　　　　　）（　　　　　）（　　　　　）

4.贔屭御碑（石烏龜身上背著石碑）──相傳十座
御碑運往台南時，一隻落海失蹤，後來又補造一
隻，現存於嘉義公園。落海的贔屭於民國前一年
由漁民撈獲，但背上石碑則仍深陷大海。目前該
贔屭安置在保安宮內，被尊為白靈聖母，據聞贔
屭背上凹槽所盛之水可治眼疾。請問保留在赤崁
樓的贔屭有幾座？（　　　　　　　　）

評量

5.傳說位於海神廟和文昌閣間的古井有一條隧道直
通哪裡？（　　　　　　　）

評量

6.文昌閣、海神廟護牆欄杆有大眼、大鼻、大嘴巴
的石獅子，它們的樣子非常有趣，請問它們有幾
隻？（　　　　　　）

評量

7.在文昌閣二樓供奉魁星爺，請仔細看看參加考試
的大哥哥和大姊姊都把他們的什麼東西擺在神桌
上或貼在牆上呢？（　　　　　　　）

評量

8.現在讓我們瞧瞧魁星爺，右手拿著硃筆，左手拿
著墨斗，右腳踩著鰲頭，左腳踢著星斗，有「獨
佔鰲頭」之意。現在要請小朋友查查「獨佔鰲頭」
是什麼意思？

（　　　　　　　　　　　　　　）

評量

9.看完「赤崁樓」，忽聞陣陣肉燥香，不覺肚子咕
嚕響，原來一街之隔正是出名的小吃集中地，請
問它叫什麼名字？（　　　　　　　）

評量

「王牌導遊」~~赤崁樓位置篇

年　　　　班　　　　座號：　　　　姓名：

一、阿姨想帶著表姐、表弟遊一級古蹟赤崁樓，但是他們從未去過，請畫一張家裡到赤崁樓的路線圖吧！（正確傳達「位置」的訊息，必須包括起點、方向、距離、參考點。）

	起點	方向	距離	參考點
評量				

二、小朋友，幫阿姨畫好路線圖後，請根據你畫的路線圖說明一下，讓暑假將回國的舅舅也能根據路線圖和文字說明找到赤崁樓。我家住址：台南市勝利路 10 號。（可以將住址改為你家的住址）

我家 →

，可以到達（赤崁樓）

	起點	方向	距離	參考點
評量				

「王牌導遊」~~小吃篇

年　　　　班　　　　座號：　　　　姓名：

　　小朋友：妙妙阿姨來玩，你是不是應盡地主之誼，請他們吃吃赤崁樓附近的小吃呢？請你來完成下列任務吧！

一、請你調查一下赤崁樓附近有哪些小吃，把它們一項一項寫下來，有空的話和家人去品嚐一下，並做個記錄：

編號	小吃名稱	路街名或店號	和什麼人一起去吃	單價	吃完後，感覺如何？	評量
1						
2						
3						
4						

二、請畫出一張赤崁樓附近小吃的路線圖，並在路線圖上以上面表格的編號標示小吃所在的位置。（最少四項）

	路線圖	小吃位置
評量		

三、如果爸爸給你 1000 元，你想請阿姨他們品嚐赤崁樓附近的小吃，你會請他們吃什麼？為什麼？

	小吃	原因
評量		

「王牌導遊」~~特產篇

年　　　　班　　　　座號：　　　　姓名：

　　小朋友：媽媽給你 1000 元，想買一些特產送給阿姨帶回台北給因公司業務忙，沒辦法一起到台南來的姨丈品嚐，請你調查一下「府城特產」，再想一想要送給姨丈哪些特產？

一、請至少調查四種「府城特產」，填在下面表格：

	特產名稱	產品內容或特色	評量
1			
2			
3			
4			

我建議媽媽買的特產是：

因為：

評量

「王牌導遊」~~邀請卡篇

　　年　　　班　　　座號：　　　　姓名：

　　☆你能設計一張邀請卡讓別人覺得不來赤崁樓一遊會「遺憾終身、終身遺憾」嗎？☆

　　請你依照上面所找到的資料，設計一張寄給妙妙阿姨一家的邀請卡（卡片內容要注意卡片格式，簡短介紹赤崁樓、府城小吃與特產，還要**發揮創意製作精美卡片**，請將你所製作的邀請卡浮貼在此學習單上）。

評量項目（小朋友不必填寫等級）	評量		評量
1.賀卡稱呼、署名、敬辭、日期正確		4.用字、標點符號正確	
2.短文要切合主題、有創意		5.設計符合主題、有創意	
3.段落分明，善用佳句、佳詞		6.構圖、用色美觀大方	

「王牌導遊」~~分享篇

年　　　班　　　座號：　　　姓名：

　　小朋友：完成了以上的任務後，老師相信你一定可以成為一位「王牌導遊」，並讓妙妙阿姨一家人有一個愉快的假期了。你願意把這一次完成任務的心得和老師分享一下嗎？以下請你用兩百個字將你的心得報告出來。（請你針對這次(1)你學到了什麼？(2)你做得最好的是什麼？(3)哪些是你還要再加油的？）

評量項目（小朋友不必填寫等級）	評量		評量
1. 內容要具體反省、提出感想		3. 用字、標點符號正確	
2. 段落分明，善用佳句、佳詞			

（請接下一頁繼續完成）

（請接上一頁繼續完成）

「王牌導遊」演講篇

年　　　　班　　　　座號：　　　　　姓名：

　　小朋友，王牌活動結束後，你有什麼心得要告訴同學（參考前面「分享篇」），記得邀請親戚朋友一起來聽喔。

　　每個人有「兩分鐘的時間」，通常正式演講一分鐘約一百八十個字，你可以事先練習看看。請大家盡情發揮。

　　準備演講應該注意下列幾項：

一、演講內涵與組織

評量	此部分包括下列幾項重點
	1.內容符合主題，且清晰、簡要
	2.組織分明，善用佳句、佳詞
	3.內容生動有趣，富創意

二、演講技巧

評量	此部分包括下列幾項重點
	1.以姿勢或肢體語言來強調重點
	2.以聲量或速度變化、停頓來強化重點
	3.發音、咬字清晰
	4.儀態端莊大方，態度相當誠懇
	5.眼神注視聽眾，展露自信笑容
	6.精確掌握時間（每多或少於30秒等級降一級）

注意事項

㈠演講時間兩分鐘，一分三十秒按一聲鈴，兩分鐘按二聲鈴，兩分三十秒按三聲鈴，再來每隔三十秒按一聲鈴。

㈡演講前把這份學習單交給老師評定等級或成績。

「王牌導遊」自我省思篇

年　　　班　　　座號：　　　　姓名：

一、經過整個「王牌導遊」活動，你獲得哪些重要知識？

二、整個「王牌導遊」學習過程，你學得了哪些日常生活可用的技巧？

三、整體來說，你喜歡「王牌導遊」的活動嗎？你最喜歡哪項活動？

四、經過整個「王牌導遊」活動，你比以前更自動自發嗎？你比以前更
懂得如何蒐集、整理資料嗎？

五、經過整個學習過程，你最大的收穫是什麼？（例如：人際溝通能力、
表達能力、蒐集資料能力、親子溝通或其他）

六、經過整個學習過程，你覺得還有哪些地方可以做得更好，可以再努力？

做完「王牌導遊」活動後，小組長、老師、家長向你說：

小組長的話：

簽名：

老師的話：（顧及思考批判、技能表現、意願態度、知識理解四項）

簽名：

家長的話：

簽名：

第二節　蓮鄉之旅～～訪花中君子

　　本實例由李坤崇、歐慧敏設計，分成統整課程教學與評量計畫、給家長的話、學生學習手冊等三大部分，分別依序說明之。

壹、統整課程教學與評量計畫

一、課程主題

　　蓮鄉之旅～～訪花中君子。

二、統整課程架構

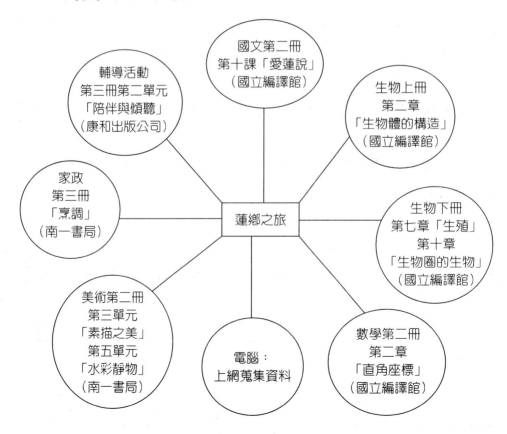

三、課程目標

㈠深入了解蓮花的構造。

㈡運用上網蒐集資料的技巧，解決其他課程的問題。

㈢運用直角座標的概念，解決日常生活的問題。

㈣增進對「愛蓮說」的了解，並表達自己想法。

㈤深入了解各種媒材的特點，並加以表現。

㈥深入了解用蓮花所烹調出的食品。

㈦在生活情境中，正確運用「位置」的訊息與人溝通。

㈧增進親子活動，培養良好休閒活動。

㈨參與分組合作學習，增進溝通與人際互動能力。

㈩自行整理、美化學習檔案。

㈣反省與分享統整課程活動心得。

四、適用年級

國中一年級下學期、二年級上學期，以三個班級為班群。

五、活動節數

共十五節（一節四十五分），加課餘時間。

六、主要活動與內涵（詳見表4-3）

表 4-3 訪花中君子主要活動內涵

順序	名稱	目　標	學習單	統整課程	多元能力	時間	班群狀況	地點
1	深度報導	1.了解植物身體各部分名稱 2.了解蓮花各部分的特徵	好好看我	1.生物上冊第二章「生物體的構造」 2.生物下冊第七章「生殖」 3.生物下冊第十章「生物圈的生物」	1.語文 2.空間 3.邏輯—數學 4.肢體—運作	二節生物課	三班分開	教室或室外有種植蓮花之處
2	網上追追追	上網路蒐集蓮花的資料	再近一點	1.電腦課上網蒐集資料的技巧 2.生物上冊第二章「生物體的構造」 3.生物下冊第七章「生殖」、第十章「生物圈的生物」	1.肢體—運作 2.人際 3.語文 4.內省	一節課	個別上網	電腦教室
3	話古道今	1.了解周敦頤「愛蓮說」課文的意義 2.用簡短文字表達自己所理解的意義	蓮花知音	國文第二冊第十課「愛蓮說」	1.邏輯—數學 2.空間 3.語文	一節課（配合國文第十課進度）	三班分開	教室
4	紙上談兵	1.了解直角座標的基本觀念 2.將直角座標的觀念運用在實際的生活例子	白河座標	數學第二章「直角座標與二元一次方程式圖形」		一節課（配合數學進度）	三班分開	教室

（承上表）

順序	名稱	目　標	學習單	統整課程	多元能力	時間	班群狀況	地點
5	心靈饗宴	1.了解、運用素描的特點和技巧 2.了解、運用水彩靜物的特點和技巧 3.鑑賞利用不同媒材呈現的蓮花作品	彩繪蓮花	1.美術第二冊第三單元「素描之美」 2.美術第二冊第五單元「水彩靜物」	1.空間 2.肢體—運作 3.人際	二節美術課及暑假中	三班分開	美術教室、白河
6	一飽口福	1.品嚐各式用蓮所烹調出來的佳餚 2.了解烹調喜歡佳餚所需的材料及製作方法	蓮花大餐	家政第三冊	1.肢體 2.人際 3.內省 4.語文	暑假中及一節課	親子自行前往	白河、教室
7	請跟我來	1.能用文字與人溝通位置、交通及距離 2.能用圖形與人溝通位置、交通及距離	蓮鄉遊蹤	1.認識台灣（地理篇） 2.數學第二章「直角座標與二元一次方程式的圖形」	1.空間 2.語文 3.肢體—運作 4.人際	一節課	三班分開	教室
8	白河夢	1.回顧學習歷程 2.分析自己的收穫與缺失 3.報告心得感想	白河遊記	國文作文課	1.語文 2.內省	二節作文課	三班分開	教室
9	漂亮一點	能自行整理、美化自己的學習檔案	化為永恆	美術課	1.邏輯—數學 2.肢體—運作	一節課	三班分開	教室
10	歡喜豐收	1.自評其學習態度 2.分析作品優劣 3.欣賞他人優點 4.分組合作學習	快樂分享	輔導活動第三冊第二單元陪伴與傾聽	1.內省 2.人際	二節課	三班合上	教室

七、準備活動

㈠詳讀及統整課程相關科目之教學指引、課本、習作與其他資料。
㈡蒐集有關蓮花的資料。
㈢蒐集古今中外有關蓮花的藝術作品或圖片。
㈣製作「蓮鄉之旅」之十份學習單，彙整成「訪花中君子」手冊：
1. 好好看我　2. 再近一點　3. 白河座標
4. 蓮花知音　5. 彩繪蓮花　6. 蓮花大餐
7. 蓮鄉追蹤　8. 白河遊記　9. 化爲永恆
10. 快樂分享
㈤事先請每位學生準備好一本檔案資料簿（A4 格式，大約四十頁）。
㈥第一次上課將「訪花中君子」手冊（含「給學生的話」）發予學生人手一冊，完成後請學生整理、美化後公開展示手冊。
㈦製作「給家長的話」，利用第一次上課時，請學生攜回請家長回饋後交回教師。
㈧擬定評量標準，評等或計分方式。
㈨規畫補救教學方案。
㈩分成四人一組之數個小組，選取小組長協助下列學習單之初評：「好好看我」、「再近一點」、「白河座標」。

八、教學流程（詳見表 4-4）

表 4-4　蓮鄉之旅教學流程

目標	學習活動	支援活動	時間	評量或補救
	1.發予學生「給學生的話」。 2.發下「給家長的話」。	告知本活動流程與注意事項。 請學生攜回讓家長填寫調查表。	45'	九成以上專心聽講
	3.發下「訪花中君子」手冊。內含十份學習單，說明內容及實施程序。 4.介紹小組長與其三名組員，說明有問題可請問小組長。 ～～ 第一節結束 ～～	1.檢查是否短缺，若缺則補發。 2.活動涵蓋暑假，請學生按進度完成。 強調小組間團結合作。		全部依指示檢查 全部了解組別
(一)	1.引起動機（全體）。 2.請學生發表所認識的蓮花特點（全體）。 3.帶學生至學校的水生植物園參觀（全體）。 4.分組製作，個別完成「好好看我」學習單（分組）。 5.小組長進行各組初評，利用時間進行補救教學。 6.教師複評。 ～～ 第二、三節結束 ～～	引導學生欣賞蓮花。 在教室布置蓮花各種照片。 若校中無蓮花，可用蓮花圖畫代替。 行間指導，鼓勵學生思考。 1.公布答案。 2.對疑問加以說明。 了解學生學習狀況，檢討教學歷程。	90'	九成以上踴躍發言 全體參與 不知者請小組長協助 1.見評量標準 2.九成以上答對 課後複評
(一) (二) (九)	1.指導學生上網（分組）。 2.分組製作、個別完成「再近一點」學習單（分組）。 3.小組長進行各組初評，利用時間進行補救教學。 4.教師複評。 ～～ 第四節結束 ～～	1.複習上網步驟。 2.巡視行間指導學生。 巡視行間指導學生。 公布答案、並解答疑惑。 了解學生學習狀況，檢討教學歷程。	45'	九成以上均熟習此步驟 各組均完成 見評量標準 課後複評

（承上表）

目標	學習活動	支援活動	時間	評量或補救
(三) (九)	1. 複習第二單元「直角座標與二元一次方程式的圖形」所學過的知識（全體）。 2. 分組製作、個別完成「白河座標」學習單（分組）。	1. 小組長協助指導。 2. 發現共同問題，統一說明。 1. 巡視行間指導學生。 2. 組內合作學習。	45'	九成五以上均精熟 九成以上均能獨力完成
	3. 小組長進行各組初評，利用時間進行補救教學。 4. 送由教師複評。 ～～ 第五節結束 ～～	公布答案，並解答疑惑。 了解學生學習狀況，檢討教學歷程。		見評量標準 課後複評
(四) (九)	1. 複習周敦頤的「愛蓮說」（全體）。 2. 分組討論，個別完成「蓮花知音」學習單（分組）。 3 請小組代表說明討論結果，再請同學自己改善學習單。 4. 收回學習單，進行評量。 ～～ 第六節結束 ～～	請學生說明此課的重點。 巡視行間適切指導。 1. 綜合評論。 2. 引導學生改善。 發現共同錯誤，實施補救教學。	45'	九成以上踴躍發言 全體參與 各組代表說明正確 課後評量
(五) (九) (八)	1. 依序向學生解釋「素描」、「水彩」、「國畫」特點，運用技巧、鑑賞重點。 2. 請學生於暑假完成「彩繪蓮花」學習單。 ～～ 第七、八節結束 ～～	準備蓮花作品、圖片或畫冊。 納入暑假作業。	90'	九成能了解 下學期初美勞課時評量
(六) (九) (八)	1. 教導營養均衡的概念。 2. 討論蓮花的功用。 3. 請學生於暑假完成「蓮花大餐」學習單。 ～～ 第九節結束 ～～	舉出錯誤飲食造成身體不健康的例子。 師生分享品嚐經驗。 納入暑假作業。	45'	九成以上能了解 至少十人發言 下學期初家政課時評量
	※以下課程安排於下一個學期初（二年級上學期）進行。			

（承上表）

目標	學習活動	支援活動	時間	評量或補救
(七) (九)	1. 分組製作、個別完成「蓮鄉追蹤」學習單。	1. 引導回憶，解決疑惑。 2. 無法前往者，請組員與之分享。	45'	全部完成
	2. 收回學習單，進行評量。 ～～ 第十節結束 ～～	發現共同錯誤，實施補救教學。		課後評量
(九) (土)	1. 分組製作、個別完成「白河遊記」學習單。	1. 引導回憶，解答疑惑。 2. 無法前往者，請組員與之分享。 3. 準備稿紙。	90'	全部完成
	2. 收回學習單與作品，進行評量。 ～～ 第十一、十二節結束 ～～	發現共同錯誤，實施補救教學。		課後評量
(十) (土)	1. 檢查學習檔案。	每位學生均為十份學習單。	45'	確實檢核
	2. 交尚未評分的學習單。 3. 進行美化學習檔案，發揮創意。 4. 解答學生疑問，鼓勵學生提出自己心得。 ～～ 第十三節結束 ～～	檢核每份學習單。 「化為永恆」學習單。 巡視行間適切指導。 與學生交換意見和看法。		全部積極參與 三位以上學生提出疑問
(土)	1. 個別完成「快樂分享」學習單，實施檔案自評。 2. 小組長對組員回饋。	學生自評、小組長評量。 寫下最後一份學習單之小組長的話。	90'	九成以上能完成自評 各組全部完成
	3. 呈現作品，全班相互觀摩分享。 ～～ 第十四、十五節結束 ～～ 分別對學生個別回饋。 家長對其子女回饋。	學生將學習檔案置於桌上。 寫下最後一份學習單之家長的話。 寫下最後一份學習單之家長的話。		課後實施 課後實施

九、「統整課程」教學評量之運用

㈠教師先講解學生之學習檔案（訪花中君子手冊）製作重點、過程與
注意事項，若學生無製作檔案之經驗，宜詳細說明，適時提供必要
之協助，或提供範例供學生參考。

㈡本學習檔案於單元教學中實施之形成性評量，作為單元教學後之總
結性評量，或診斷學生錯誤之依據，教師宜視教學目標與需要衡量之。

㈢教師直接於學習單之「評量」部分評定等級或打分數，本計畫之評
量項目、標準、計分方式僅提供參考，教師可依教學需要調整之。

㈣請小組長協助下列學習單之初評：「好好看我」、「再近一點」、
「白河座標」。此三份學習單初評後送交老師複評，其餘學習單均
由教師直接複評。

㈤教師評量後寫下「老師的話」，再由學生攜回讓家長寫下「家長的
話」，最後由學生送交教師。優秀作品於最後兩節展示供同學觀摩，
並予製作者獎勵。

十、評量標準

㈠教師從「能力」、「努力」兩個向度在學習單的「評量」欄內進行
評量，「能力」以符號「○、√、△、？、×」表示「很好、不錯、
加油、改進、補做（交）」。「努力」以符號「＋、－」表示「進
步、退步」。

㈡各項符號與評語之評量標準如下頁，評量前必須告知學生符號所代
表的意義。

符號	評語	代表意思
答案的正確或內容的完整		
○	很好	答案完全正確或完全符合老師的要求，而且比其他同學有創意或做得更好。
√	不錯	答案完全正確或完全符合老師之要求。
△	加油	答案部分正確或有一部分沒有符合老師的要求。
?	改進	答案內容完全錯誤或完全不符合老師之要求。
×	補做（交）	未作答或未交。
努力的程度		
+	進步	代表你比以前用心或進步。（「＋」號愈多代表愈用心、愈進步）
－	退步	代表你比以前不用心或退步。（「－」號愈多代表愈不用心、愈退步）

㈢若評量等級亦可運用其他符號或評語，然仍須事先與學生溝通，且力求符號一致性。

㈣最後一張「快樂分享」學習單，因結合學生自評、小組長評量與教師複評，等級部分為五等，為便於學生自評，只取前三個等級，即若為「很好」打「○」、「不錯」打「√」、「加油」打「△」。

十一、評等或計分方式

㈠教師可依教學目標、工作負擔、學生或家長需要，採取「文字敘述」、「評定等級」或「核算等級計分」的方式。

㈡教師評定等級、計分後，仍宜視需要輔以文字深入說明，並予學生適切增強。

㈢評量兼採學生自評、小組長評量、教師複評時，以教師複評結果為評量結果之依據，然教師複評宜參考學生自評或小組長之評量結果。

㈣若採「核算等級計分」方式，可依「學習檔案」的第一至第九份學習單逐一計分，每項學習單均以一百分計。可由教師評定等級後，由小組長核算分數。

㈤每個評量項目之計分，如下表：

學習單名稱	評量項目	很好 （○）	不錯 （√）	加油 （△）	改進 （？）	補做 （×）	基本分
1.好好看我	4	10	10	7	4	2	60
2.再近一點	9	6	6	4	3	1	46
3.蓮花知音	3	10	9	4	3	1	70
4.白河座標	5	10	10	7	4	2	50
5.彩繪蓮花	4	10	9	5	3	1	60
6.蓮花大餐＊	3	15	13	10	5	3	55
7.蓮鄉遊蹤	2	20	17	13	10	5	60
8.白河遊記	3	10	9	6	2	1	70
9.化為永恆	3	10	9	6	2	1	70

㈥努力向度：「＋」出現一次加1分，「－」出現一次減1分。

㈦標示「＊」部分，若學生多寫出幾項，可用「＋」酌予加分。

㈧若學習單全部未交則以「0」分計算。部分未做項目以0分計算；請學生補做後，補做部分給補做欄分數，補做完成期限由教師規定。

㈨整份統整課程可不呈現總平均分數，然若因家長強烈要求，可將上述前九個項目加總除以九可以求得總平均分數。

㈩「快樂分享篇」學習單以文字敘述進行質化評量爲主，自評、小組長、教師評量以等級爲主，可不必予以計分。

十二、參考答案

視需要提供。

十三、補救教學

㈠對某學習單表現欠佳或未達其應有水準者，施予必要之補救教學。

㈡先呈現優秀作品供須補救教學者參考，再請小組長或義工家長協助指導，最後由教師教導。

十四、注意事項

㈠教師可針對學生實際需要調整教學流程。

㈡教師評分時，宜將學生的努力分數加以考量。

㈢每項學習活動不一定需要學習單，學習單乃輔助教學與評量。若因此增加學生過多負擔，將減低學生學習興趣。

㈣本統整課程橫跨一下、二上兩個不同年級，若二年級必須重新編班，可將第十節至第十五節移至一下之學期末實施，整個活動往前移約一個月。

㈤本統整課程之評量結果，雖然建議採取「文字敘述」、「評定等級」或「核算等級計分」的方式，但應以質化的「文字敘述」為主，「評定等級」或「核算等級計分」為輔。呈現統整課程四項評量內涵的學習結果，宜對思考批判、技能表現、意願態度、知識理解之內涵進行「質的描述」，對知識理解內涵進行適切的量化描述。

十五、參考資料

㈠台南市政府（民87）。國民中學鄉土藝術。台南：台南市政府。

㈡李坤崇（民88）。台南市發展小班教學精神暨開放教育「統整課程與多元評量」種子教師國中產出型研習手冊：88.6.7～88.6.9。台南：後甲國中。

㈢南一書局（民87a）。國民中學美術第二冊。台南：南一書局。

㈣南一書局（民87b）。國民中學家政第三冊。台南：南一書局。

㈤康和出版公司（民87）。國民中學輔導活動第三冊。台北：康和出版公司。

㈥國立編譯館（民87a）。國民中學國文第二冊。台北：國立編譯館。

㈦國立編譯館（民87b）。國民中學生物上冊。台北：國立編譯館。

㈧國立編譯館（民87c）。國民中學生物下冊。台北：國立編譯館。

㈨國立編譯館（民87d）。國民中學數學第二冊。台北：國立編譯館。

貳、給家長的話

親愛的家長：

　　又是一個新學期的開始，為了讓我們的孩子可以更活用知識於日常生活中，獲得更實用的知識與能力，特別用心設計了一個「蓮鄉之旅」的系列活動。為了讓活動更完美，請協助下列兩項事項：

一、利用暑假閒暇時間，陪孩子完成「彩繪蓮花」、「蓮花大餐」等二份學習單的活動。

二、製作學習單過程，盡量讓孩子獨立完成，必要時才提供協助，以提高獨立自主的學習能力。

　　愛要付出、愛要學習、愛要成長，相信孩子在我們的愛與關懷下，一定可以讓他們喜歡學校、喜歡上學、樂意學習。

　　若您對於此次活動有任何寶貴的意見，歡迎提供給我們參考，謝謝您！

老師們敬上

（請沿線撕下，讓孩子帶回交給級任老師）

「蓮鄉之旅」家長意見調查表

一、對活動設計的滿意度？

　　□非常滿意　　□滿意　　□不滿意　　□非常不滿意

二、對活動的建議

三、可提供的協助

四、其他

學生姓名：＿＿＿＿＿＿＿＿　　　　家長簽名：＿＿＿＿＿＿＿＿

參、學生學習手冊

蓮鄉之旅～～「訪花中君子」學習手冊

各位同學：

　　在這一學期中，我們要向各位同學介紹一種優雅的植物——蓮花，並希望同學們能在暑假與家人安排一個「蓮鄉之旅」。為了讓你與你的家人能在暑假玩得愉快、讓你能在家人面前是一個蓮花知音，老師們設計了一個系列的「蓮鄉之旅～～訪花中君子」活動，只要你能用心完成這些活動，相信一定能成為一個蓮花知音。

　　為了當個「蓮花知音」，而且學得愉快、學得充實，請注意下列事項：

一、你將完成下列九份學習單，請檢查迴紋針所夾的手冊是否包括下面學習單，如果有缺少請向老師補領。

　　　1. 好好看我　　*2.* 再近一點　　*3.* 白河座標　　*4.* 蓮花知音　　*5.* 彩繪蓮花
　　　6. 蓮花大餐　　*7.* 蓮鄉追蹤　　*8.* 白河遊記　　*9.* 化為永恆　　*10.* 快樂分享

二、在所有學習單中，「評量」下面或右邊的空格不用填寫，那是給老師或小組長填寫的。

三、請按照老師的進度做完學習單，若遭遇問題，先問小組長，再問老師，我們都樂意幫你解決問題。

四、「彩繪蓮花」、「蓮花大餐」等二份學習單，請父母在暑假，利用假日空閒時間帶你去「白河」參觀，品嚐蓮花大餐，以及有關蓮花的一切資訊。記得馬上告訴父母，早一點安排時間。如果父母沒空，可找親戚朋友幫忙，如果還有問題，可以來找老師幫忙。

五、老師發的「給家長的話」，記得給家長看後，將下面的「家長意見調查表」於一週內交給老師。

六、本學習檔案跨越兩個學期，請你妥善保管所有的學習單。

祝大家學得快樂！

蓮鄉之旅
「訪花中君子」評量注意事項

各位同學：

一、這次有趣的「訪花中君子」活動，老師除了看你答案的正確或內容
　　的完整外，還要看你的努力或進步的情形，請大家努力、用心做。

二、老師會用一些「新的符號」來表示你學習單的表現，請大家看一看
　　下面的符號表：

符號	評語	代表意思
答案的正確或內容的完整		
○	很好	答案完全正確或完全符合老師的要求，而且比其他同學有創意或做得更好。
√	不錯	答案完全正確或完全符合老師之要求。
△	加油	答案部分正確或有一部分沒有符合老師的要求。
?	改進	答案內容完全錯誤或完全不符合老師之要求。
×	補做（交）	未作答或未交。
努力的程度		
＋	進步	代表你比以前用心或進步。（「＋」號愈多代表愈用心、愈進步）
―	退步	代表你比以前不用心或退步。（「―」號愈多代表愈不用心、愈退步）

三、如果對「新的符號」有不了解的地方，記得來問老師喔！

「訪花中君子」~~好好看我

年　　　　班　　　　座號：　　　　姓名：

蓮的小檔案：

　　蓮必須生長在高溫多濕，日照充足又沒有強風的地方，生育適溫為二十度至三十度。每年三、四月氣候轉暖，正是栽培蓮最好季節。蓮的種植可分為下列三種：

　　一、種子繁殖法：由於蓮子堅硬的外殼，使水分不易滲透，因此需要充分的水。待果皮腐爛〔至少兩個月，多則一年〕，胚獲得水後，種子才會萌芽。

　　二、根莖繁殖法：取適合的植株種植，經一個星期後，蓮葉逐漸枯萎，根部也腐爛，再經過三個星期之後，會由根莖節上的側芽，重新生了新的根、莖、葉，而植株則是繼續成長。

　　三、藕條繁殖法：取適合的藕條前三節當作種藕，並將之栽種在田裡。一星期後，節上的新葉會繼續伸長，展開完整的葉片。而頂芽和側芽也伸長，並從頂芽及側芽新生的節上長根，待二星期後，植株便會更加茁壯。這種栽植方法，是使用較多的方式。因為其粗大的藕條能供應養分，繁殖速度也快，植株長得亦是最好。

各位同學：請寫出「蓮」身體各部分的名稱，將答案填在（ ）內。

1. （　　　）

2. （　　　）

3. （　　　）　　4. （　　　　）

編號	1.	2.	3.	4.
評量				

「訪花中君子」~~再近一點

年 班 座號： 姓名：

各位同學：要成為一位「蓮花知音」，要先知道「蓮」各部分的功用！請你回答下面的問題：

一、蓮的根

蓮是屬水生植物，生長在不缺水的環境，因此根系比較不發達，長度約十公分左右，數量不多，請問它的根屬於什麼根系？　（　　　　　　　　　）

評量

二、蓮的莖

◎蓮的莖其實就是我們俗稱的什麼？（　　　　　　）

◎蓮的莖匍匐在地上，有如一條長鞭，是屬於變態莖之一的什麼莖？（　　　　　　）

評量

三、蓮的葉

蓮葉生長在地下莖的節上，一節僅生一葉。成熟的蓮葉大而圓，直徑超過六十公分，葉面深綠，葉背淺綠。要請問你的是蓮花的葉脈是屬於什麼葉脈？（　　　　　　）

評量

四、蓮的花

蓮花大而明顯，屬於有限花序的單花。花萼四～五片，花瓣約九～十七枚。要請問你蓮花是雌雄同株或雌雄異株？（　　　　　　　）

評量

五、蓮的果實

◎蓮的果實，其實就是我們俗稱的什麼？（　　　　　）

◎蓮的果實原本是花托向上延伸，與雄蕊組合而成，請問蓮的果實中住著什麼？　（　　　　　　）

評量

六、蓮的種子

◎蓮的種子，其實就是我們俗稱的什麼？（　　　　　）

◎蓮的種子成熟約需二十一天，可分為種皮、子葉、胚芽，請問蓮的種子有幾枚子葉？　（　　　　）枚。

評量

「訪花中君子」~~蓮花知音

年　　　班　　　座號：　　　姓名：

　　各位同學：宋朝周敦頤獨愛蓮花，讀過周敦頤的愛蓮說，請你寫下周敦頤喜愛蓮花的原因（盡量用白話文來寫，如果不能用白話文寫，才用文言文寫）。

評量項目（小朋友不必填寫等級）	評量		評量
1.理由完整，無遺漏		3.用字、標點符號正確	
2.段落分明，清晰易懂			

「訪花中君子」~~白河座標

年　　　班　　　座號：　　　姓名：

　　各位同學：造訪白河前，必須先認識白河的路線圖，下圖乃遊覽白河的導覽平面座標圖，X軸與Y軸交叉點為原點，請你回答下列問題：

1. 上面「蓮花田」位置，在此平面座標的哪兩個象限？（　　　　　　）

2. 「加油站」的位置，在此平面座標的第幾象限？（　　　　）

3. 寫出「蓮花資訊館」的座標位置。（　　　　）

4. 寫出「保齡球館」的座標位置。（　　　）

5. 「蓮荷村」到「保齡球館」的直線距離正中央有一間阿匹婆雜貨店，請問阿匹婆雜貨店的座標位置為何？（　　　　）

	1	2	3	4	5
評量					

「訪花中君子」～～彩繪蓮花

年　　　　班　　　　座號：　　　　姓名：

　　各位同學：進行蓮鄉之旅時，記得將它美麗的身影捕捉下來。你可以運用任何媒材（例如：用水彩、國畫、油畫、素描或相片）來完成這項工作。若學習單不夠用，可自行找媒材來進行，但是完成後，應該將此學習單貼於媒材的背面。

評量項目（小朋友不必填寫等級）	評量		評量
1.掌握主題		3.色彩調和、舒適	
2.形體比例適當		4.表現出高度的興趣	

「訪花中君子」~~蓮花大餐

年　　　班　　　座號：　　　姓名：

　　各位同學：除了賞蓮以外，記得品嚐「蓮花大餐」，品嚐後選出一道你最喜歡的佳餚，再訪問老闆，做這一道佳餚所需要的「材料」和「製作程序」。訪問完後，請完成此學習單。

餐廳名稱	
菜　　名	
材　　料	
製作程序	

	餐廳名稱與菜名	材料	製作程序
評量			

「訪花中君子」~~蓮鄉遊蹤

年　　　　班　　　座號：　　　姓名：

　　各位同學：如果你的一位好朋友聽從你的推薦想至蓮鄉一遊，要求你告訴他如何前往。請你用文字及圖形來告訴他如何前往？

文字：

評量

圖形：

評量

「訪花中君子」~~白河遊記

年　　　　班　　　　座號：　　　　姓名：

　　各位同學：拜訪蓮鄉後，請你將心得和感想寫成一篇遊記，來為你的蓮鄉之旅畫上一個完美的句點（遊記一篇約五百個字，請寫於稿紙上，並將此學習單黏貼於你作品最後一張的背後）。

評量項目（小朋友不必填寫等級）	評量		評量
1.內容要切合主題，有創意		3.用字、標點符號正確	
2.段落分明，善用佳句、佳詞			

「訪花中君子」~~化爲永恆

年　　　班　　　座號：　　　姓名：

　　各位同學：完成整個學習檔案後，請你發揮你的創意，「運用美工」讓整個學習檔案「漂亮一點」。

評量項目（小朋友不必填寫等級）	評量		評量
1.美工符合檔案主題，有創意		3.檔案內容插圖、用色適切	
2.整體檔案美工統一、協調			

「訪花中君子」~~快樂分享

年　　　班　　　座號：　　　姓名：

一、整個活動的檢討、評量項目	自評	小組長評量	老師複評
1. 能了解蓮花的構造			
2. 能上網蒐集資料，解決學習問題			
3. 能運用直角座標概念，來標示白河重要地點的位置			
4. 能運用圖形、文字來說明白河的位置、交通及距離			
5. 能對「愛蓮說」更加了解，適切表達自己想法			
6. 能充分了解與表現各種美術或繪畫媒材的特點			
7. 能了解用蓮花所烹調出的食品			
8. 能經由活動增進親子關係			
9. 能參與分組合作學習，增進人際溝通能力			
10. 能自行整理、美化學習檔案			
（評量結果若為「很好」打「○」，「不錯」打「√」，「加油」打「△」）			

二、經過整個學習過程，你最大的收穫是什麼？（例如：人際溝通能力、
　　表達能力、蒐集資料能力、親子溝通或其他）

三、經過整個學習過程，你覺得還有哪些地方可以做得更好，可以再努力？

　　　做完「訪花中君子」活動後，小組長、老師、家長向你說：

小組長的話：
_____
　　　　　　　　　　　　　　　　　　　　　簽名：

老師的話：（顧及思考批判、技能表現、意願態度、知識理解四項）
_____
　　　　　　　　　　　　　　　　　　　　　簽名：

家長的話：
_____
　　　　　　　　　　　　　　　　　　　　　簽名：

第三節　鑼聲再響～～安平風華再現

本實例由李坤崇、歐慧敏設計，研發此實例係有感於國內近幾年統整課程設計之學習活動重點大多停留於抄抄寫寫的階段，對學生高層次認知、實作與情意的著墨較少，因此，擬經由改變學習評量單的內涵，讓學生學習更生動活潑。茲先闡述「學習評量單的角色」，再討論「認知高層化、實作化、情意化的學習評量單」，後以「鑼聲再響～～安平風華再現」統整課程教學與評量計畫為例說明。

壹、學習評量單的角色

李坤崇（民 90）強調適切運用學習評量單可讓教學更活潑、更生動，可讓學生將知識轉化為能力，促使學生由消極被動學習轉為積極主動學習。然教師必須了解學習評量單的角色，方能適切發揮功能。李坤崇（民 90）強調學習評量單宜扮演下列角色：

一、強化學習者

設計學習評量單的基本理念乃「以學生為中心」，教師必須站在學生角度來設計活動，來敘述學習評量單內容，引導學生自主學習與創意學習。學習評量單旨在強化學生學習，增加學生「學」、減少教師「教」，讓學生真正成為學習的主角，而非被動學習者、亦非唯命是從者。

二、輔助教學者

在出版社未能因應教育改革趨勢與時代脈動，充分調整「以學生為中心」理念之前，抱持「以學生為中心」的學習評量單，將是教師重要的輔助教學工具。

三、取代習作者

學習評量單的角色應是取代欠佳或不適切習作，讓學生學習高層次認知與學習更生動活潑；而非外加，徒增學生學習作業量與教師教學負擔。

四、落實學校本位者

學校欲發展學校本位課程，必須刪減、修補、增加出版社出版的教科用書內涵，具體修改、增補難以重編學生課本，有賴學習評量單發揮插補、替代功能。因此，除非學校自編教科用書，不然教師為落實學校本位理念，必然設計與善用學習評量單。

五、彈性運用者

學習評量單的使用時機相當具有彈性，教師可用於準備活動、引起動機、發展活動、綜合活動、及家庭作業。

六、結合學習與評量者

綜合活動學習領域必須著重形成性評量與多元化評量，應突破以往僅重總結性評量與紙筆測驗缺失，而學習評量單的設計必須充分「結合

學習與評量」,適可達成形成性評量與多元化評量目標。

貳、認知高層化、實作化、情意化的學習評量單

學習評量單應注重應用、分析、綜合、評鑑等高層次認知的學習,因認知的獲得宜著重從思考、省思、實作歷程獲得,教師設計學習評量單時,應掌握下列重點:

一、避免低層次認知的問題

低層次認知學習結果通常可由紙筆測驗測得,因此,可交給省時省力省錢的紙筆測驗。

二、善用高層次認知的問題

高層次認知的學習著重呈現應用、分析、綜合、評鑑等問題,學生批判性思考、深入反省與感想、提出改善計畫與具體作法,均是綜合活動學習領域常見的高層次認知問題。

三、學習實作化

綜合活動學習領域除強調高層次認知外,亦應著重「實作」,讓學生由做中學來體驗意義。常用於綜合活動學習領域的實作活動,有下列方式:

㈠行為表現:要求學生在日常行為表現出適切行為,來學習或展現成果。

㈡實際操作:讓學生實際操作儀器或物品、做出技巧動作來學習或展現成果。

㈢實物製作：讓學生親自製作成品，體會製作過程的辛勞與獲得成果的喜悅。

㈣空間發展：讓學生經由繪製平面圖、辨識地圖、辨識空間方位與關係、到達指定場所或其他空間實作，來增進空間發展或評量空間學習成果。

㈤視覺藝術：運用繪畫、照相、海報、工藝等視覺藝術來學習或呈現成果。

㈥音樂：以音樂、歡呼、或其他悅耳聲音來學習或展現成果。

㈦表演：讓學生運用視覺藝術、音樂、演講、相聲、服裝秀、化妝遊行或其他表演，來學習或呈現成果。

㈧實際比較：讓學生實際針對某些主題、人、事、物，進行比較覺察差異。

㈨觀察：讓學生由實際觀察來學習，此觀察乃系統、深入的觀察且彙整觀察結果；而非一次、表面的觀察。

㈩訪問：讓學生經由實地訪問，蒐集問題所需資料，體驗整個訪問歷程，並實際整理訪問資料。

(十一)調查：讓學生運用問卷或調查表來實際進行調查，蒐集問題所需資料，體驗調查歷程調查，整理調查資料，及撰寫調查結果。

(十二)參觀：讓學生實際參觀單位或機構，以印證學習結果或獲得所需的資訊。

四、學習情意化

情意學習應探討心情、情緒、態度、興趣、嗜好、或價值觀等向度的學習歷程與結果。

參、「鑼聲再響～～安平風華再現」概述

「鑼聲再響～～安平風華再現」實例著重高層次認知，試圖將行爲表現、實際操作、實物製作、空間發展、視覺藝術、音樂、表演、實際比較、觀察、訪問、調查、參觀等十二項實作融入此實例之學習評量單中。並將此實例各項學習活動所能達成九年一貫課程各學習領域或六大議題的能力指標予以標註，試著將此實例逐漸與九年一貫課程接軌。「鑼聲再響～～安平風華再現」實例分成統整課程教學與評量計畫、給家長的話、學生學習手冊等三大部分，分別依序說明之。

肆、統整課程教學與評量計畫

一、課程主題

鑼聲再響～～安平風華再現

二、統整課程架構

1.「民主殿堂」
公民與道德第二冊第二課「政府」，第四課「選舉與政治參與」
（國立編譯館）

2.「我愛芳鄰」
認識台灣（地理篇）第十二章聚落與都市化
（國立編譯館）

3.「安全飲食」
健康教育上冊第十三章選購食物應有的認識
（國立編譯館）

4.「時間隧道」
認識台灣（歷史篇）第五章清領時代前期，數學第二冊第二章直角座標與二元一次方程式
（國立編譯館）

5.「廟宇采風錄」
認識台灣（社會篇）第十二章宗教的世界
（國立編譯館）

6.「尋幽訪勝」
音樂第二冊第六課創作民歌與藝術歌曲
（仁林出版社）
鄉土教學：社區學習步道——安平思想起
（台南市政府教育局）

7.「運河寫真」
認識台灣（地理篇）第十一章商業活動
（國立編譯館）

8.「還我淨土」
生物下冊
第十一章生物與環境
第十二章人類與環境
童軍第一冊
第十八課觀察（一）
第十九課觀察（二）

9.「設計高手」
電腦設計網頁
（教師自編教材）

10.「請聽我說」
鄉土教學：母語演講
（台南市政府教育局）

11.「漂亮一點」
美術一下，七、認識水彩畫，九、文字造形，十、個性與創意，
（康和出版社）

12.「歡喜豐收」
導師時間

鑼聲再響

三、課程目標

㈠培養學生民主參與的素養。
㈡了解安平社區資源機構。
㈢協助學生認識並有效利用社區資源。
㈣了解二元一方程式的運用。
㈤藉由魚類的採買，了解食品新鮮的重要性。
㈥認識了解進而珍愛自己家園的遺跡，培養關懷愛護鄉土的情懷。
㈦藉由參觀廟宇與建築，製作圖騰，並了解其意義欣賞其美感。
㈧用歌曲來表現對古蹟的情懷。
㈨關懷安平運河，調查後提出整治建議。
㈩培養學生觀察力與環保精神。
(十一)增進用母語演說的能力。
(十二)增進網頁設計的技巧。
(十三)自行整理、美化學習檔案。
(十四)反省與分享統整課程活動心得。
(十五)增進溝通與人際互動能力。

四、達成能力指標

㈠語文學習領域

3-1-1-4 能注意抑揚頓挫，發揮說話技巧。
3-1-2-1 能口齒清楚，聲音響亮，當眾發表自己意見，並注重語言禮貌。
3-2-4-1 能用不同溝通方式，表達自己的意見。
3-2-4-2 能選擇良好的溝通方式，建立正面的人際關係。

3-2-6-1 能增加聆聽母語的速度，並概略理解語義。

3-4-9-2 能提升主動表達的能力。

㈡數學學習領域

A-3-1 能用 x、y、……的式子表徵生活情境中的未知量及變量。

A-3-2 能將生活情境中的問題表徵爲含有 x、y、……的等式或不等式，透過生活經驗檢驗、判斷其解，並能解釋式子及解與原問題情境的關係。

A-3-3 能利用數的合成分解或逆向思考解決從生活情境中列出的等式。

㈢社會學習領域

1-4-1 分析形成地方或區域特性的因素，並思考維護或改善的方法。

1-4-2 分析自然環境、人文環境及其互動如何影響人類的生活型態。

1-4-3 分析人們對地方和環境的識覺改變如何反映文化的變遷。

1-4-6 分析交通網與運輸系統的建立如何影響經濟發展、人口分布、資源交流與當地居民的生活品質。

1-4-7 說出對生活空間及周緣環境的感受，願意提出改善建言或方案。

1-4-8 評估地方或區域所實施的環境保育政策與執行成果。

2-4-5 從演變與革命的觀點，分析歷史的變遷。

4-4-2 在面對爭議性問題時，能從多元的觀點與他人進行理性辯證，並爲自己的選擇與判斷提出好理由。

4-4-3 了解道德、藝術與宗教如何影響人類的價值與行爲。

5-4-4 在面對個體與個體、個體與群體之間產生合作或競爭的情境時，能進行負責任的評估與取捨。

5-4-5 分析人際、群己、群體相處可能的衝突及解決策略，並能運用理性溝通、相互尊重與適當妥協等基本原則。

6-4-3 說明司法系統的基本運作程序與原則。

6-4-5 探索民主政府的合理性、正當性與合法性。

6-4-6 分析國家的組成及其目的。

㈣自然與生活科技學習領域

2-4-1-2 由情境中，引導學生發現問題、提出解決問題的策略、規畫及設計解決問題的流程，經由觀察、實驗，或種植、搜尋等科學探討的過程獲得資料，做變量與應變量之間相應關係的研判，並對自己的研究成果，做科學性的描述。

2-4-8-7 使用網際網路蒐集資料傳遞訊息。

8-4-0-2 利用口語、影像（如攝影、錄影）、文字與圖案、繪圖或實物表達創意與構想。

㈤藝術與人文學習領域

1-4-1 了解藝術創作與社會文化的關係，發揮獨立的思考能力，嘗試多元的藝術創作。

1-4-2 設計關懷主題、運用適當的媒材與技法，傳達出有感情、經驗與思想的作品，發展個人獨特的表現。

1-4-3 嘗試運用藝術與科技的結合，並探索不同風格的創作。

1-4-4 運用傳統或非傳統的樂器（包括電子樂器），進行音樂創作。

1-4-5 藉由演唱或演奏樂器，參與音樂表演活動，發展音樂表現能力。

1-4-6 嘗試運用簡易的曲式創作，體驗音樂的形式美。

3-4-1 了解各族群的藝術特質，懂得珍惜與尊重地方文化資源。

3-4-2 比較台灣宗教建築、古蹟、景觀特色與文化背景。

3-4-3 綜合、比較、探討中外不同時期文化的藝術作品之特徵及背景，並尊重多元文化。

㈥綜合活動學習領域

1-4-3 描述自己的文化特色，並分享自己對文化所建立的意義與價值。

4-4-2 分析各種人為和自然環境可能發生的危險與危機，擬定並執行

保護與改善環境之策略與行動。

㈦家政教育

1-4-2　選購及製作衛生、安全、營養的餐點，表現良好的飲食行為。

五、適用年級、班級

國中一年級下學期，以三個班級為班群。

六、活動節數

第十五週到第十八週，共計十八節（一節四十五分），加課餘時間。

七、主要活動與內涵（詳見表 4-5）

表 4-5　鑼聲再響主要活動內涵

順序	目標	能力指標	活動名稱	教學策略	學習單（評量單）	週別節數	班群狀況	地點
1	參觀市議會，說出其職權、任務與服務項目	社 6-4-3 社 6-4-5 社 6-4-6	民主殿堂	資料蒐集與分析、訪談、調查、觀察參觀、自主學習、書面報告	來去議會	第十五週一節	三班合上	教室家議會
2	拜訪社區資源機構，製作簡介，並以動態方式簡介	社 1-4-1 社 1-4-2 社 1-4-7	我愛芳鄰	訪談、調查、發表、分組討論、自主學習、書面報告	左鄰右舍	第十五週一節	小組活動	電腦教室或家

（承上表）

順序	目標	能力指標	活動名稱	教學策略	學習單（評量單）	週別節數	班群狀況	地點
3	尋求他人指導，選出新鮮海產。	家政1-4-2	安全飲食	訪談、觀察、參觀	精挑細選	第十五週一節	小組活動	教室
4	拜訪、觀察家園的遺跡與特產，製作圖騰與運用二元一方程式	社1-4-2 社1-4-3 社1-4-6 數A-3-1 數A-3-2 數A-3-3 藝1-4-1 藝1-4-2 藝3-4-3	時間隧道	訪談、調查、觀察、參觀、腦力激盪與聯想、實物製作	洋行風華百年老街圖騰巧思	第十五週四節	三班合上	教室戶外
5	參觀廟宇寫出喜歡原因	社2-4-5 社4-4-3 藝3-4-2	廟宇采風錄	調查、觀察、參觀	廟宇巡禮	第十六週一節	三班分開	美術教室家
6	歌詠家園的遺跡，培養關懷愛護鄉土的情懷	藝1-4-4 藝1-4-5 藝1-4-6	尋幽訪勝	觀察、參觀、分組討論、腦力激盪與聯想	歌詠古蹟	第十六週一節	小組活動整組自行前往	教室戶外
7	調查同學對運河的期望，與運河的改進措施，並提出簡單書面報告	社1-4-2 社1-4-6 社1-4-7	運河寫真	調查、書面報告	夢幻運河	第十六週一節	小組活動整組自行前往	學校各班教室

（承上表）

順序	目標	能力指標	活動名稱	教學策略	學習單（評量單）	週別節數	班群狀況	地點
8	觀察並寫出安平沿海生態，培養學生觀察力與環保精神	社 1-4-2 社 1-4-8 社 4-4-2 自 2-4-1-2 藝 3-4-1 綜 4-4-2	還我淨土	觀察、繪圖	環保尖兵	第十六週二節	三班分開	教室
9	運用電腦設計出安平網頁。用不同媒材、畫法來表現心中的美感	自 8-4-0-2 藝 1-4-2 自 2-4-8-7	設計高手	繪圖	成長軌跡（超級宣傳）	第十七週二節	三班分開	教室
10	增進用母語演說的能力	綜 1-4-3 語 3-2-6-1	請聽我說	發表、分享	細說安平	第十七週一節	三班分開	教室
11	能自行整理、美化自己的學習檔案	語 3-2-4-1 語 3-1-1-4 語 3-1-2-1 藝 1-4-1 藝 1-4-2 藝 1-4-3	漂亮一點	自主學習、製作檔案	成長軌跡（精雕細琢）	第十七週一節	三班分開	教室
12	1.自評其學習態度 2.分析作品優劣 3.欣賞他人優點 4.分組合作學習	語 3-2-4-3 語 3-2-4-2 社 4-4-2 社 5-4-5 社 5-4-4	歡喜豐收	1.回饋活動 2.分享	快樂分享	第十八週一節導師時間	三班分開	教室

註：學習單（評量單）欄若為學習單乃學生呈現學習結果與評量，若為評量單則僅作為評量記錄。

八、準備活動

㈠詳讀蒐集統整課程相關科目之教學指引、課本、習作與其他資料。
㈡蒐集有關「安平」的資料、照片或圖片。
㈢事前準備「調查問卷與調查報告範例」。
㈣規畫與聯繫來去議會參觀活動、左鄰右舍拜訪活動。
㈤規畫左鄰右舍、精挑細選、圖騰巧思、歌詠古蹟、夢幻運河等系列小組活動，評估統一帶出分開分階段進行各項活動的可行性。
㈥製作「鑼聲再響」之十三份學習單（含學習單說明），彙整成「鑼聲再響」手冊：

1. 來去議會　2. 左鄰右舍　3. 精挑細選　4. 洋行風華
5. 百年老街　6. 圖騰巧思　7. 廟宇巡禮　8. 歌詠古蹟
9. 夢幻運河　10. 環保尖兵　11. 成長軌跡　12. 細說安平
13. 快樂分享

㈦事先請每位學生準備好一本檔案資料簿（A4 格式，大約 40 頁）
㈧第一次上課將「鑼聲再響」手冊（含「給學生的話」）發予學生人手一冊，完成後請學生整理、美化後公開展示手冊。
㈨製作「給家長的話」，利用第一次上課時請學生攜回請家長回饋後交回導師。
㈩擬定評量標準，評等或計分方式。
(十一)規畫補救教學方案。
(十二)分成四人一組之數個小組，選取小組長協助下列學習單之初評：來去議會、左鄰右舍、快樂分享。

九、教學流程（詳見表 4-6）

表 4-6　鑼聲再響主要教學流程

目標	學習活動	支援活動	時間	評量或補救
	1. 發予學生「給學生的話」。 2. 發下「給家長的話」。 3. 發下「鑼聲再響」手冊。內含十三份學習單，說明內容及實施程序。 4. 介紹小組長與其三名組員，說明有問題可請問小組長。 〜〜第一節結束〜〜	告知本活動流程與注意事項。 請學生攜回讓家長填寫調查表。 1. 檢查是否短缺，若缺則補發。 2. 請學生按進度完成。 強調小組間團結合作。	45'	九成以上專心聽講 全部依指示檢查 全部了解組別
(一)	1. 引起動機（全體）。 2. 介紹民意代表及民主的基本精神。 3. 分組製作、個別完成部分「來去議會」學習單。 4. 請學生於一週內繳交「來去議會」學習單。小組長協助初評。 （針對學生共同的問題於下次上課統一說明） 〜〜第二節結束〜〜	1. 行間指導，鼓勵學生討論、思考。 2. 對疑問加以說明。 3. 了解學生學習狀況，檢討教學歷程。	45'	不知者小組長協助 九成以上能完成學習單 課後複評
(二)	1. 引起動機（全體）。 2. 舉例說明台灣鄉村聚落的特色。 3. 小組完成「左鄰右舍」學習單。 4. 請小組長動態介紹與初評。 〜〜第三、四節結束〜〜	1. 巡視行間指導學生。 2. 對疑問加以說明。 3. 了解學生學習狀況，檢討教學歷程。	90'	九成了解 全部交回 課後複評

（承上表）

目標	學習活動	支援活動	時間	評量或補救
(五)	1.引起動機（全體）。 2.請學生分組討論，個別完成「精挑細選」學習單。 3.教師進行複評，並利用時間進行補救教學。 ～～第五節結束～～	1.巡視行間指導學生。 2.公布答案。 3.對疑問加以說明。了解學生學習狀況，檢討教學歷程。	45'	1.見評量標準 2.九成以上學生能了解
(三) (四) (六) (七) (八)	1.老師進行行前講習。 2.戶外教學地點：延平街。 3.老師對延平街的沿革、建築及現況予以詳細說明。 4.請學生完成「洋行風華」、「百年老街」、「圖騰巧思」三張學習單。 5.收回學習單。 6.進行複評。 ～～第六節及戶外教學結束～～	1.提醒學生戶外教學該注意的事項。 2.解答學生疑惑。 3.分小組行動。	45' 半天	九成以上學生能完成學習單
(七) (八)	1.解說各宗教的異同，及習俗。 2.請學生回家自行完成「廟宇巡禮」學習單。 3.請於一週內交回學習單。 4.老師進行複評。 ～～第七節結束～～	1.有問題者請小組長支援。 2.解答學生疑惑。	45'	九成以上學生能完成學習單
(六) (八)	1.老師解釋商業活動的意義。 2.說明完成「歌詠古蹟」、「夢幻運河」該注意的事項。 3.請小組學生在二週內交回學習單。 4.進行複評。 ～～第八節結束～～	1.老師提醒學生回想參觀第一街時的舊經驗。 2.解答學生疑問。	45'	1.九成以上學生能理解 2.九成以上學生能按時交回

（承上表）

目標	學習活動	支援活動	時間	評量或補救
(九) (十) (十一)	1. 老師講解生物、人類與環境間的關係。 2. 說明分組完成「環保尖兵」學習單該注意的事項。 3. 請於一週內交回作品。 　　～～第九、十節結束～～	1. 提醒學生思考、討論自然破壞、環境污染對我們生活的影響。 2. 解答學生疑問。	90'	見評量標準課後評量
(十二)	1. 老師教導設計網頁的基本技巧。 2.「成長軌跡（超級宣傳）」學習單之說明。 3. 請於學期結束前交回作品。 　　～～第十一、十二節結束～～	1. 學生實際操作練習。 2. 請學生按進度完成。	90'	九成能完成見評量標準
(十一)	1. 學生先擬好演講稿。 2. 請學生先練習。 3. 進行演講。 4. 老師複評。 　　～～第十三、十四、十五節結束～～	1. 行間巡視，解答疑問。 2. 全班進行評量，當參考成績。	135'	九成以上能完成
(十二)	1. 檢查學習檔案。 2. 交尚未評分的學習單。 3. 進行美化學習檔案，發揮創意。 4. 解答學生疑問，鼓勵學生提出自己心得。 　　～～第十六節結束～～	1. 每位學生均為十三份學習單。 2. 檢核每張學習單。 3. 巡視行間適切指導。 4. 與學生交換意見和看法。	45'	確實檢核 全部參與 三位學生提出疑問
(十三)	1. 個別完成「快樂分享」學習單，實施檔案自評。 2. 小組長對組員初評、回饋。	學生自評、小組長評量。 寫下最後一張學習單之小組長的話。	45'	九成完成自評 各組全部完成

（承上表）

目標	學習活動	支援活動	時間	評量或補救
	3.呈現作品及手冊，全班相互觀摩分享。 ～～第十七節結束～～ 分別對學生個別回饋。 家長對其子女學生回饋。	學生將學習檔案置於桌上。		 課後實施 課後實施

十、「統整課程」教學評量之運用

㈠教師先講解學生之學習檔案（拜訪手冊）製作重點、過程與注意事項，若學生無製作檔案之經驗，宜詳細說明，適時提供必要之協助，或提供範例供學生參考。

㈡本學習檔案於單元教學中實施之形成性評量，作為單元教學後之總結性評量，或診斷學生錯誤之依據，教師宜視教學目標與需要衡量之。

㈢教師直接於學習單之「評量」部分評定等級或打分數，本計畫之評量項目、標準、計分方式僅提供參考，教師可依教學需要調整之。

㈣請小組長協助下列學習單之初評：來去議會、左鄰右舍、快樂分享。此份學習單初評後送交老師複評，其餘學習單均由教師直接複評。

㈤教師評量後寫下「老師的話」，再由學生攜回讓家長寫下「家長的話」，最後由學生送交教師。優秀作品於最後兩節展示供同學觀摩，並予製作者獎勵。

十一、評量標準

㈠教師從「能力」、「努力」兩個向度在學習單的「評量」欄內進行評量，「能力」以符號「○、√、△、？、×」表示「很好、不錯、加油、改進、補做（交）」。「努力」以符號「＋、－」表示「進

步、退步」。

㈡各項符號與評語之評量標準如下：評量前必須告知學生符號所代表
　意義。

表 4-7　能力、努力兩向度評量標準與符號

符號	評語	代表意思
答案的正確或內容的完整		
○	很好	答案完全正確或完全符合老師的要求，而且比其他同學有創意或做得更好。
√	不錯	答案完全正確或完全符合老師之要求。
△	加油	答案部分正確或有一部分沒有符合老師的要求。
?	改進	答案內容完全錯誤或完全不符合老師之要求。
×	補做（交）	未作答或未交。
努力的程度		
+	進步	代表你比以前用心或進步。（「＋」號愈多代表愈用心、愈進步）
―	退步	代表你比以前不用心或退步。（「―」號愈多代表愈不用心、愈退步）

㈢評量等級可用其他符號或評語，然仍須事先與學生溝通，且力求符
　號一致性。

㈣最後一份「快樂分享」學習單，因結合學生自評、小組長評量與教
　師複評，等級部分為五等，為便於學生自評，只取前三個等級，即
　若為「很好」打「○」、「不錯」打「√」、「加油」打「△」。

十二、評等或計分方式

㈠教師可依教學目標、工作負擔、學生或家長需要，採取「文字敘述」、「評定等級」或「核算等級計分」的方式。

㈡教師評定等級、計分後，仍宜視需要輔以文字深入說明，並予學生適切增強。

㈢評量兼採學生自評、小組長評量、教師複評時，以教師複評結果為評量結果之依據，然教師複評宜參考學生自評或小組長之評量結果。

㈣若採「核算等級計分」方式，可依「學習檔案」的十三份學習單逐一計分，每份學習單均以一百分計。可由教師評定等級後，由小組長核算分數。

㈤每個評量項目之計分，如下表4-8：

表4-8 鑼聲再響各項學習評量單之評量標準與分數

學習單名稱	評量項目	很好（○）	不錯（√）	加油（△）	改進（?）	補做（×）	基本分
1.來去議會	6	10	9	5	4	3	40
2.左鄰右舍	6	10	9	5	4	3	40
3.精挑細選	3	10	9	5	4	3	70
4.洋行風華*	4	10	9	5	4	3	60
5.百年老街*	4	10	9	5	4	3	60
6.圖騰巧思	6	10	9	5	4	3	40
7.廟宇巡禮*	3	20	18	15	12	10	40
8.歌詠古蹟	6	10	9	5	4	3	40
9.夢幻運河	6	10	9	5	4	3	40
10.環保尖兵*	4	15	14	10	8	6	40
11.成長軌跡（超級宣傳）	4	10	9	5	4	3	60
成長軌跡（精雕細琢）	4	10	9	6	2	1	60
12.細說安平	9	6	5	4	3	2	46

㈥努力向度：「＋」出現一次加1分，「－」出現一次減1分。

㈦標示「＊」部分，若學生多寫出幾項，可用「＋」酌予加分。

㈧若學習單全部未交則以「0」分計算。部分未做項目以0分計算；請學生補做後，補做部分給補做欄分數，補做完成期限由教師規定。

㈨整份統整課程可不呈現總平均分數，然若因家長強烈要求，可將上述前十三個項目後，加總除以十三可以求得總平均分數。

㈩「快樂分享」學習單以文字敘述進行質化評量為主，自評、小組長、教師評量以等級為主，可不必予以計分。

十三、參考答案

視需要提供。

十四、補救教學

㈠對某學習單表現欠佳或未達其應有水準者，施予必要之補救教學。

㈡先呈現優秀作品供需補救教學者參考，再請小組長或義工家長協助指導，最後由教師教導。

十五、注意事項

㈠教學流程教師可針對學生實際需要加以調整。

㈡教師評分時，宜將學生的努力分數加以考量。

㈢每項學習活動不一定需要學習單，學習單乃輔助教學與評量。若因此增加學生過多負擔，將減低學生學習興趣。

㈣國中階段或可以「A、B、C、D、E」取代「能力」向度的符號「○、✓、△、？、×」。

㈤本統整課程之評量結果，雖然建議採取「文字敘述」、「評定等級」

或「核算等級計分」的方式，但應以質化的「文字敘述」爲主，「評定等級」或「核算等級計分」爲輔。呈現統整課程四項評量內涵的學習結果，宜對思考批判、技能表現、意願態度、知識理解之內涵進行「質的描述」，對知識理解內涵進行適切的量化描述。

十六、參考資料

㈠仁林出版社（民 88）。國中音樂一下。台北：仁林出版社。
㈡台南市政府教育局（民 88）。鄉土教學——社區學習步道。台南：台南市政府。
㈢李坤崇（民 90）綜合活動學習領域教材教法。台北：心理出版社。
㈣南一書局（民 88）。國民中學童軍教育第一冊。台南：南一書局。
㈤國立編譯館（民 88a）。認識台灣（地理篇）。台北：國立編譯館。
㈥國立編譯館（民 88b）。認識台灣（社會篇）。台北：國立編譯館。
㈦國立編譯館（民 88c）。國民中學公民與道德第二冊。台北：國立編譯館。
㈧國立編譯館（民 88d）。認識台灣（歷史篇）。台北：國立編譯館。
㈨國立編譯館（民 88e）。國民中學數學第二冊。台北：國立編譯館。
㈩國立編譯館（民 88f）。國民中學生物下冊。台北：國立編譯館。
(十一)國立編譯館（民 88g）。國民中學健康教育上冊。台北：國立編譯館。
(十二)康和出版社（民 88）。國中美術一下。台北：康和出版公司。
(十三)教育部（民 89）。國民中小學九年一貫課程暫行綱要。台北：作者。

伍、給家長的話

親愛的家長：

　　又是一個新學期的開始，為了讓我們的孩子對安平更認識更了解，獲得更實用的知識與能力，特別設計了一個「鑼聲再響」的系列活動。為了讓活動更完美，請協助下列兩項事項：

一、利用假日時間，陪孩子完成相關學習單的活動。

二、製作學習單過程，儘量讓孩子獨立完成，必要時才提供協助，以提高獨立自主的學習能力。

三、此次活動的評量做了更人性化的考量，運用一些「新的符號」來表示代表孩子學習單的表現，請看一看下面的符號表：

符號	評語	代表意思
答案的正確或內容的完整		
○	很好	答案完全正確或完全符合老師的要求，而且比其他同學有創意或做得更好。
√	不錯	答案完全正確或完全符合老師之要求。
△	加油	答案部分正確或有一部分沒有符合老師的要求。
?	改進	答案內容完全錯誤或完全不符合老師之要求。
×	補做（交）	未作答或未交。
努力的程度		
＋	進步	代表你比以前用心或進步。 （「＋」號愈多代表愈用心、愈進步）
－	退步	代表你比以前不用心或退步。 （「－」號愈多代表愈不用心、愈退步）

四、下一頁有一份「鑼聲再響」意見調查表，請填妥後請孩子交回導師。

　　愛要付出、愛要學習、愛要成長，相信孩子在我們的愛與關懷下，一定可以讓他們喜歡學校、喜歡上學、樂意學習。

　　若您對於此次活動或評量「新的符號」有任何寶貴的意見，歡迎提供給我們參考，謝謝您！

老師們敬上

「鑼聲再響」家長意見調查表

一、對活動設計的滿意度？

　　□非常滿意　□滿意　□不滿意　□非常不滿意

二、對活動的建議？

三、可提供的協助？（歡迎大家踴躍參與）

四、其他

學生姓名：＿＿＿＿＿＿＿　　　　家長簽名：＿＿＿＿＿＿＿

（請填妥後，讓子女帶回交給導師）

陸、學生學習手冊

鑼聲再響～～安平風華手冊

各位同學：

　　在這一學期中，我們要向各位同學介紹「安平」，並希望同學們能利用假日與家人安排一個「鑼聲再響」。為了要讓你多自我認同，老師們設計了一個系列的「鑼聲再響」活動，相信只要你能用心完成這些活動，相信一定能成為一個府城好少年。

　　為了當個「安平好少年」，而且學得愉快、學得充實，請注意下列事項：

一、你將完成下列十三份學習單，請檢查迴紋針所夾的手冊是否包括下面學習單，如果有缺少請向老師補領。

　　1. 來去議會　　*2.* 左鄰右舍　　*3.* 精挑細選　　*4.* 洋行風華
　　5. 百年老街　　*6.* 圖騰巧思　　*7.* 廟宇巡禮　　*8.* 歌詠古蹟
　　9. 夢幻運河　　*10.* 環保尖兵　　*11.* 成長軌跡　　*12.* 細說安平
　　13. 快樂分享

二、在所有學習單中，「評量」下面或右邊的空格不用填寫，那是給老師或小組長填寫的。

三、請按照老師的進度做完學習單，若遭遇問題，先問小組長，再問老師，我們都樂意幫你解決問題。

四、老師發的「給家長的話」，記得給家長看後，將「家長意見調查表」於一週內交給老師。

祝大家學得快樂！

「鑼聲再響」評量注意事項

各位同學：

一、這次有趣「鑼聲再響」的活動，老師除了看你答案的正確或內容的
完整外，還要看你的努力或進步的情形，請大家努力、用心做。

二、老師會用一些「新的符號」來表示代表你學習單的表現，請大家看
一看下面的符號表：

符號	評語	代表意思
答案的正確或內容的完整		
○	很好	答案完全正確或完全符合老師的要求，而且比其他同學有創意或做得更好。
√	不錯	答案完全正確或完全符合老師之要求。
△	加油	答案部分正確或有一部分沒有符合老師的要求。
?	改進	答案內容完全錯誤或完全不符合老師之要求。
×	補做（交）	未作答或未交。
努力的程度		
+	進步	代表你比以前用心或進步。（「＋」號愈多代表愈用心、愈進步）
—	退步	代表你比以前不用心或退步。（「—」號愈多代表愈不用心、愈退步）

三、如果對「新的符號」有不了解的地方，記得來問老師喔！

來去議會

設計者：李坤崇

姓名：　　　　班級：　　　座號：　　　日期：　　　組別：

　　各位同學：現在讓我們一起去拜訪新鄰居「台南市議會」，了解一下民主殿堂。在參觀過程中，請針對下列問題記錄彙整。參觀完後下一次上課時間，請準備五分鐘在小組報告。

一、參觀與組內口頭報告重點：

　㈠台南市議會有何職權？

　㈡台南市議會的分成哪些委員會？

　㈢市議員的主要任務？（除議會參觀外，你可再利用課餘時間訪問一位曾經當過市議員的安平區民，或是就你以往所聽過的政見發表，來說明市議員的任務。）

　㈣台南市議會有哪些便民服務項目？

　㈤此次參觀印象最深的一件事？

二、注意事項：

　　㈠記得帶紙筆做紀錄。家裡若有可用相機，可善加運用。

　　㈡注意參觀禮節（服裝儀容、參觀態度、遵守議會規定與團體紀律）。

　　㈢注意參觀安全。

　　㈣上面參觀重點可運用上網查閱，或蒐集圖書報章雜誌資訊來佐證。
　　　　不限於只是參觀時所蒐集的資料。有問題可請問老師喔！

　　㈤口頭報告前，如果先就報告重點逐一整理內容，再私下練習口頭
　　　　報告，效果可能會更好。一般人報告五分鐘約需整理八百個字，
　　　　你可試試看。

三、評量：

　　㈠小組長先針對下列項目評量。

　　㈡老師依據小組長評量結果複評。

分享：			口頭報告		參觀		用心參觀	團隊精神
		評量	切合主題	條理分明	禮節表現	注意安全		
		小組長						
小組長簽名：　　教師簽名：		教　師						

左鄰右舍　　　　　　　　設計者：李坤崇

姓名：　　　　班級：　　　座號：　　　日期：　　　組別：

　　各位同學：遠親不如近鄰，你對你所居住的社區了解有多少呢？請以小組為單位，利用未來「兩週」課餘時間，共同拜訪一項社區資源機構（如：文教、醫療、市政、福利、休憩……等機構），並完成此社區資源機構的簡介。

一、拜訪前記得和社區資源機構人員聯繫拜訪時間、地點和拜訪與參觀內容，而且要帶紙筆或相機做紀錄，彙整後完成此機構的書面簡介，並請各小組以動態方式簡介此機構五分鐘。

二、和社區資源機構人員聯繫好之後，小組長一定要向老師說明，並向學校提出活動申請。**拜訪時，請特別注意安全與禮節。**如果有任何需要老師協助的地方，請和老師聯繫。

三、機構書面簡介內容的提示：（除下列提示內容外，可提出更有創意的簡介內容）

　㈠社區資源機構名稱？

　㈡此機構的地點？與學校的相對位置（以地圖呈現更佳）？

　㈢此機構的服務內容、功能或辦理活動？

　㈣同學如何利用此機構？

　㈤其他？

四、小組動態簡介方式的提示：（除下列一種方式外，可提出更有創意
生動的方式）

　　㈠由小組長口頭報告。

　　㈡呈現照片並輔以小組長口頭報告。

　　㈢由小組表演此機構服務內容、功能或辦理活動。

　　㈣由小組表演同學如何利用此機構。

　　㈤其他方式。

五、書面簡介時間配合班會時間展覽，動態簡介時間老師另行通知。

六、老師將從下列幾項來評量小組的表現。

分享：		書面簡介		動態簡介		準備周詳	團隊精神
	評量	切合主題	條理分明	切合主題	生動活潑		
	小組長						
小組長簽名：　　教師簽名：	教　師						

精挑細選　　　　　　設計者：歐慧敏

姓名：　　　　班級：　　　座號：　　　日期：　　　組別：

　　各位同學：安平靠海，可以吃到最新鮮的海鮮，你知道如何買到最新鮮、最便宜的海鮮嗎？當然一定要參觀一下安平的魚市場。參觀時務必記得要請親人陪同或小組整組前往。

完成學習單的步驟：

1. 請你訪問一位魚販或請教家人常用的方法與選擇注意事項。

2. 「親身體驗」後，在下表寫出挑選新鮮海產的「特性與注意事項」。

3. 請受訪問者或指導者在表的下方簽名。

選擇注意項目 （參考項目或其他）	魚	蝦、蟹	貝類	頭足類 （如：烏賊、章魚、小管……）
生態（死、活）				
肉質（彈性）				
氣味（有無臭味）				
膚色（顏色、光澤）				
鰓（顏色）			/	/
眼（明亮、混濁）			/	/
腹（彈性）			/	/
形狀（完整性）		/		
黏手（有無）		/		
汁液（混濁與否）	/	/		
其他				

註：畫有斜線及評量的空格可不填寫。

受訪者或指導者簽名：＿＿＿＿＿＿

	正確性	完整性	用心程度
評量			

洋行風華   設計者：歐慧敏

姓名：　　　班級：　　　座號：　　　日期：　　　組別：

　　各位同學：古時的安平是「台南府城」對外的的主要門戶之一，過往的繁華景象更是不在言下，在安平就有兩處著名的外國洋行舊址，讓我們一起穿越時光的隧道，體驗先民辛勤的成果。

一、在東興洋行的建築，各位同學可發現，其基座均為空洞，請問有何用處？

二、請比較一下，東興洋行和德記洋行有何不同？（如：所屬國家、建築特色……）

三、請在下面貼上東興洋行和德記洋行的照片，或在此學習單背面素描。

四、請在下一頁圖中將東興洋行和德記洋行所在位置標出來。

	一	二	三	四
評量				

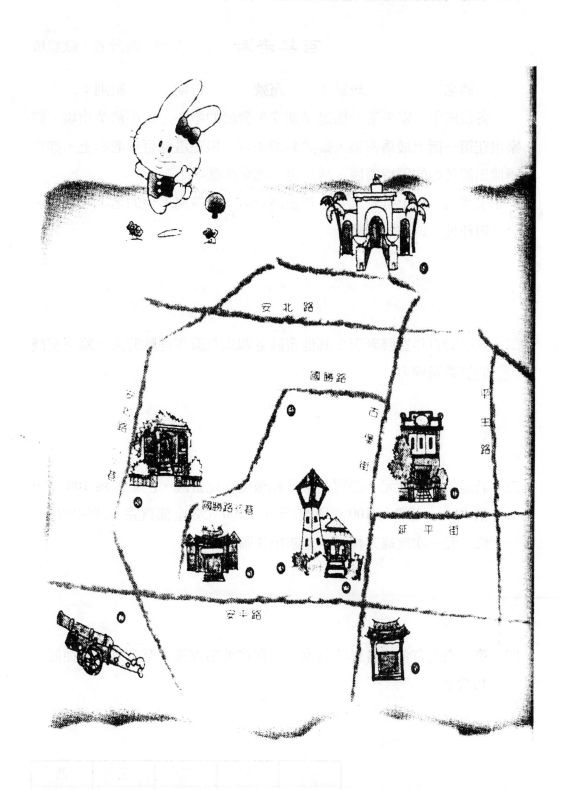

百年老街

設計者：歐慧敏

姓名：　　　班級：　　　座號：　　　日期：　　　組別：

各位同學：安平第一街是早期安平發展的中心，安平舊菜市場、商家也在第一街上最為密集，雖然繁華不再，但在這條百年老街上，亦可緬懷出屬於她的獨特情懷。請你也一起來瞧瞧吧！

一、安平第一街上有一家「百年蜜餞老店」，請寫下他的名字、電話、與住址，以防買錯哦！

二、請訪問百年蜜餞老店、其他蜜餞老闆或有製作經驗的人，寫下蜜餞的製造過程。

三、若是給你 100 元，想買芒果乾和橄欖兩種蜜餞，芒果乾每 100 克單價 40 元，橄欖每 100 克單價 25 元，100 元要全部買完，請你列出一條二元一次直線方程式，並求出 3 個解。

四、第一街上有各式各樣的商家，請你實地勘查後，至少寫出五種商家名稱？

	一	二	三	四
評量				

圖騰巧思

設計者：李坤崇

姓名：　　　　班級：　　　座號：　　　日期：　　　組別：

　　各位同學：安平第一街有許多古老建築的圖騰。請大家利用「未來兩週」課餘時間先瞧瞧圖騰後，製作一個屬於自己的圖騰。

一、建築圖騰通常具有保平安、辟邪意義。製作自己的圖騰乃製作一個保平安、辟邪的立體作品。

二、製作圖騰應把握重點：

　　㈠凸顯自己圖騰的特色，並以一張小卡片簡單說明特色。

　　㈡運用各種媒材製作「立體」的圖騰，不限材料，也可以廢物利用。

　　㈢製作圖騰必須是可以掛著、可放著、或裝飾。

三、注意事項：

　　㈠參觀建築記得帶筆紙做素描。家裡若有可用相機，可善加運用。

　　㈡製作後，圖騰作品與簡介卡片將配合「左鄰右舍」書面簡介時間配合班會時間展覽。

　　㈢各地辟邪物可運用上網查閱，或蒐集圖書報章雜誌資訊來參酌。
　　　有問題可請問老師喔！

　　㈣老師將依據下面項目來評量。

註：你可以善用下面空白畫圖騰草圖

分享：	評量	圖騰卡片		圖騰作品		資訊蒐集	用心製作
		凸顯特色	敘述明確	媒材運用	創意		
教師簽名：	教師						

廟宇巡禮　　　　　　設計者：歐慧敏

姓名：　　　　班級：　　　座號：　　　日期：　　　組別：

　　各位同學：安平人為保佑「討海人」平安回來，故安平盛產「廟宇」。在各個社區中（俗稱「角頭」）各有主要祀奉的神祇，請完成下面問題，深入了解自己社區的廟宇。請把你所居住的社區廟宇介紹給大家認識吧！

一、你家位於安平的哪一個「角頭」？

二、這個「角頭」內有哪些廟宇？其主要祀奉的神祇有哪些？請擇一寫下它的歷史或起源。請完成下表。

廟宇名稱	主要祀奉的神祇	簡介其歷史或起源

三、請你選擇一所你最喜歡的廟宇，寫下你喜歡的原因。

	一	二	三
評量			

歌詠古蹟

設計者：李坤崇

姓名：　　　　班級：　　　座號：　　　日期：　　　組別：

各位同學：安平在鄭成功以後的一兩百年間，是極為重要的防禦地點。安平處處可見防禦遺跡。諸如：安平古堡、小砲台、億載金城等，請以小組為單位參觀一項以上古蹟，並選取一首歌，重新填詞，唱出小組的古蹟心聲。

一、歌詠古蹟應把握下列重點：

　　㈠選取一首具有鄉土特色的民謠或其他歌曲。

　　㈡將參觀古蹟心得，以歌詞呈現。

　　㈢歌詞內容必須包括古蹟名稱、古蹟特色、對古蹟的感受或期待、
　　　以及其他。

　　㈣歌詞必須配合選定歌曲的旋律。

二、注意事項：

　　㈠小組參觀古蹟應擬訂計畫，小組長一定要向老師說明，並向學校
　　　提出活動申請。

　　㈡參觀行程可配合「左鄰右舍」、「圖騰巧思」等活動。另外，亦
　　　可請學校一起安排三項活動。

　　㈢參觀記得帶筆紙做紀錄。家裡若有可用相機，可善加運用。

　　㈣注意參觀禮節（服裝儀容、參觀態度、遵守規定與團體紀律）。

　　㈤注意參觀安全。

　　㈥各組將歌唱表演五分鐘，請事先充分練習與準備。如果配上動作、
　　　表演將更佳。

　　㈦老師將依據下面項目來評量。

三、歌詠古蹟之各組歌唱表演，將配合「左鄰右舍」動態簡介，時間老
　　師另行通知。

分享：		歌詠歌詞		音樂表演		創	團
	評量	歌曲適切	歌詞適切	音高正確	旋律正確	意	隊精神
教師簽名：	教師						

夢幻運河   設計者：李坤崇

姓名：   班級：   座號：   日期：   組別：

　　各位同學：安平由一條舊時的經濟動脈——運河，也是台灣唯一的人工運河。但最近台南市各界對運河整治有許多期待，請以小組為單位，利用未來「兩週」課餘時間，調查同學意見，再彙整一份簡單的書面報告。

一、調查問卷的內容，至少應包括下列幾項重點：

　　㈠問卷名稱：名稱應凸顯調查主題與對象，名稱力求精簡。

　　㈡指導語：指導語應包括問候語、調查目的、用途、保密、調查班級與小組、日期。

　　㈢基本資料：填問卷者的資料，如年級、班級、性別、居住地區。

　　㈣問題內容：問題至少包括對現在運河的觀感，對運河的期待，整治運河的具體策略等三部分。記得問題不可脫離主題。

二、調查應注意事項如下：

　　㈠調查問卷最好不超過一張 A4 紙。

　　㈡調查問卷的題目最好讓調查對象勾選，小組應討論每個問題應包括幾個可以選擇的項目。因為，勾選的方式比較方便統計。

　　㈢設計問卷可參考老師提供的範例。調查問卷設計好以後，記得和老師討論。

　　㈣調查對象最好包括一到三年級各一班同學，至於哪一班可以隨機抽取。

　　㈤選好調查班級，決定調查時間後，記得和老師報備，並跟調查時間的老師借時間或拜託老師上課時發給同學作答。

　　㈥收回調查問卷後，小組同學將每一題答題的次數先算出來，除以總人數，就可算出每一個題目內各個項目被選的百分比。

　　㈦調查報告將配合「左鄰右舍」書面簡介，時間配合班會時間展覽。

三、簡單書面報告至少包括下列主要項目：

　　㈠調查動機與目的。

　　㈡調查對象：年級、人數。

　　㈢調查歷程：調查開始時間，設計問卷時間，實施調查時間，資料
　　　分析時間，及撰寫報告時間。

　　㈣調查結果：儘量以表格呈現。

　　㈤結論與建議：針對結果提出綜合意見與具體建議。

　　㈥附錄：調查問卷。

分享：	評量	調查問卷		書面報告		積極用心	團隊精神
		問卷內容	調查過程	項目完整	內容適切		
教師簽名：	教師						

環保尖兵 　　　　　　　　設計者：歐慧敏

　　姓名：　　　　班級：　　　座號：　　　日期：　　　組別：

　　各位同學：安平的海岸線很長，居住著許多的生物，你可曾仔細地拜訪過他們？請以小組爲單位前往，並個別完成此學習單，過程應全體參與且應注意安全。

一、請和小組同學去觀察安平沿海有哪些生物？並將其區分爲生產者與消費者兩類。

二、請依據上述觀察結果，繪出一食物網。

三、找出寫下安平沿海與運河的污染源，並寫出他們對居住環境所造成的影響。

四、在日常生活中如何落實環保與自然保育的工作？請寫出具體的作法。

	一	二	三	四
評量				

成長軌跡　　　　　　　　設計者：歐慧敏

姓名：　　　　班級：　　　座號：　　　日期：　　　組別：

各位同學：下面兩項活動，請在活動前將這張評量單交給老師評量。

一、超級宣傳

（日期：　　　　　）

　　各位同學：生為安平的子弟，安平的好要讓大家知道，請你蒐集安平的相關資料，為安平設計一個網頁（請設計好後，儲存在磁片上），**浮貼於學習單背面**。老師將在下面評量你的表現。

評量項目（同學不必填寫）	評量	評量項目（同學不必填寫）	評量
1.網頁運用技巧		3.內容規畫排列	
2.內容豐富性		4.美工設計	

二、精雕細琢

（日期：　　　　　）

　　各位同學：完成整個學習檔案後，請你發揮你的創意，「運用美工」讓整個學習檔案「漂亮一點」。老師將在下面評量你的表現。

評量項目（同學不必填寫）	評量	評量項目（同學不必填寫）	評量
1.美工符合檔案主題，有創意		3.檔案內容插圖、用色適切	
2.整體檔案美工統一、協調		4.積極、用心美化	

細說安平

設計者：歐慧敏

姓名：　　　　　班級：　　　座號：　　　日期：　　　組別：

　　各位同學：你在讀過藍蔭鼎先生的「飲水思源」及走過一趟安平後，你對自己生長的地方有何深刻的感想，或是自己的見解值得與我們分享的，請你用台語來發表一下自己的感言。（演講時間兩分鐘）

　　準備演講該注意與評量事項：

一、演講內涵與組織

評量	此部分包含下列的重點
	1. 內容符合主題，且清晰簡要
	2. 組織分明善用俚語或諺語
	3. 內容生動有趣富創意

二、演講技巧

評量	此部分包含下列的重點
	1. 以姿勢或肢體語言來強調重點
	2. 以聲量或速度變化、停頓來強調重點
	3. 發音、咬字清晰
	4. 儀態端莊大方，態度相當誠懇
	5. 眼神注視聽眾，展露自信笑容
	6. 精確掌握時間（每多或少三十秒降一等級）

注意事項：

㈠演講時間兩分鐘，一分三十秒按一聲鈴，兩分鐘按二聲鈴，兩分三十秒鐘按三聲鈴，再來每隔三十秒按一聲鈴。

㈡演講前將此學習單交給老師評定等級或成績。

快樂分享　　　　　　設計者：歐慧敏

姓名：　　　班級：　　　座號：　　　日期：：

各位同學：請完成下列題目，再請小組長、老師、家長評量或簽名。

一、整個活動的檢討、評量項目	自評	小組長評量	老師複評
1. 認識議會，培養學生民主參與的素養。			
2. 了解安平社區資源機構。			
3. 協助學生認識並有效利用社區資源。			
4. 了解二元一方程式的運用。			
5. 藉由魚類的採買，了解食品新鮮的重要性。			
6. 了解、珍愛自己家園的遺跡，培養關懷愛護鄉土的情懷。			
7. 藉由參觀廟宇與建築，製作圖騰並了解其意義欣賞其美感。			
8. 用歌曲來表現對古蹟的情懷。			
9. 關懷安平運河，調查後提出整治建議。			
10. 培養學生觀察力與環保精神。			
11. 增進用母語演說的能力。			
12. 增進網頁設計的技巧。			
13. 自行整理、美化學習檔案。			
14. 反省與分享統整課程活動心得。			
15. 增進溝通與人際互動能力。			
16. 整個活動的學習態度。			
（評量結果若為「很好」打「○」，「不錯」打「√」，「加油」打「△」）			

一、經過整個學習過程，你最大的收穫是什麼？（例如：人際溝通能力、表達能力、蒐集資料能力、親子溝通或其他）

二、經過整個學習過程，你覺得還有哪些地方可以做得更好，可以再努力？

做完「鑼聲再響」活動後，小組長、老師、家長向你說：

小組長的話：

簽名：

老師的話：（顧及思考批判、技能表現、意願態度、知識理解四項）

簽名：

家長的話：

簽名：

參考書目

壹、中文部分

王秀雲（民 88a）。**學校本位的課程統整與發展**。台灣大學教務處教育
　　學程中心主辦「九年一貫論壇」參考資料。

王秀雲（民 88b）。柑園國中「學校社區化」學習機制的建構歷程。載
　　於台北縣柑園國中主編：**學校本位的課程統整與發展案例記錄**，1-8
　　頁。台北縣：柑園國中。

王秀雲（民 88c）。「海闊天空」話社團。載於台北縣柑園國中主編：
　　學校本位的課程統整與發展案例記錄，16-26頁。台北縣：柑園國中。

王秀雲、李惠銘（民 88）。跨世紀之夢——柑園國中學校本位課程統整
　　機制的營造歷程。http://s2.ntptc.edu.tw/九年一貫 6-3htm。

朱桂芳（民 88）。學校自主的課程設計。談柑園國中、北政國中、曉明
　　女中的教育實驗方案。http://s2.ntptc.edu.tw/九年一貫 5-3htm。

余安邦（民 88）。夢中情人——九年一貫課程。台灣大學教務處教育學
　　程中心主辦「九年一貫論壇」參考資料。

余霖（1999）。能力指標之建構與評量。中華民國教材研究發展學會主
　　辦「九年一貫課程系列研討會 2：九年一貫課程與能力指標」宣讀
　　之論文（三月十七日）。

吳怡靜譯（民 81）。第五項修練－讓組織活起來。天下雜誌，110-115。

吳清山、林天祐（民 88）。**學校本位課程**。http://www.nmh.gov.tw /edu/
　　basis3/28/ gc16.htm。

李咏吟（民 87）。**認知教學：理論與策略**。台北：心理出版社。

李坤崇（民 87）。人性化、多元化教學評量——從開放教育談起。載於
　　高雄市政府公教人力資源發展中心主編：多元教學評量（91 至 134

頁），高雄：高雄市政府公教人力資源發展中心。

李坤崇（民88）。**多元化教學評量**。台北：心理出版社。

李惠銘（民88）。跨世紀願景團隊的營造歷程──柑園國中「綜合活動學習領域課程小組」。載於台北縣柑園國中主編：**學校本位的課程統整與發展案例記錄**，74-82頁。台北縣：柑園國中。

兒島邦宏（1999a）。「中學校學習指導要領」解說。日本：時事通訊社。

兒島邦宏（1999b）。「小學校學習指導要領」解說。日本：時事通訊社。

林文生（民88）。學校為本位的課程發展以一所學校課程發展的經驗為例。http://www.nmh.gov.tw/edu/basis3/26/ga4.htm。

林清江（民88）。**國民教育九年一貫課程規劃專案報告**。台北：教育部。

孫本初（民84）。學習型組織的內涵與運用。**空大學報**，3，1-17頁。

張玉成（民88）。**師資培育機構配合九年一貫課程實施之配套措施**。台北：教育部。

張明輝（民88）。營造學習型學校。http://www.nmh.gov.tw/edu/basis3/27/gb1.htm。

張嘉育（民88）。九年一貫課程的學校課程自主：一個學校本位課程發展的實例與啟示。載於中華民國課程與教學學會：**九年一貫課程之展望**，79-124頁，台北：揚智文化公司。

教育部（民87a）。**國民教育階段九年一貫課程總綱綱要**。台北：作者。

教育部（民87b）。**推動發展小班教學精神計畫**。台北：作者。

梁中偉譯（民81）。彼得‧聖吉談學習型組織──一夫不再當關。**天下雜誌**，109。

郭生玉（民77）：**心理與教育測驗**（三版）。台北：精華書局。

郭進隆譯（民83）。**第五項修練－學習型組織的藝術與實務**。台北市：天下文化。

陳伯璋（民87）。邁向新世紀的課程革新──台灣九年一貫課程綱要評析。發表於中央教育科學研究院、東北師範大學、香港中文大學、香港教育學院合辦：面向二十一世紀基礎教育課程改革國際研討會，

廣東：珠海。

陳伯璋（民 88）。九年一貫課程的理念、內涵與評析。發表於板橋教師
　　研習會辦「國民教育階段九年一貫課程座談會」。

陳伯璋、周麗玉、游家政（民 87）。國民教育階段課程綱要草案……研
　　訂構想。作者：未出版。

陳英豪、吳裕益（民 80）。測驗與評量（修訂一版）。高雄：復文書局。

游家政（民 87）。跨世紀的課程革新——以台灣國民教育階段課程綱要
　　的研訂為例。載於上海市教育科學研究院、上海市教育學會編：海
　　峽兩岸小學教育學術研討會論文集。

黃永和（民 88）。課程統整的理論與方式之探討。新竹師院學報，12
　　期，231-260 頁。

黃譯瑩（民 87）。課程統整之意義探究與模式建構。國家科學委員會研
　　究會刊：人文及社會科學，8（4），616-633 頁。

劉廣定（民 88）。國中小新課程綱要（自然與科技部分）之商榷。

歐用生（民 88a）。從「課程統整」的概念評九年一貫課程。教育研究
　　資訊，第 7 卷，第 1 期。

歐用生（民 88b）。九年一貫課程之「潛在課程」評析。發表於中華民
　　國教材研究發展學會辦「九年一貫課程系列研討會」。

歐用生、楊慧文（民 87）。邁向二十一世紀的教育革新——台灣小學課
　　程改革的前瞻。發表於中央教育科學研究院、東北師範大學、香港
　　中文大學、香港教育學院合辦：面向二十一世紀基礎教育課程改革
　　國際研討會，廣東：珠海。

鄭端容（民 88）。小學校長營造學習型學校的具體策略。http://www.nmh.
　　gov.tw.du/ asis3/27/gb4.htm。

鄧運林（民 86）。開放教育新論。高雄：復文書局。

盧偉斯（民 85）。組織學習的理論性探究。國立政治大學公共行政研究
　　所博士論文。未出版。

薛梨真（民 88a）。國小課程統整的理念與實務：高雄市國小統整課程

教學種子教師培育成果彙編。高雄市：高雄市政府教育局。

薛梨真（民 88b）。國小實施統整課程的可行性研究。**初等教育學報** 12 期，125-167 頁。

簡茂發、李琪明、陳碧祥（民 84）。心理與教育測驗發展的回顧與展望。測驗年刊，42 輯，1-12 頁。

貳、日文部分

千葉市打瀨小學（1998）。平成 *10* 年度學校經營計畫。千葉市：作者。

千葉市打瀨小學（1999）。通知單。千葉市：作者。

千葉市打瀨中學（1998）。平成 *10* 年度學科與教學案，及年度指導計畫。千葉市：作者。

千葉市打瀨中學（1999）。通知單。千葉市：作者。

大前稔（1999）。如何處理神戶災害。載於高階玲治主編：**實踐、綜合性的學習時間**（中學篇），170-175 頁，東京都：圖書文化。

高浦勝義（1991）。生活科的想法、**實行方法**。東京都：黎明書房。

高浦勝義（1997）。**綜合性學習的理論**。東京都：黎明書房。

高浦勝義（1998）。綜合性學習的理論、**實踐與評量**。東京都：黎明書房。

愛知縣北部中學（1998）。平成 *10* 年度學校經營計畫。愛知縣：作者。

愛知縣緒川小學（1998）。平成 *10* 年度學校經營計畫。愛知縣：作者。

愛知縣緒川小學（1998）。通知單。愛知縣：作者。

愛知縣緒川小學（1999）。通知單。愛知縣：作者。

參、西文部分

Airasian P. W. (1996). *Assessment in the Classroom*. New York: McGraw-Hall.

Beane, J. A. (1998). *Curriculum Integration-Designing the Core of Democratic Education*. N.Y.:Teachers College.

Bloom, B. S., Englhart, M. D., Furst, E. J., Hill, W. H., & Krathwohl, D. R. (1956). *Taxonomy of Educational Objectives. Handbook 1. Cognitive Do-*

main. New York: McKay.

Elliott, J. (1998). *The Curriculum Experiment — Meeting the challenge of social change*. Open University Press.

Gardner, H. (1993). *Frames of Mind: The theory of multiple intelligences*. New York: Basic Books.

Glathorn, A. A. & Foshay, A. W. (1991). Integrated curriculum. In Lewy, A. (Ed). *The International Encyclopedia of Curriculum*. Oxford: Pergamon Press.

Henderson, J. G., & Hawthrone, R. D. (1995). *Transformative Curriculum Leadership*. N.J.: Prentice Hall.

Hodkinson, P., & Harvard, G. (1994). Competence-Based Learning in Teacher Education. In Harvard, Hodkinson, *Action and Reflection in Teacher Education*. N.J.: Ablex Pub.

Jacobs, H. H. (1989). *Interdisciplinary Curriculum: Design and implementation*. Alexandria, VA: ASCD.

Kubiszyn, T. & Borich, G. (1987). *Educational Testing and Measurement: Classroom application and practice*. (2nd ed.). Illinois: Scott, Foresman and Company.

Linn, R. L. & Gronlund, N. E. (1995). *Measurement and Assessment in Teaching* (7th. ed.). Englewood Cliffs, N.J.: Prentice-Hall.

Marsh, C., Day, C., Hannay, L., & McCutcheon, G. (1990). *Reconceptualizing School-based Curriculum Development*. London: The Falmer.

Martinello, M., & Cook, G. E. (1994). *Interdisciplinary Inguiry in Teaching and Learning*. New York: Macmillan College Publishing Company.

Oaker, J. K., & Quartz, H. (Eds.). (1995). *Creating New Educational Communities*. Illinois: The University of Chicago Press.

OECD (1979). *School-based Curriculum Development*. France: OECD.

Senge, P. (1990). *The Fifth Discipline: The art and practice of learning organiza-*

tion. New York: Doubleday.

Skilbeck, M. (1976). School-based curriculum development. In J. Walton & J. Welton (Eds.). (1976), *Rational Curriculum Planning*. pp. 159-162. London: Ward Lock Educational.

Tchudi, S., & Lafer, S. (1996). *The Interdisciplinary Teacher's Handbook: A guide to integrated teaching across the curriculum*. Portsmouth, NH: Boynton/Cook Publishers.

Vars, G. F. (1991). Integration curriculum in historical perspective. *Educational Leadership*, 49 (1), 14-15.

Young, M. F. D. (1998). *The Curriculum for the Future*. London: Falmer Press.

永然法律事務所聲明啟事

　　本法律事務所受心理出版社之委任爲常年法律顧問，就其所出版之系列著作物，代表聲明均係受合法權益之保障，他人若未經該出版社之同意，逕以不法行爲侵害著作權者，本所當依法追究，俾維護其權益，特此聲明。

永然法律事務所　

李永然律師　

一般教育 34

統整課程理念與實務

作　　　者：李坤崇・歐慧敏

執行主編：張毓如

總 編 輯：吳道愉

發 行 人：邱維城

出 版 者：心理出版社股份有限公司

社　　　址：台北市和平東路二段 163 號 4 樓

總　　　機：(02) 27069505

傳　　　眞：(02) 23254014

郵　　　撥：19293172

E-mail：psychoco@ms15.hinet.net

網　　　址：www.psy.com.tw

駐美代表：Lisa Wu

　Tel　：973 546-5845　　　　　Fax：973 546-7651

法律顧問：李永然

登 記 證：局版北市業字第 1372 號

印 刷 者：玖進印刷有限公司

初版一刷：2000 年 1 月

再版一刷：2001 年 5 月

定價：新台幣 350 元

ISBN 957-702-437-8

國家圖書館出版品預行編目資料

統整課程理念與實務 / 李坤崇，歐慧敏著.
－再版.－臺北市：心理，2001〔民 90〕
　　面；　公分.--(一般教育 ;34)
參考書目：面
ISBN 957-702-437-8(平裝)

1. 課程 － 設計

521.7　　　　　　　　　　　　　　90005869

讀者意見回函卡

No._____   填寫日期：　年　月　日

感謝您購買本公司出版品。為提升我們的服務品質，請惠填以下資料寄回本社【或傳眞(02)2325-4014】提供我們出書、修訂及辦活動之參考。您將不定期收到本公司最新出版及活動訊息。謝謝您！

姓名：＿＿＿＿＿＿＿＿　　性別：1□男 2□女
職業：1□教師 2□學生 3□上班族 4□家庭主婦 5□自由業 6□其他＿＿＿
學歷：1□博士 2□碩士 3□大學 4□專科 5□高中 6□國中 7□國中以下

服務單位：＿＿＿＿＿＿＿＿　部門：＿＿＿＿＿　職稱：＿＿＿＿
服務地址：＿＿＿＿＿＿＿＿＿＿＿電話：＿＿＿＿＿傳眞：＿＿＿＿
住家地址：＿＿＿＿＿＿＿＿＿＿＿電話：＿＿＿＿＿傳眞：＿＿＿＿
電子郵件地址：＿＿＿＿＿＿＿＿＿＿＿

書名：＿＿＿＿＿＿＿＿＿＿＿＿＿＿＿＿＿＿

一、您認為本書的優點：（可複選）

　❶□內容 ❷□文筆 ❸□校對 ❹□編排 ❺□封面 ❻□其他＿＿＿

二、您認為本書需再加強的地方：（可複選）

　❶□內容 ❷□文筆 ❸□校對 ❹□編排 ❺□封面 ❻□其他＿＿＿

三、您購買本書的消息來源：（請單選）

　❶□本公司 ❷□逛書局⇨＿＿＿書局 ❸□老師或親友介紹

　❹□書展⇨＿＿＿書展 ❺□心理心雜誌 ❻□書評 ❼□其他＿＿＿

四、您希望我們舉辦何種活動：（可複選）

　❶□作者演講 ❷□研習會 ❸□研討會 ❹□書展 ❺□其他＿＿＿＿

五、您購買本書的原因：（可複選）

　❶□對主題感興趣 ❷□上課教材⇨課程名稱＿＿＿＿＿＿＿＿＿

　❸□舉辦活動 ❹□其他＿＿＿＿＿＿＿　　　　（請翻頁繼續）

廣 告 回 信
━━━━━━━━━━━━━━━━
台灣北區郵政管理局登記證
━━━━━━━━━━━━━━━━
北 台 字 第 8133 號

（免貼郵票）

 心理出版社 股份有限公司

台北市 106 和平東路二段 163 號 4 樓

TEL:(02)2706-9505
FAX:(02)2325-4014
EMAIL:psychoco@ms15.hinet.net

沿線對折訂好後寄回

六、您希望我們多出版何種類型的書籍

　　❶□心理❷□輔導❸□教育❹□社工❺□測驗❻□其他

七、如果您是老師，是否有撰寫教科書的計劃：□有□無

　　書名/課程：＿＿＿＿＿＿＿＿＿＿＿＿＿＿＿＿＿＿＿＿

八、您教授/修習的課程：

上學期：＿＿＿＿＿＿＿＿＿＿＿＿＿＿＿＿＿＿＿＿＿

下學期：＿＿＿＿＿＿＿＿＿＿＿＿＿＿＿＿＿＿＿＿＿

進修班：＿＿＿＿＿＿＿＿＿＿＿＿＿＿＿＿＿＿＿＿＿

暑　假：＿＿＿＿＿＿＿＿＿＿＿＿＿＿＿＿＿＿＿＿＿

寒　假：＿＿＿＿＿＿＿＿＿＿＿＿＿＿＿＿＿＿＿＿＿

學分班：＿＿＿＿＿＿＿＿＿＿＿＿＿＿＿＿＿＿＿＿＿

九、您的其他意見

謝謝您的指教！　　　　　　　　　　　　　　　　41034